21世纪高职高专规划教材·通识课系列

社交礼仪

主　编　赵　颖
副主编　牟利锋　宋颖慧

中国人民大学出版社
·北京·

前　言

何谓礼仪？礼仪是人类社会为了维系社会的正常生活秩序而需要共同遵循的一种行为规范。包括在隆重且正式的交际场合，个人、集体乃至国际社会都必须普遍遵守的基本原则和行为规范。毋庸置疑，礼仪是人类行为的基本规范和人际交往的基本原则。

关于礼仪的起源，学界观点各异，提出了祭祀说、饮食男女说、人的欲望与环境矛盾说、天神生礼说、天经地义说、礼生于理说、礼从民俗说等多种见解。由此可见，我国关于礼的传统是源远流长的。《说文·示部》中对礼做了这样的界定："礼，履也，所以事神致福也。"礼在我国传统文化体系中，是与祭祀有关的一种规范仪式。在从原始社会走向封建社会的漫长阶段里，我国古代的"礼仪"本质上更偏重政治体制上的道德教化。但进入封建社会后，"礼"逐渐演变为"治国之法"，"以礼治国"的思想为历代封建王朝所推崇，对中国传统文化产生了根深蒂固的影响。新中国成立后，中国礼仪才逐渐摈弃"神权天命""愚忠尽孝"及"三从四德"等封建礼教，确立了同志式的互助合作关系和男女平等关系。改革开放以来，推行"五讲、四美、三热爱"，我国礼仪得到发展。进入 21 世纪，中国以更宽广的胸怀融入世界，全球一体化趋势引导下的社交礼仪以一种更为多元化和标准化的形态呈现在我们面前。当前，摆在我们面前的有两个大的命题：

第一，如何面对传统礼仪的传承和现代礼仪的运用。

中华民族自古就有"礼仪之邦"的美称。从礼仪制度与风俗历史悠久、内容丰富和影响深远的层面而言，我们甚至可以把中国的传统文化称为"礼文化"。儒家主张"以礼治国"，其所提倡的"礼"，内容十分宽泛，几乎无所不容，其中有不少合理的成分，诸如尊道贵德、律己修身、仁爱孝悌、敬老爱幼、尊师重教、诚信修睦、精忠报国、天下为公、以义制利、自强不息等内容，无疑是中华传统文化的精华，它们以美好的道德品质为核心，提升为一定的价值取向，并对人们的行为方式做出必要的规范与约束。

但我国传统礼仪仍有其自身的缺陷，因为传统的礼仪道德产生于一定的阶级社会，它必然带有产生它的那个社会的深深烙印，有不合理的一面，诸如"三纲五常""存天理，灭人欲""三从四德"等一系列内容，则成为桎梏思想、扭曲人格、扼杀生命的罪恶渊薮。历史上对儒家所提倡的礼仪道德的批判和攻击，一直不曾停止过，比如春秋战国时期的墨、法、道家等对儒家礼仪道德进行过猛烈而长久的批判，"五四"运动时期，以陈独秀、李大钊、鲁迅为代表的思想先驱者向封建礼教发起了摧毁性的抨击。历来对传统礼教道德的批判往往都有“重破轻立”的倾向。当前社会处于现代化高速发展阶段，我国改革开放又伴随着世界上各种文化模式的冲撞和交融，在变革和调整的过程中，很可能在某些局部出现暂时的“失范”，这也在所难免。

儒家说礼，一向强调先要“齐家”，维系家庭的稳固是维系社会稳定的前提。礼仪的许多规范，重点在于教人怎样处理夫妻关系、父子关系、兄弟关系，说到底，正是为了维系家庭，不让家庭破裂。在维系家庭稳固的基础上，进一步维持社会稳定，建立正常的国际关系，维护和平安定的国际格局，这是我国古代传统礼仪的主要职能及意义所在。而现代礼仪的主要职能则在于规范人际交往，协调人际关系。礼仪可以适当限制人们对于物质利益的需求，以协调人们不断增长的欲望与有限的物质资源之间的矛盾。它又通过指导和纠正人们的行为方式、塑造良好的社交形象等手段，来达到协调人际关系的目的。

在现实生活中，主要有这样两种观点影响着现代礼仪的建设：一是认为法制建设可以取代礼仪道德建设；二是认为提倡“人性解放”必然导致取消一切礼仪道德的规范和约束。那么，现代社会是否仍然需要礼仪对人们行为的约束和规范？答案是肯定的。我们对传统礼仪的态度，是既不应该墨守成规、抱残守缺，也不可以全盘否定、割断历史。我们可以批判它、变革它，却无法否定它在社会生活中的地位。我们应该吸取历史上的教训，承认社会现实中礼仪道德价值的多元存在，但也不必把礼仪道德看成是高于一切的东西，应力求形成一种宽松的社会环境，以利于人性的健康发展和科学技术的进步。

当然，任何时代、任何民族的礼仪规范都确实存在着这样那样的缺陷或弊端，所以总有人试图要变革它，使它既具有一定的规范性，有利于建立正常的社会生活秩序，又不至于阻碍社会进步、妨碍人们个性的发展。事实上，社会礼仪沿革至今仍远远没有达到而且几乎无法达到理想的境界。礼仪总要成为适应整个社会需要的一种道德规范约束力，这是时代变化对礼仪发展的一种要求。

第二，社交礼仪对当代社会的组织生活和人际交往起着什么样的作用。

如前面谈到的，中国素以“文明古国”“礼仪之邦”著称。礼仪是社会文化和社会文明的标志，也是人际交往的准则，是人们长期生活实践中约定俗成的一种行为规范。这种规范在调节组织间关系、人与组织关系和人与人的关系方面，都起着极为重要的作用。

一方面，在组织成员和社会组织的关系调节方面，遵守社交礼仪有助于推动社会组织的高效健康发展。领导是组织内部的权威者，一些重大的行事决策需要适当的仪式礼仪。仪式是指组织在一些比较重要、庄严、隆重、热烈的正式场合里，为了激发出席者的某种感情，或者为引起其重视，而郑重其事地参照合乎规范与管理的程序，按部就班地举行某种活动的具体形式。社会组织经常需要开展一些仪式活动来辅助工作、建立联系、沟通情感，诸如签字仪式、剪彩仪式、交接仪式或庆典仪式等。组织成员如果熟悉这些仪式活动的流程，接待正确，会场布置适当，会议记录完整，则可在一定程度上提高组织声誉，完善组织形象。组织成员通过礼仪形象的展示，有利于提高组织的知名度、美誉度，塑造组织形象；有利于鼓舞士气，激发成员对本组织的热爱，培育组织员工的价值观念；可增强组织的凝聚力；有利于传递组织的信息，使组织赢得更多的成功机会和合作伙伴。进一步而言，良好的组织形象是领导所追求的目标，组织形象的塑造处处需要组织成员恰当地利用礼仪。比如，我们想和某一社会组织联系业务、建立联系，当我们拨打对方办公室电话时，无人接听或者电话铃响五六声后才有人接听，便会对该组织产生这样一种印象——工作效率不高，制度不健全，员工素质差。反之，如果一拨通电话，就听到对方亲切的问候，称谓得体，语言礼貌，你立即就会因为其良好的电话形象而对此组织有一种亲切之感。

另一方面，社交礼仪在调节人际关系方面有重要作用。社会是人们交往的产物。因此，作为社会人的我们也离不开复杂的人际交往。人际交往的能力是事业成功的助力，也是基本的职业素养。例如，处理与领导的关系是组织成员人际关系中最重要、最本质的关系，组织成员与领导的交往方式具有多维性，因此关系更为微妙。懂得恰当地应用礼仪，可解决很多问题。当组织成员自身利益受到侵犯时，礼仪可以使组织成员不至于陷于机械的被动服务之中，可大胆据理力争，维护自身权益。由于组织成员与领导是上下级关系，礼仪会提醒组织成员不要越俎代庖、超越权限，以至于代替领导。再如，社交礼仪同样适用于处理同学、同事关系，它能帮助我们规范彼此的活动，更好地表达自己的尊重、敬佩、友好与善意，增进彼此之间的了解与信任。

基于以上背景认识，《社交礼仪》这本教材，以适应新时期国际交往、社会交往规范为依据，以"实用"为基准，坚持能力为本的原则，让读者从中受益，不断提升自身形象和社会交往能力；在现有的关于秘书沟通协调与谈判技巧研究成果的基础上，集合相关课程的教学实践，同时充分注意理论的系统性和实务的广泛性。我们集中了中文、秘书学、政治学等多方面研究人员，完成了本书的撰写工作。本书的编写分工如下：

第一章　礼仪概述（任俊熊、李志鑫、李维岸、程胜强）

第二章　形象礼仪（王浩珂、唐倩倩、王玉喆、温玲、史彤丹）

第三章　交往礼仪（安昱霏、廖楚宣、黄希颖、王佳）

第四章　宴请礼仪（李蕊、任青青）

第五章　外出礼仪（刘荷雨、杨宁魏湘、张凤仪、莫春瑛、邹宝垚）

第六章　文书礼仪（陶楚雯、王睿颖、张灵、李雪芳）

第七章　谈话礼仪（陈雨、谭博颖、褚亚茹、张雪梅、张雨欢）

第八章　求职礼仪（钱罗瑶、马幼婷）

第九章　仪式礼仪（吕洋菲、同明英、郭小会、胡冰茹）

赵颖同志确定本书的大纲体系，对全书进行了修改、润色并定稿。

在全书的编写过程中，我们广泛查阅了国内外的相关资料、案例，在此向所有对本书提供帮助的人士表示感谢。当然，本书难免存在不足之处，还望广大读者不吝赐教。

赵颖于陕西师范大学

2017 年 2 月

目录

第一章 礼仪概述

不学礼，无以立。——孔子

人无礼则不生，事无礼则不成，国无礼则不宁。

——荀子

人之有礼，犹鱼之有水矣。——葛洪

礼之大本，以防乱也。——柳宗元

以上对“礼”的论述只是中国礼仪文化的冰山一角，是中国礼仪文化理论中的小颗粒，是中国礼仪之邦形成的深渊之鳞。然而现在，中国式过马路成为海内外的笑谈，扶不扶长者成为有些人的话题，随处乱写成为有些人的“习惯”，中国人的礼仪去哪儿了？处于新世纪、新时代的我们是有非常强烈的“大国自豪感”的人，我们要用自己的言行来证明中国人是知礼、懂礼、行礼的，我们要成为中国礼仪文化的名片。我们应该认真学习中国优秀的传统礼仪文化，同时借鉴、学习国外的礼仪文化，使我们成为礼仪达人。为了更好地达到这一目标，我们要系统地学习礼仪。首先，我们来了解一下礼仪是什么，以及礼仪的渊源和礼仪的分类。

第一节 礼仪的概念、特征和原则

中国作为四大文明古国之一，是东方文化的发源地，有五千多年的历史，素有“礼仪之邦”的美誉。自古以来，礼仪在社会交往中一直扮演着重要的角色。随着社会的不断进步，小到人与人之间、大到国家与国家之间的社会关系愈加紧密，社会交往自然日益频繁，使得礼仪在现代社会交往中的地位更是不断得到提升，懂得社交礼仪则成为社会中的每个个体都应该具备的基本素质。

一、礼仪的概念

礼仪有广义和狭义之分，广义的礼仪是指整个社会生活中的交往规范以及道德规范，涉及社会交往的方方面面，规范着人们的外在行为和内在修养。狭义的礼仪则表示的是礼仪和仪式。“礼仪”一词由来已久，最早见于《诗经·小雅·楚茨》：“为宾为客，献酬交错。礼仪卒度，笑语卒获”。要想真正理解礼仪的内涵，还要从其词义入手。

“礼仪”一词本身内含丰富的内容，是“礼”和“仪”的合成词。在我国古代，“礼”主要有三层含义：第一，举行仪礼，祭神求福。《说文》：“礼，履也。所以事神致福也。”第二，表示馈赠的礼物。《晋书·陆纳传》：“及受礼，唯酒一斗、鹿肉一柈。”第三，指奴隶社会和封建社会等级制度的社会规范、道德规范以及与之相对应的礼仪规范。《论语·为政》：“齐之以礼。”朱熹注：“礼，谓制度品节也。”“仪”有四层意思：第一，仪容仪表。《诗经·大雅·烝民》：“令仪令色，小心翼翼。”第二，仪式和礼节。《周礼·春官·小宗伯》：“肄仪为位。”第三，法度和礼法。《墨子》：“置此以为法，立此以为仪，将以量度天下之王公大人、卿大夫之仁与不仁，譬之犹分黑白也。”第四，典范表率。《楚辞》：“望三五以为像兮，指彭咸以为仪。”

在西方，“礼仪”一词始于法语“etiquette”，它的原意是“法庭上的通行证”。古代法国的法庭总是庄严肃穆而且戒备森严，以确保审判的公平正义，并把各种规则写入法庭的通行证上，要求进入法庭的人们必须严格遵守。由于礼仪溯源不尽相同，因此英文中并没有与“礼仪”一词完全对等的词语。后来，“礼仪”一词进入英语，演变出“etiquette”一词，最早译为“人际交往的通行证”。它同样有三种含义：一是指恭敬有礼的言谈举止；二是指教养和规矩，也就是礼节；三是指仪式、典礼、习俗等。

通过分析中外“礼仪”一词的含义，可得出其内涵：首先，礼仪的产生与人类社会的不断发展有着密不可分的关系，人类社会的发展是礼仪产生的必要前提，而礼仪则是人们文明交往的必要条件。礼仪是伴随着人与人之间的社会交往的产生而出现、发展的，在人类社会文明的发展中起了极大的促进作用。其次，礼仪准则或规范应该是人们的行为标准，是在人类社会交往中约定俗成的，其作用于人类社会交往的要求就是必须为全社会人所认同并且能够共同遵守。

根据礼仪的内涵，我们就可以总结出其概念。礼仪是在人类的社会交往中逐渐确立，并且在发展过程中受到传统习俗、宗教信仰、社会制度等因素影响，从而形成的人们自觉遵守的社会交往行为的规范和模式。现代社交礼仪则是指人们在进行社会交往的过程中应该遵守的行为规范的准则。

人们在交往中美化自身、尊重他人的规矩，具有极强的个人性。礼仪具体表现为礼貌、礼节、仪表、仪式。礼貌是人与人交往中共同遵守的最起码的道德行为规范；礼节是人们在社会交往中相互表示尊重、敬意的具体表现形式；仪表指人的容貌，是一个人精神面貌的外在体现；仪式指在一定场合为某项具体事情而举行的具有特定程序的活动。

二、礼仪的特征

（一）规范性

礼仪形成于人们的社会交往实践之中，经历了社会进步、时代变迁的洗礼，并且在传统习俗、宗教信仰、社会制度等多重因素的影响之下，形成了一套特定的行为规范，作为人们进行社会交往的礼仪规范。比如，人们见面时用握手等行为表示相互问候，座次安排上遵循“以右为尊”原则，参加不同规格的宴会要穿着不同的服饰，等等。礼仪的规范性不仅表现在自身的规范性上，它同时还规范和制约着人们的交往活动，为社会交往行为提供评判是非的标准。

（二）普遍性

礼仪的普遍性是指在人类社会生活中，礼仪是普遍、广泛存在的。从深度上讲，大到一个国家的对外风貌、重大典礼，小到普通生活中的待人接物、言谈举止，在当今社会，礼仪无处不在，无时无刻不在为人们的行为提供规范。从广度上讲，礼仪渗透到社会生活的各个领域，学习、工作和生活的方方面面都存在着礼仪，凡是有人的社会活动，就必然会产生礼仪。

（三）差异性

礼仪的差异性是指不同民族、地区、国家之间的礼仪文化存在差异。礼仪产生于人类社会交往实践，在形成和发展中受到生存环境、历史文化、宗教信仰以及社会制度的影响。因此，不同的民族往往会产生不同的礼仪文化。例如，在隐私方面，中国人的隐私观念比较淡薄，认为个人要归属于集体，在一起讲究团结友爱、互相关心，故中国人往往很愿意了解别人的酸甜苦辣，对方也愿意坦诚相告；而西方人则非常注重个人隐私，讲究个人空间，不愿意向别人过多提及自己的事情，更不愿意让别人干预。

（四）沿承性

礼仪的沿承性是指礼仪的传承与发展性，即礼仪从出现到形成再到逐步成熟的过程是不断继承礼仪文化传统，并根据社会发展的需要不断发展的。首先，礼仪一旦形成并固定，通常会长期沿袭、经久不衰。其次，随着社会的进步，需要产生新的礼仪来适应社会需求。例如，中国古代敬老爱幼、谦逊礼让等反映优良传统的礼仪在现代社会都得到了发扬光大；而古代封建社会的等级制度礼节则随着社会的发展而遭到摒弃，以符合时代要求。

（五）综合性

礼仪的综合性是指现代社交礼仪规范并不是一门单一的学科，其在形成与发展中融合了民俗学、宗教学、社会学、心理学、美学、公共关系学以及伦理学等众多学科，是一门综合性学科。礼仪作为一门综合性学科，在其发展过程中融合了众多社会学科，同时也与社会文化发展水平密切相关。纵向来看，中国古代始终是封建文化思想引领着社会文化，出现过三纲五常、男尊女卑的落后礼仪制度；而在现代社会，人们在满足物质文明的同时也开始注重精神文明，因此礼仪的内涵逐渐丰富并趋于制度化、规范化。从横向看，西方社会物质文明和精神文明极大丰富且发展较早，其社交礼仪发展水平及重视程度都远远高于我国。因此，我们不难得出结论，一个社会的文化水平越高，就会越重视社交礼仪；同时，社交礼仪会越规范、越丰富。

三、礼仪的原则

（一）公平对等原则

公平对等原则是现代社交礼仪中的第一原则。现代社交礼仪是建立在人与人、民族与民族、国家与国家之间相互平等的基础之上的。对待交往对象应公平对等，切忌因交往对象的性别、身份、地位、财富等不同而区别对待。同时，在交往过程中，要掌握礼仪技巧。

（二）尊重宽容原则

尊重宽容原则是礼仪的核心原则。在人和人的交往之中最基本的就是尊重，人们之间彼此尊敬，才能维持和谐愉快的交往关系。尊重是交往双方应该共同遵守的原则，想要赢得对方的尊重，自己首先应该是一个懂得尊重他人的人。只有双方相互尊重，才能建立起人与人之间和谐相处的关系。“金无足赤，人无完人。”在人际交往中，难免会出现有失礼仪的地方，对此我们应该保持一颗宽容之心，能够宽以待人、不斤斤计较。交往之中的尊重和宽容共同构成了社交礼仪的核心原则。

（三）自律原则

自律强调个体在交往中的自我约束，按照社交礼仪规范进行社交活动。行为得体、言语恰当、遵守礼仪规范应从自身做起。不论身份高低、职位大小都应自觉遵守礼仪规范，否则将遭到社交对象的厌恶乃至指责，从而导致社交活动的失败。在交往过程中，一个懂得自律的人同时也会赢得对方的尊重，往往会取得交往的成功。

（四）适度原则

礼仪的适度原则要求在社交活动中对待社交对象要把握好尺度。一方面，从社交礼仪中的接待事务来讲，接待规格要适度，应符合接待对象的身份及地位，切勿动用过高规格，接待礼仪也不能过于简略；另一方面，礼仪的适度原则也体现在对交往对象的态度方面，过于热情会给对方留下谄媚的印象，过于冷淡则会导致交往双方关系疏远，使社会交往失败。

（五）真诚待人原则

在社会交往中务必要做到真诚待人，其具体表现为言行一致、表里如一。真诚是友好的表现，能够形成一种和谐舒适的交往环境，是建立人际关系的基础。如果待人表里不一、虚情假意，那么不管在礼仪上做得多么周到，如何合乎规范，都会使人疏远，难以取得他人的信任，失信于人必然导致交往的失败。

(六) 依风从俗原则

在不同的文化中，产生了诸多独具特色的礼仪规范，对于同一活动，处理的方式也大相径庭。然而，每一种礼仪都是当地文化传统的积淀，礼仪不分优劣。依风从俗原则，就是说处于不同的文化氛围之中，要尊重并遵守其独特的礼仪规范、文化习俗。简而言之，就是我们生活中所谓的“入乡随俗”。与不同文化背景的人交往，要主动了解并适应其礼仪习惯、风俗禁忌等，切不可贸然行事。“入乡随俗”的典故出自《六度集经·之裸国经》中的“入国随俗，进退寻仪”，说的是兄弟俩去裸国经商的故事。古时有一个叫裸国的地方，有着裸露身体的风俗。有两兄弟去裸国经商，哥哥坚持不裸身进国，而弟弟则认为应该遵守当地的风俗习惯裸身进国。结果裸身进国的弟弟受到了当地人的欢迎，也赢得了国王的敬重。而着衣来到裸国的哥哥则遭到了当地人的敌视，失败地离开裸国。故事中的弟弟来到裸国选择入乡随俗，表示对异乡人们生活习惯的尊重，这样容易与当地人打成一片，赢得当地人的尊敬。

第二节　礼仪的起源与发展

一、中国礼仪的起源与发展

中国作为东方文明的发源地，自古以来就以“礼仪之邦”著称于世，在几千年的历史发展中形成了众多具有强大号召力的优良道德规范与人际交往的礼节仪式和生活准则。正如钱穆先生所说：中国的核心思想就是礼，它是整个中华民族一切习俗行为的准则，标志着中国的特殊性。

人们对于礼仪的起源和发展历来众说纷纭。当前学界有五种关于礼仪起源的说法：一是认为礼仪是天神赐予人类的行为道德规范；二是认为礼仪产生于天地之间，是天、地、人的统一体；三是认为礼仪产生于人的自然本性；四是认为礼仪是人性和环境矛盾的产物；五是认为礼仪产生于理，源于俗。

综上所述，这些规范、仪式、准则已经成为中华民族共有的财富，并且对中华民族的精神素质产生了极其重要的作用。礼仪起源于人类社会产生之初，并且经历了一个相当复杂和漫长的发展过程，这个过程大致可以分为六个阶段。

(一) 萌芽阶段

礼仪起源于原始社会的宗教祭祀活动。《说文解字》中的“礼”是“事神致福”之意。

究其根本原因，原始社会生产力极其低下，人们的智力和意识还未得到充分的开发，人类对于自然的认识能力极低，所以对于变化莫测的自然现象没有正确的认识和科学的解释，认为有一个“造物主”在操纵和掌控着这一切，自然而然就对大自然充满了疑惑和恐惧，只能被动地通过宗教仪式来表达对上天的崇拜并祈求上天的护佑，这便产生了原始社会宗教祭祀的“礼”。后来，这种活动不断变化和发展，人们对于上天的崇拜开始向部落首领转移，因为这些部落首领在领导其族人与自然界的抗争中取得了阶段性胜利，并且承担了“hero”的角色。例如，我们所熟知的“三皇”“五帝”。后来，祭祀范围不断扩大，祭祀活动日益频繁，祭祀活动中的规则规范也逐步完善，形成了真正意义上的原始社会的礼仪。例如，生活在距今1.8万年前的周口店山顶洞人，就已经知道用穿孔的兽齿、石珠等装饰品挂在脖子上来打扮自己，并且在他们去世的族人身旁撒放赤铁矿粉，举行宗教仪式祭祀，这是中国迄今为止发现的最早的葬礼。

（二）雏形阶段

在公元前1万年左右，人类进入了新石器时代，生产力水平不断地提高，农业和畜牧业高速发展，人口急速增加，社会分化成不同的阶层，开始出现贫富差距，人类社会向国家文明迈进。于是，社会各个领域需要不同的规则和规范来适应这些变化和发展，因为只有上层建筑适应了社会生产力的发展才会促进人类社会文明的发展。例如，在半坡遗址中，发现了五千年前的半坡公墓。墓地中根据死者身份的差别，坑位排列有序，有的是带有殉葬品的仰身葬，有的是无殉葬品的俯身葬，这说明当时社会已经形成了尊卑有序、男女有别的礼仪规范。

（三）形成阶段

在青铜器时代，青铜器的使用极大地促进了生产力的发展，促进了农业、畜牧业、手工业生产的发展。因而，社会财富除了消费之外有了剩余并逐渐集中到少数人的手里，继而出现了阶级的对立，原始社会由此解体，人类社会开始向奴隶社会过渡。约公元前2070年，中国历史上第一个奴隶制国家夏朝建立，标志着人类迈入国家文明的阶段，阶级分化更加明显。统治阶级作为国家意志的代表，为了维护自身的利益，把原始社会的礼仪发展强化成为符合奴隶主政治需求的“礼制”。自此以后，我国真正意义上的礼仪正式形成。

夏、商、周三代之礼，世代沿袭，到周朝时已经演变成相对完备的行为道德规范。公元前14世纪至公元前11世纪以殷墟为中心展开活动的殷人，活跃在中华大地上。他们建造了中国第一个古都——河南安阳的殷都，而他们在礼仪习俗上的建树被其尊神、信鬼的狂热所掩盖。周朝在礼仪方面的建树颇多，周公对于周朝礼制的确立起了重要作用。《周礼》是中国第一部礼仪专著，其原有6篇，现存5篇，详解六类官名及其职权，其中六官分别为天官、地官、春官、夏官、秋官、冬官。我们所熟知的五礼即春官所属的职权，而吉礼、凶礼、嘉礼、宾礼、军礼是周朝礼仪制度的重要方面。此外，成熟于商周之际的《易经》和周代的《诗经》也有涉及礼仪规范的内容。由此可见，许多基本的礼仪规范在商末周初已基本形成。西周时期，许多礼仪规范已相对完备，形成了社会大众认可并遵守的基本道德行为规范。在西周，青铜礼器是个人身份的象征。礼器的多寡代表身份的高低，形制的大小显示权力的等级。当时，相见礼和婚礼以及尊老爱幼等基本的礼仪规范已基本确立。

（四）发展阶段和变革阶段

春秋战国时期，铁器和牛耕的广泛使用，极大地提高了生产力水平，分封制和井田制相继瓦解，西周的政治统治难以为继，分封诸侯之间相互征战讨伐，人类社会开始由奴隶制社会向封建社会转变，经济中心由中央向诸侯转移。这一时期的文化出现了百家争鸣、百花齐放的局面。诸子百家开始了对礼制的进一步阐述，从理论层面上全面系统地分析了礼的产生、本质与作用，并且对当时的分析结果进行了总结和升华，形成了各家的思想核心。其中，以儒家、道家、墨家为代表的中华民族优秀思想学派，对中华民族的历史发展产生了巨大的积极作用，是中国传统文化的重要组成部分，为后世文化的发展奠定了基础、树立了典范。

中国古代思想家、教育家孔子编订《仪礼》，详细记录了战国以前贵族生活中的各种礼节仪式。《仪礼》和《周礼》以及孔门后学编撰的《礼记》，合称“三礼”，是中国最早、最重要的礼仪著作。孔子主张“为国以礼”，他把礼作为治国安邦的重要手段，并提出“克己复礼”，即约束自己，使每件事都归于礼。他还认为“不学礼，无以立”，即学习礼仪制度要做到“非礼勿动，非礼勿言，非礼勿视，非礼勿听”，从而成为一个“文质彬彬”的君子。总而言之，孔子较为系统地阐述了礼及利益的本质和功能，把人们对于礼仪的认知提高到了一个新的层次。孟子认为“辞让之心”和“恭敬之心”是礼的发端和核心，并且发展了孔子的“仁爱”观念，提出了“仁政”思想。他还主张“以德服人”“舍生取义”等，讲究修身和培养人的浩然正气。荀子在《礼论》中提出“礼者，人道之极也”，认为礼是为人处世的根本目的和最高理想。他还提出“人无礼不生，事无礼不成，国无礼不宁”，认为礼是衡量一个人贤能的重要尺度，没有礼制则无法成事，国家也不会安宁太平。提倡礼法并重，这与中国特色社会主义现代化建设提出的“以德治国与依法治国相结合”的观点不谋而合。礼仪关乎国家的存亡，是国家进步和发展的重要手段和基础。

（五）礼仪的强化与转变

从第一个中央集权的封建王朝建立到明清封建专制统治达到巅峰，国家的典章制度愈加完善，社会生活中的行为规范也越来越严格，对于民众的道德规范约束力亦不断地增强，“礼”由原来的“礼制”向封建“礼教”转化。可以说，在这个进程中，“礼”的范围、内涵都发生了较大的变化。

公元前 221 年，秦统一六国，建立了中国历史上第一个中央集权的封建王朝，随后便在全国范围推行“书同文”“车同轨”“行通伦”的集权制度，这些制度大都被后世所承袭，成为地主阶级进行封建统治的基础。汉朝在政治大一统的前提下提出了“罢黜百家”“独尊儒术”的主张，将儒家的礼仪系统化概括为三纲五常，其主要特点是尊卑有序、男女有别的严格的封建等级制度，自此，儒家礼教成为定制。孔门后学编撰的《礼记》是当时公认的集大成的礼仪著作。其中，《大学》篇提出的道德修养的途径和方法（修身、齐家、治国、平天下）至今还为我们所津津乐道。盛唐时期，《礼记》由“记”上升为“经”，成为“礼经”之一。宋代是儒学发展的新阶段。例如，朱熹认为：“然仁莫大于父子，义莫大于君臣，是谓三纲之要、五常之本。人伦天理之至，无所逃于天地之间者。”除此之外，朱熹的《朱子家礼》和司马光的《涑水家仪》也说明了宋代理学家和思想家对于家庭礼仪的研究也是非常重视的。明清时期，礼仪制度更趋完善，日渐庞杂，一些繁文缛节在一定程度上不利于社会的进步和发展。例如，满族入关之后吸收汉族礼制定的“三跪九叩”之礼。到了清朝末年封建社会的后期，政治腐败，经济衰落，民不聊生，古代礼仪开始渐渐吸收与转变成与时代接轨的新礼仪。

（六）现当代礼仪

1911 年，辛亥革命取得胜利，推翻了统治中国几千年的封建王朝，结束了清王朝的封建专制统治。随之而来的是传统礼仪的土崩瓦解，以孙中山为核心的中华民国临时政府破旧立新，践行“三民主义”，倡导民权、自由、平等；移风易俗，提倡剪辫子、禁缠足等，揭开了现代礼仪的序幕。之后，西方礼仪进一步渗透，握手礼进入中国社会。20 世纪三四十年代，中国共产党领导的中共苏区、解放区移风易俗，重视文化教育事业的发展，从而使中国现代礼仪取得了进一步发展。

1949 年，新中国成立，中国当代礼仪进入了新的发展纪元。礼仪的发展大致分为三个阶段：一是礼仪的革新阶段，摒弃了束缚中国人民几千年的封建礼教，确立了互助合作、男女平等的社会关系，并且进一步继承和发展了中华民族优良文化传统；二是礼仪的退化阶段，“文化大革命”不仅破坏了社会经济并且给礼仪带来了极大的冲击，许多优良的文化传统遭到摧残和破坏；三是礼仪的复兴阶段，改革开放以来，中国文化礼仪获得了重生的机会，在全国范围内形成“讲文明、树新风”的社会风气。进入 21 世纪，世界一体化进程加快，全世界范围内的文化交流不断加强，竞争也更加激烈，人们开始思考从中国传统文化礼仪中寻求计策，广阔的华夏大地再度兴起文化热，文化礼仪的建设也成为国家软实力和精神文明建设的重要方面。

二、西方礼仪的起源与发展

西方各国都非常重视礼仪，它们认为，礼仪是一个人通向文明社会和主流文化的通行证，是社会生活的润滑剂，是人们和谐相处和愉快生活的保证。所以，礼仪在西方也越发完整与成熟，被人们熟知的英国绅士风度、法国浪漫情调等就是西方礼仪文化的明珠。

爱琴海地区和希腊是欧亚大陆西方古典文明的发源地。约自公元前 6 000 年起，爱琴海诸岛居民开始从事农业生产和海外贸易。此后，相继产生了克里特文明和迈锡尼文明。公元前 11 世纪，古希腊进入因《荷马史诗》而得名的“荷马时代”。

《荷马史诗》包括《伊利亚特》《奥德赛》两部。这部著名的叙事史诗主要描写特洛伊战役和希腊英雄奥德赛的故事，其具有人文主义色彩，不仅仅是对于神的敬畏，而且是对于人的思考，其中也有反映礼仪的文化，尤其是西方个人英雄主义以及人们对英雄的尊敬与热爱，这些礼仪思想至今影响着西方思想文化。

古希腊哲学家对礼仪有许多精彩的论述。例如苏格拉底（前 469—前 399）认为，哲学的任务不在于谈天说地，而在于发现自我，他不仅教导人们要待人以礼，而且在生活中要身体力行。亚里士多德（前 384—前 322 年）指出，道德就是公正。他说：人类由于志趣善良而有所成就，成为最优秀的动物，如果不讲礼法，违背正义，就会堕落为最恶劣的动物。

1 世纪末至 5 世纪，是罗马帝国统治西欧时期。此间，教育理论家昆体良撰写了《雄辩术原理》一书。书中论及罗马帝国的教育情况，认为一个人的道德、礼仪教育应从幼儿期开始。诗人奥维德的诗作《爱的艺术》，告诫青年不要贪杯，用餐不要狼吞虎咽。

476 年，西罗马帝国灭亡，欧洲开始封建化的进程。12—17 世纪，是欧洲封建社会的鼎盛时期。中世纪欧洲形成的封建等级制度，以土地关系为纽带。期间制定了烦琐而且严格的贵族礼仪、宫廷礼仪等。例如在 12 世纪写成的冰岛史诗《埃达》，就详细地叙述了当时的用餐礼仪，如嘉宾贵客居上座，举杯祝酒的规矩等。

14—16 世纪，欧洲进入文艺复兴时期。该时期涉及礼仪的著作有：意大利作家加斯梯良编著的《朝臣》，论述了从政的成功之道和礼仪规范之间极其重要的关系；尼德兰人文主义者伊拉斯谟（约 1466—1536）撰写的《礼貌》，着重论述了个人礼仪和进餐礼仪等，提醒人们讲究道德、清洁卫生和外表美。英国哲学家弗朗西斯·培根（1561—1626）指出：一个人若有好的礼仪，那对他的名声大有裨益，并且，正如女王伊丽莎白所说，那就“好像一封永久的推荐书一样”。

17、18 世纪是欧洲资产阶级革命爆发的时代，尼德兰革命、英国资产阶级革命和法国大革命相继爆发。随着资本主义制度在欧洲的确立和发展，资本主义社会的礼仪逐渐取代了封建社会的礼仪，奉行“一切人生而自由、平等”的原则。但是资本主义利己主义导致自由平等只是属于少数一部分人，与此同时，时代的变革虽然使封建主义者失败，但是仍然有大量残余，所以双方产生妥协，资本主义礼仪文化在这时只是初步形成。不过，资本主义时代也编撰了大量礼仪著作。例如，英国资产阶级教育思想家约翰·洛克于 1693 年出版了《教育漫话》，系统、深入地论述了礼仪的地位、作用以及礼仪教育的意义和方法。英国政治家切斯特菲尔德勋爵（1694—1773）在其著作《教子书》中指出：“世界最低微、最贫穷的人都期待从一个绅士身上看到良好的教养，他们有此权利，因为他们在本性上是和你相等的，并不因为教育和财富的缘故而比你低劣。同他们说话时，要非常谦逊、温和，否则，他们会以为你骄傲而憎恨你。”

西方现代学者编纂、出版了不少礼仪书籍，其中比较著名的如美国现代成人教育之父卡耐基编撰的《人性的弱点》《语言的突破》等。

总之，礼仪演变到今天，各个国家和民族都形成了自己独具特色的礼仪与文化规范。英国人的绅士风度、法国人的浪漫情调、美国人的洒脱自由、日本人的男女有别等，已为世界所共知。同时，当今世界也形成了一些被普遍认可和接受的礼仪习惯。个性与共性、特色与惯例共同构成当今世界礼仪的亮丽风景。

第三节 礼仪的分类和功能

礼仪作为一种社会规范，在社会的各个场合被人们广泛地利用，并渗透到社会的方方面面，协调着各种各样的人际关系。正由于礼仪无处不在，无时不在，具有复杂多样的特点，它的分类方法也是千差万别的。

一、礼仪的分类

礼仪的形式千变万化，但是也不是无规可循的。从表现形式上分，包含仪容仪表、行为举止、服饰装扮等；从执行对象上分，包含个人礼仪、家庭礼仪、职场礼仪、公共礼仪等；从内容上分，包含沟通礼仪、交际礼仪、文字礼仪、餐饮礼仪等；从行业角度上分，包含政务礼仪、商务礼仪、服务礼仪、社交礼仪、涉外礼仪等。

二、个人礼仪

从以上礼仪的分类中我们看到了礼仪的多样化，但同时，不管礼仪如何分类，都是对主人的要求，即礼仪主体的要求，所以我们在这里把个人礼仪单独提出，因为个人礼仪是一切礼仪的基础，就如九年义务教育之于大学教育一样。

子曰："质胜文则野，文胜质则史。文质彬彬，然后君子。"（《论语·雍也》）质朴胜过修饰就会粗野，修饰过了质朴就会虚浮，质朴和修饰比例恰当，即外表与内在相结合，才可以成为有修养的人，才显得有风度、庄重、文雅并有朝气。这说明个人礼仪不仅是外在表现，还是我们内在修养的表现，是一个人的缩影。当你面对一个陌生人时，因为"首因效应"，个人礼仪就显得尤为重要，你的形象已经通过你的个人礼仪被人给定位了。好的个人礼仪可能成就好的定位，好的定位可能成就好的开始。

（一）仪容礼仪

"夫容貌者，人之符表也。符表正，故情性治；情性治，故仁义存；仁义存，故盛德著。"（《中论·法象第二》）这是古人对仪容的理解，当今心理学研究也有类似的发现，人们比较重视与人第一次见面后所产生的直观感受，而这种感觉的效果直接影响后续的交往。那些端庄、整洁、美好的仪容往往会给人留下美好的印象，为后来的交往打下基础。我国古代三国时期的庞统便因容貌丑陋、仪容不整而被孙权傲慢轻视，被迫投入势单力薄的刘备阵营。所以说，仪容是你与人交流的一块敲门砖，它直接决定你是否能够让对方打开交往的大门。

（二）举止礼仪

举止礼仪属于人的行为范畴，是个人礼仪的重要内容。举止是否得体，是否具有潇洒的气质、风度，是个人素养与涵养的外在体现，也是沟通交流的必要保障。举止礼仪主要包括站、行、坐、手势、面部表情等仪态。一个人只有拥有标准的站姿、坐姿、规范的手势以及得体的面部表情，才能在各个场合、面对不同的人展现自身良好的形象，游刃有余地与他人交往。例如，许三多的军人气质，电视剧《士兵突击》红遍大江南北，其中有一个情节，许三多误杀女毒贩，然后想要退役逃避这一切，当他独自一人走在大街上，他发现自己与周围人不一样了，他无法融入平常人的生活，就连走路的姿势都回不去了，齐步走已经成为他生活的一部分，从头到脚，他的每一个姿势都表示他是一名军人，军人的气质已经融入他的灵魂。这就是举止礼仪的魅力，他的思想试图欺骗他，但他的行为举止却会“出卖”他，表现出最真实的他。许三多永远是个兵，他想骗自己，却被自己的步伐所“出卖”。

（三）言谈礼仪

言谈是人际交往中最重要的工具。适宜的言谈、良好的口才，会使你的交流更加顺利、事业更为成功。良好的交谈态度、恰当的交谈内容、高超的交谈技巧是一个人成功的必备要素。在晏子使楚的故事中，晏子面对楚王的百般刁难却能够屡次化险为夷，最后让楚王说出：“圣人非所与熙也，寡人反取病焉。”我们不得不佩服晏子出众的口才，同时也可以清楚地感受到语言的魅力。我们反过来想，如果语言没有那么大的能力，如何会用嘴杀人、一语封喉呢?

（四）服饰礼仪

个人的着装，体现着其社会地位和文化形象。适宜的着装是个人对美的诠释，也是个人审美与修养的体现。懂得服饰的礼仪是一个人在社交中必备的技能。英国 007 系列电影征服了万千少男少女，一身英伦风格的西装是英雄詹姆斯永远的装扮，不论是在激烈的打斗中还是在谈情说爱时，得体的西装都是他耍帅的道具，绅士魅力的衬托。永远的英伦式西装，永远的英伦式幽默，成就了英伦式英雄。

我们对礼仪形式进行分类，主要是基于其不同的呈现方式。但我们应该知道，礼仪的出发点是为了更好地与人沟通，表现出尊重、诚意。举一个反面实例，17 世纪 40 年代，法国国王路易十三有一次找红衣大主教黎塞留议事，正巧碰上这位红衣大主教有病卧床不起。臣民躺着的时候，国王不能站着。为了维护这个礼仪形式，路易十三也躺在大主教身旁。这是一个搞笑滑稽的事例，它反映了有时墨守成规，一味地维持礼仪的形式却背离了这个礼仪存在的初衷。所以，我们要清楚，礼仪存在的形式有时需要根据具体情况而变。

三、礼仪的功能

“人无礼则不生，事无礼则不成，国无礼则不守。”“国尚礼则国昌，家尚礼则家大，身尚礼则身正。”礼被作为修身、养性、持家、立业、治国、平天下的不二法门，近年来不断得到社会各界的认可。

（一）礼仪的规范功能

有人说礼仪是一种约束，它从道德层面给人施加压力，与法律共同维护社会的稳定。更确切地说，礼仪是一种规范。当我们过马路时，要遵守“红灯停，绿灯行”的规则，虽然抛弃这个规则也能够行走，但是我们可以想象，违反规则对于行人来说只是得到暂时的快捷，行人将同时承担以交通危险为代价的风险；对于司机而言，违反规则将会耽误他们的行驶时间。如果大家都遵守这个规则，那么双方利益将会达到最大化。换句话说，礼仪就是让每个人让渡一小部分利益从而换取更大的利益，类似于法律惩罚小部分、维护大部分。从礼仪的目的来看，遵守礼仪是为了实现利益最大化，其实现过程不是约束、压抑，而是规范我们的行为，通过一种最佳的行为模式达到最佳的状态。所以说，礼仪是一种规范化活动。

（二）礼仪的调节功能

在现代社会，人与人主要通过经济关系、政治关系和道德关系联系在一起。这种人际关系的持续，需要一点润滑剂，而礼仪就是这种润滑剂，先润滑双方的接触点，为更大的接触做准备。正因为礼仪这种润滑剂，协调了人与人之间，以及人与社会之间的关系，才使人们关系和睦，国家繁荣富强。

（三）礼仪的塑造功能

礼仪对于形象塑造具有巨大的作用，礼仪通过其规范来引导他人，来塑造人们的行为，同时，对于那些不遵守礼仪规范的人群进行谴责，从而使社会形成良好的文明风气。所以，礼仪是一名塑造大师，对个人来说，使人拥有良好的礼仪风度从而拥有良好的气质与修养，更好地展现自己的风采；对社会组织来说，使其拥有良好的礼仪氛围，提升组织形象，也能使得组织内部的各个主体有序开展自身的工作；对国家来说，良好的礼仪环境则使其整体形象、整体素质得到提升，为软实力增加保障。

（四）礼仪的沟通功能

礼仪是双方沟通交流的基本准则；礼仪也是自我素养与诚意表达的方式；礼仪还是双方认可、赞同并继续合作的基础；礼仪更是沟通中给他人留下良好印象的最重要的指标。中国古代的韩非子，秦王嬴政读了他的《孤愤》《五蠹》之后，大加赞赏，发出“寡人得见此人与之游，死不恨矣”的感叹，可谓推崇备至，仰慕已极。后来嬴政见了韩非子却不高兴，因为韩非子口吃，无法通过语言来表达自己的观点，被嬴政认为是轻视自己，外加李斯等人火上浇油，韩非子最终死于非命。言谈礼仪是礼仪的重要组成部分，韩非子由于口吃问题无法很好地表现言谈礼仪，从而无法发挥其沟通交流的作用，所以在那个将言谈作为重要礼仪规范的年代，被视为轻视，不仅使才能无法展现，还赔上了性命。智者用礼仪来展现自我的魅力，愚者被礼仪愚弄、被大众耻笑。所以，人们乐于去学习礼仪，用礼仪来博取对方好感，从而达到相识相知。

本章思考题

1. 请结合礼仪的内涵阐明礼仪的概念。

2. 礼仪的主要特征和原则是什么?

3. 简述中西方礼仪起源的异同点。

4. 关于中国礼仪的起源，有哪几种说法?

5. 通过以下案例，你对礼仪有哪些新的理解与感悟?

数年前，时任美国总统的克林顿访问上海，在参观一个社区时，一群幼儿园的孩子有组织地用英文高声欢呼“热烈欢迎克林顿爷爷”。克林顿微笑致谢，但多少有一点儿迟疑。就在此刻，一个三岁的男孩却直呼“克林顿、克林顿”。备感亲切的克林顿抱起了这个孩子……

第二章

形象礼仪

凡人之所以为人者，礼义也。礼义之始，在于正容体，齐颜色，顺辞令。容体正，颜色齐，辞令顺，而后礼义备。以正君臣、亲父子、和长幼。君臣正，父子亲，长幼和，而后礼义立。

——《礼记》

自古以来，人们就非常注重体态端正、服饰整洁、表情肃穆、言辞得体，并将这些作为礼仪的基本要求。仪容、仪表、仪态是一个人内在涵养的外在体现。在人际交往过程中，它如一张名片；在人的言谈举止中，它似一杯清香的茗茶；在一言一语中，它仿佛一支留有余香的玫瑰。整齐、干净的衣冠给人舒服的感觉，人与人在第一次交往中给他人留下的印象，将直接影响以后的合作与交流。

如今，良好的个人形象更是社交活动的关键，它不仅代表自身，更关乎一个企业甚至一个国家的形象。“爱人者，人恒爱之；敬人者，人恒敬之。”注重仪表仪态是一个人自尊自爱的表现，它虽是个人行为，但也是对别人的尊重。

本章将从三个方面着重介绍在社交场合如何打造得体的个人形象：

（1）仪容礼仪：干净整洁，发型美观，化妆适宜。

（2）服饰礼仪：服饰礼仪的原则，男士西装着装礼仪，女士职业装礼仪。

（3）仪态礼仪：塑造得体姿态，注意面部表情。

本章内容的学习将有助于你打造得体的个人形象，从而在社交活动中脱颖而出。

第一节　仪容礼仪

“君子不可以不学，见人不可以不饰。不饰无貌，无貌不敬，不敬无礼，无礼不立。”（《大戴礼记・劝学》）中国素有“礼仪之邦”的美称，自古以来就十分注重仪容仪表，将仪容的修饰视为礼仪的重要组成部分。仪容，通常是指人的外观、外貌，其中的重点则是指人的容貌。人的容貌由发型、面貌以及人体所有未被服饰遮掩的部分（如颈部、手部等）所组成。得体的仪容修饰体现的是对所见对象的尊重，儒家这种仪容观随着历史长河的流动而不断发展，直到今天依然具有现实意义。如今，适当的仪容修饰除了能表示对所见对象的尊重外，还能帮助我们更好地展现自己的个人形象。在社交场合，每个人的仪容都会引起交往对象的关注，并将影响对方对自己的整体评价。因此，仪容礼仪在社交礼仪中尤为重要，是个人礼仪的基础。

本节将从干净整洁、发型美观、化妆适宜三个方面来介绍仪容礼仪。

一、干净整洁

干净整洁是塑造个人形象的基础，也是拓展人际关系的重要条件。虽然人们常说：“人不可貌相，海水不可斗量”，然而在如今的大环境下，得体的打扮往往会成为你的加分项。面试时，在能力相当的情况下，试问有谁会拒绝一个整洁大方的人而去选择一个看起来不太注重个人仪容的人呢？

正如《弟子规》所言：“冠必正，纽必结，袜与履，俱紧切。置冠服，有定位，勿乱顿，致污秽。”一个人不管长得有多美，若是以脏乱的面貌出现在社交场合，都是不合礼仪的。因此，保持干净整洁不仅是对自己的尊重，也是对他人的尊重。

干净整洁主要是指身上包括面部、头发、口腔、手部无异物、无异味。

“蜂首蛾眉，巧笑倩兮，美目盼兮。”自古以来，描写女子美貌的诗句不可胜数。面部是一个人最突出的部位，并不是每一个人都天生丽质，但注意面部的干净整洁却是基本要求。一个懂得礼节的人不会蓬头垢面地与人交往，因此要时刻保持面部的自然清爽，男士尤其要注意勤刮胡须。

发色乌黑且有光泽被视为头发健康的标志。时至今日，美发行业的快速发展足以证明头发的重要性。也许它不如面部那么受重视，但是勤洗头发、保持头发松软有光泽也是必要的。此外，头发的长短要适中。

口腔干净、无异味是塑造良好形象的重要一步，这不仅关系到美观，更关系到健康。在吃完有刺激性气味的食物（如葱、蒜）之后，一定要记得漱口，保持口腔的清新干净。在这里需要特别说明的是，虽然口香糖能使口腔清新，但在他人面前嚼口香糖却是不礼貌的行为。

古人云："手如柔荑，肤如凝脂。"社交场合中，一双葱白、细腻的手很容易引起人们的注意，增添别人对你的好感度。因此，我们应注重手的干净健康。男士不宜留长指甲，女士要勤于修剪指甲，切忌乱涂乱抹指甲油。另外，当众修剪指甲是不明智的做法，是缺乏素质的表现。

二、发型美观

好的发型对于塑造一个人良好的形象起着锦上添花的作用。

（一）男性

对于职场男性而言，发型无疑是非常重要的。男性的发型应遵循三个原则：前发不挡额，侧发不掩耳，后发不触领。此外，男性在发型的选择上不应随波逐流，而应由自己的脸形来决定。

1. 方形脸

下颚棱角分明是方形脸的特征，容易给人一种过于严肃的感觉，可以选择较柔和的发型进行中和。例如，短鬓角的发型可以让方形脸的男性看起来更加清爽。方形脸的男性切忌留中分或头发过长，这样会使整个人看起来更显得沉闷。

2. 圆脸

由于圆脸没有棱角，脸的长度和宽度较为接近，因此，圆脸的男性可以选择在头顶造型，以达到视觉上拉长脸形的效果。圆脸男性切忌留刘海，免得脸显得更短。

3. 鹅蛋脸

鹅蛋脸线条流畅，比例均匀，是比较完美的脸形，可以驾驭许多不同的发型，相对也没有太多禁忌。

4. 长脸

长脸即下巴比较长。长脸的男性更加适合留刘海，在视觉上缩短脸的长度。

（二）女性

女性对于发型的重视程度要远远高于男性。合适的发型对于女性的整体形象起着至关重要的作用。女性同样要根据脸形选择发型。

1. 方形脸

方形脸的女性忌选择只梳一边刘海、中分或顶部平直的发型。方形脸的女性中，短发的女性可以将头发微卷，并将中分的刘海弯曲，使其自然地顺到两颊前，将脸形修饰得尖尖的，达到视觉上瘦脸的效果；中长发的女性，可以将前额头发按照 4∶6 的比例分出刘海，使两侧头发自然散落在脸颊两旁，修饰脸颊两旁；束发或盘发的女性，前额要有修饰脸形的刘海，切忌"一把抓"。

2. 圆脸

圆脸的女性忌选择杂乱的长发、中分或"一把抓"的发型，宜选择稍长、侧分的发型，也可将头顶的头发吹高，两侧的短发紧贴耳根并盖住耳朵。

圆脸的女性中，短发的女性可以将发尾微卷，让其包围脸部轮廓，达到修饰脸形的效果；中长发的女性，头发可以侧分，使两侧头发自然下垂，发量少者可以烫发，使头发更加蓬松自然，达到修饰脸形的效果；束发或盘发的女性，切忌选择“一把抓”的发型，将头发束起时，要将刘海和两侧的头发放一些下来，或者将头顶部位头发抓高以修饰脸形。

3. 鹅蛋脸

鹅蛋脸属于比较完美的脸形，适合大部分发型，平时可选择尽量让脸都露出来的发型。

鹅蛋脸的女性中，短发的女性可以使短发微卷，将发丝打散，从视觉上起到增加发量、增厚刘海的作用，从而突出蓬松感并营造出小脸的效果；中长发的女性，不用选择刻意修饰脸形的发型，只要长度适宜、发型整齐大方即可；束发或盘发的女性，可使前额头发稍微蓬松，露出额头，头发不杂乱即可。

4. 长脸

长脸的女性，若为短发，可剪出刘海，盖住额头，会使脸显得稍短些，后面的头发不宜过短，在脖子的位置即可，起到修饰脸形的作用；若为中长发，可将前额的头发做一弧度，别在额头的一侧，盖住部分额头，起到美化脸形的效果，后面的头发可以做成卷发，使整体有蓬松感；若为束发或盘发，将头发全部束起时，一定要留刘海，视觉上起到修饰脸形的效果。

（三）注意事项

（1）男性脸宽者，不宜留板寸；男性脸小者，忌留长发。

（2）女性肩膀宽厚者，不宜留短发。

（3）女性胯骨较宽者，不宜把头发削得很薄。

（4）头形偏扁者，头发应适当蓬松。

（5）女性两颊宽者，卷发时卷度不宜从脸颊处开始。

（6）女性身材偏矮者，头发长度不宜超过内衣肩线。

（7）女性前发不遮眼。

（8）在隆重场合，应发不过肩。

三、化妆适宜

职业女性化妆是对同事、上司和合作伙伴最起码的尊重，也是其内在美的外在诠释。女性在参加社交活动时，不化妆会被理解为失礼的表现。得体的妆容离不开脸形、眉形、唇形的相互协调。

（一）脸形与眉形

正如不同的人有不同的脸形，每个人的眉形自然也存在着差异。而不同的眉形可以修饰不同的脸形，使妆面整体和谐。

1. 方脸

方脸的人，眉形不能太有棱角，眉弓部分要有圆润的美感。

2. 长脸

长脸适合加长眉形。长脸会给人垂直和拉长的视觉感，所以，横向拉长眉毛就会有弥补下垂的视觉效果。最好把眉弓延长定位在外眼角上方，拖长眉尾，但也要注意把握分寸，因为太长的眉尾会延长眼睛的下垂方向。

3. 心形脸

心形脸额头宽而下颚小，所以需要突出眉毛。较为浓密并且整齐的眉毛能够加强上半张脸的结构感，平衡小下巴的不足，使整张脸显得大气。

4. 圆脸

圆脸的优点是看起来年轻，缺点是缺乏焦点与个性，所以一个鲜明的眉峰可以给整张脸带来结构感。圆脸适合拱形较高的眉形。

5. 椭圆脸

椭圆脸比例比较完美，所以只需匀称的眉毛做点缀即可，无需太鲜明的眉弓。

6. 修整眉形的原则

无论你是什么脸形，在修整眉形的时候都需要遵守以下三条原则：

（1）眉头需要画在与鼻梁对齐的位置。找到眉头的位置，只需要将眉笔垂直放在鼻梁两侧，延伸到眉毛的地方，并且眉头不需要画得太浓，与后面的眉毛要有一个自然的过渡。

（2）眉弓应该从眉头到眉尾方向的三分之二处开始画，从中间就开始拱起的眉毛很不美观。

（3）不要缩短你的眉毛，眉尾至少应该在鼻子到外眼角的斜线交汇处结束。

（二）唇形与唇妆

嘴唇作为面部五官的一个重要部分，是影响整体妆容的重要因素。唇妆可以对嘴唇进行修饰，从而使我们的五官显得更加协调。

1. 嘴巴过大

嘴巴过大，画唇妆时应先使用遮瑕产品对嘴唇的边缘和唇表面进行遮盖，并且用蜜粉来定妆；在描画唇线的时候，要把它的整体轮廓向内收缩，让双唇变薄变窄。

2. 小嘴巴

与大嘴巴相反，小嘴巴需要把双唇的轮廓线向外延伸，以增大唇形。在唇膏颜色方面，选择浅色或者带有亮光的唇膏，可增加唇部的立体感。

3. 嘴唇过薄

嘴唇过薄容易让人感到嘴唇不够丰满圆润。对于这类唇形，画唇妆时先要对嘴唇轮廓进行扩展，让上唇的唇峰更加圆润，并把下唇增厚；接着涂上暖色系的唇膏，再涂一层唇彩，以增加立体感，让唇彩丰盈双唇。

4. 嘴唇过厚

嘴唇过厚分两种情况，有的是上唇过厚，有的是下唇过厚，整体给人感觉不够秀气。

画唇妆时可以先用遮瑕产品遮住唇色，然后选择最接近唇色的唇线笔画唇线，唇线要画在原有的嘴唇轮廓以内，再涂抹口红，涂抹时使用唇刷从嘴角往中间涂，嘴角两边要加深颜色，这样在视觉上会缩小唇部。

5. 嘴巴突出

突嘴的唇形，会让人在视觉上产生唇部跟脸部分离的感觉。对于这类唇形，画唇妆时应先借助唇线笔画出让嘴角向外延伸的唇线，嘴唇中间部分的上下轮廓要尽量画直一些，以此对过于突出的唇形进行修饰。最好选择使用冷色系的唇膏，能够在视觉上起到一定的收敛唇形的作用。

(三）不同场合的妆容

1. 工作妆容

工作妆不是为打造光彩夺目的明星，所以妆面应自然、淡雅、精致。应使用不明显的色彩，以淡雅为主，体现一种自然得体的美感。

（1）底妆。选择一款比自身肤色稍亮的粉底液，不宜将面部抹得过白，与脖子颜色产生过大色差。粉底液的颜色以介于脖子与脸部肤色之间的颜色最佳。在面部基础护肤完成之后，用化妆棉将粉底液均匀打在脸上，如果有黑眼圈或者皮肤有瑕疵，可以用遮瑕产品来进行局部遮盖，然后用散粉定妆。

（2）眉毛。眉毛是平衡脸形最关键的部位，眉毛颜色比头发颜色要淡一些，只需用眉笔勾勒出轮廓，用眉粉进行填充即可，必要时可以用染眉膏进行颜色的调整，然后用眉毛刷将眉毛梳顺，同时将颜色梳匀。

（3）眼妆。睫毛：把睫毛完全放进睫毛夹里，先夹睫毛中部再夹根部，用睫毛夹将睫毛夹成适宜的弧度。刷睫毛膏时以 Z 字形进行涂抹，下睫毛可以不刷睫毛膏，或用睫毛膏轻刷一两下。睫毛如有粘连，在睫毛膏没干之前用睫毛刷梳开。

眼线：选择黑色眼线笔或者眼线膏，沿着睫毛根部画眼线，切忌造型夸张和粗黑的眼线。

眼影：眼影颜色最好选择大地色，用大眼影刷重刷睫毛根部，眼睑轮廓用大眼影刷轻扫，目的是加深眼窝，使五官显得立体一些。眼角用棕色眼影，用小眼影刷扫眼角的位置，以达到拉长眼睛的视觉效果。

（4）腮红。选择腮红颜色时，一定要选择粉色系，不要打颜色太深的腮红，以自然为主。将腮红轻扫在笑肌处，圆脸应该向上扫，长脸应该呈圆状扫，颧骨高的人可扫在笑肌偏下一点的位置。

（5）唇妆。唇部可以涂唇膏、唇彩或者唇蜜。在下唇中部适当涂一些唇彩，能使唇部显得更加立体饱满。

完成上述步骤后，可用粉扑或者散粉刷给脸部或者颈部做一个过渡，使妆容显得更加自然一些。

2. 社交妆容

社交妆也称晚妆或者晚宴妆，力求高雅、华贵，富有女性魅力。社交妆的整体用色应淡雅，可比工作妆稍浓，而晚上的社交妆又比白天的浓一点。但切忌过于浓艳，太浓艳的妆容并不能很好地表现一个职业女性的高雅和端庄。

（1）底妆。首先在面部均匀涂抹质地细腻的粉底液，然后进行遮瑕工作。为了凸显五官的立体感，可以在鼻子两侧、脸颊两侧打阴影，在额头和鼻子上打高光。晚宴要穿礼服，裸露在外面的皮肤也要涂抹粉底液，以使整体肤色一致。最后对整个底妆进行定妆。

（2）眉毛。眉形应比日常妆容高挑并有流畅的弧度，眉色不宜过于浓黑，要与发色一致，必要时可以用染眉膏对眉毛进行染色处理。

（3）眼妆。在日常妆的基础上，可以使用假睫毛。对假睫毛要进行适当修剪，使之更加贴合眼睛的弧度。在眼部画上眼线后，用睫毛夹把真睫毛夹弯并使之上翘；将假睫毛涂上专用胶水，待胶水稍干后，用夹子把假睫毛夹好，黏贴在真睫毛根部，再给假睫毛和真睫毛一起刷上睫毛膏，使二者融为一体，更加逼真自然。

（4）腮红。可以选择颜色稍微偏红的腮红，轻扫在笑肌上，颜色要均匀，过渡要自然。

（5）唇妆。唇形注意轮廓清晰，唇膏的颜色与整体妆色协调。可选富有光泽的唇彩或唇釉，以形成生动的立体效果。如果是参加晚宴，涂唇膏后用纸巾吸去多余的油脂，施一层薄粉后再涂一遍唇膏，这样既能使唇色牢固持久，还可以避免唇膏留在餐具上的尴尬。

（四）护肤

职业女性的美是由内而外的，好的皮肤可以使妆容更自然、精致。好的皮肤是需要花费时间和精力呵护才可以拥有的。

1. 补水

水是皮肤的基本组成部分之一，对美丽的皮肤能起到至关重要的作用。当皮肤湿润时，就会显得细腻柔滑；皮肤脱水时，就会干燥紧绷。

除了保持室内环境空气的湿度和涂抹补水保湿的护肤品外，多喝水和多吃水果也能改善皮肤。

2. 清洁

清洁皮肤是护肤步骤中最基础和最重要的，化妆品残留和外界的污垢都需要仔细清洁。清洁好皮肤，才可以让皮肤更好地放松和吸收护肤品的营养。

一天至少应彻底清洗面部两次：一次是在早晨起床后，另一次是在晚上临睡前。两者唯一的不同在于清洗后使用的湿润剂。晚上可以使用较为厚重的乳液晚霜，而早上要化妆，所以使用轻薄的乳液。早上化底妆前应使用防晒霜和隔离霜，避免紫外线对皮肤的直接伤害。晚上要注意卸妆，使皮肤得到充分的呼吸和休息。

3. 基础护肤

基础护肤是日常生活中最基本的保养，是皮肤护理最基本的步骤和必要的功课。

局部重点保养：用卸妆产品和洁面产品清除面部污垢。长痘的肌肤可以选择高泡沫的洁面产品，干性敏感肌肤可选择无刺激性的洁面产品。

根据皮肤不同类型进行皮肤护理。油性皮肤一天至少要用温水洗脸 2 次，然后用轻薄一些的水油均衡的水乳；干性皮肤一天用温水洗脸 1～2 次，通常用稍油一些的水乳保护皮肤，建议秋冬季节可以随身带一个喷雾进行补水；中性皮肤最好多用乳剂护肤；敏感肌肤尽量不要用毛巾过度擦脸，推荐使用一次性毛巾进行洁肤，护肤品选择植物类或者药妆类无刺激性的产品。

4. 面膜护理

除了基本的日常护理，按时做面膜也是保养皮肤的必做功课，一般一周 2～3 次即可。

面膜不是涂得越厚，皮肤就能吸收得越多。皮肤吸收功能有限，肤质不同，使用的面膜也有所不同。需要强调的是，敏感肌肤和长痘肌肤尽量不要敷片状面膜。

要选择适合自身肤质的面膜并坚持使用。做完面膜之后应进行日常的皮肤护理，保留住面膜的水分和精华。

（五）注意事项

职业女性在化妆时还应注意以下几点。

1. 化妆的原则：自然、得体

作为职业女性，自然且得体的妆容是一种礼仪，展现了对他人的尊重。职业女性不适宜化太过浓艳的妆，妆容要与自身的工作环境和工作职位相符合，自然得体的妆容更能展现出职业女性的精致与优雅。

2. 勿当众化妆或补妆

当众化妆或补妆这类比较私人的举动，会给他人带来不适感，同时也是对他人的不尊重。

3. 勿使妆面出现残缺

妆面的完整与精致是对自己和他人的尊重。无论脸部哪个部位的妆面残损，都要及时补妆。妆面残损会让自身显得狼狈邋遢，会让他人误认为自己不受尊重。

补妆可以在洗手间进行。补妆不需要再进行一次完整的化妆过程，只需要对残缺的妆容进行补救即可。补底妆时，可以先使用吸油纸把 T 字区的油脂吸干净，再用干粉饼或者气垫粉饼进行补妆；补唇妆时，先把嘴唇清理干净，用口红进行补妆即可；补眼妆时，先用棉签把损毁晕染的地方擦掉，再用相应的化妆品进行补救。

4. 勿借用他人的化妆品

化妆品是比较私人的物品，互相借用直接接触皮肤的化妆品易滋生细菌或者传播疾病。此外，对一些有讲究的人来说，唐突地借用其化妆品，会使对方不悦，也是对对方的不尊重。

5. 勿评价他人的妆容

每个人的审美观都不同，因此对于妆容的打造，每个人会有不一样的见解。无论是在公众场合或者私下，都不可随意评论他人的妆容，这既是对他人的尊重，也是对自己的尊重。

第二节　服饰礼仪

“黄帝、尧、舜垂衣裳而天下治，盖取诸乾坤。”（《周易·系辞下》）在华夏文化中，服饰除了“避寒暑、御风雨、蔽形体、遮羞耻、增美饰”等实用功能外，还有着“知礼仪、别尊卑、正名分”的特殊意义。在古代，祭祀有祭服，朝会有朝服，婚嫁有吉服，从戎有军服，服丧有凶服，日常则有便服。服饰礼仪几乎涵盖了生活的方方面面，体现着一个人的文化修养和审美情趣，是一个人的身份、气质、内在素质无言的介绍信。

一、服饰礼仪的原则

（一）整洁大方

如今，追求时尚已成为一种不可逆转的流行趋势。时尚，是每个人心中的最美，不一定要雍容华贵，但大方整洁是其最基本的原则。如同在社交场合中，服饰不一定要每一件都是崭新的，但起码应当是整洁的，整洁美观的服饰会给人以积极向上的感觉，并表现出你对社交活动的重视，从而受到人们的欢迎；而服装褶皱不平则会给人一种消极颓废的感觉。

正如罗伯特·舒克在《赢家形象》中所说：“一个好的形象不一定会带来成功，但它却能够极大地推动成功的进程。”在社交场合中，干净整洁的服饰不仅让你更有自信，也会为你增添不少魅力，推动后续的发展与合作。良好的个人形象应当从整洁大方做起。

（二）和谐得体

1. 场合得当：TOP 法则

（1）T 即“Time”，着装 T 原则是指服装选择应当与时间相一致。一般来说，不同时间段对着装有不同要求，例如，在白天的工作时间，应该身着正式套装，给人专业的感觉；下班后的私人时间，则可以穿舒适的休闲装；晚上的社交时间，则要穿礼服。

（2）O 即“Occasion”，着装 O 原则是指服装选择应当与场合相一致。在公务场合，如果身着便装、休闲装，则会显得过于随意；在社交场合，如果身着制服，则会显得过于庄重；在休闲场合，如果身着西装，则会格格不入。因此，在选择服装时，一定要优先考虑场合，只有这样才能避免不必要的尴尬。

（3）P 即“Place”，着装 P 原则是指服装选择应当与地点相一致。不同的国家，文化背景不同，这也造就了他们的穿衣风格大相径庭。也就是说，应依据地点的不同选择不一样的服饰。西方人热衷于自由，在服饰上追求简约大气；东方人倾向于保守，服饰上多表现出含蓄内敛的感觉。

2. 职业得当：根据身份定着装

在社交场合中，一个人的服装与他的身份地位相符合，才能赢得别人的尊重和认可。例如，宏远公司的总经理生活比较随意，平时也不太注重穿衣打扮，而他的司机相当重视个人形象，于是就出现了尴尬的一幕：每当总经理和司机同时出现的时候，所有人都错认总经理，争先恐后地与司机握手、交谈，而真正的总经理却常常被忽略。

3. 肤色：展现健康肤色

（1）对于肤色偏黑的人来说，颜色过深或过浅的服装都不太适合，过深的颜色会让皮肤显得更黑，过浅的颜色也会反衬出皮肤的黑，这类人最好选择粉色等与肤色对比不是很明显的服装颜色。

（2）对于肤色偏黄的人来说，灰暗或比较素雅的颜色会让其显得缺乏精神和生气，而色彩浓烈、有光泽感的服饰会让其焕发光彩，如金色、宝石蓝色。

（3）对于肤色偏白的人来说，选择的范围相对比较广。例如，穿浅色服装显得大方素雅，穿深色服装显得更加白皙。

4. 年龄：与年龄相一致

一般而言，服装的搭配与年龄是相协调的。年轻人一般穿颜色较浅的衣服，以给人热情、青春、朝气蓬勃的感觉；而年长的人通常身着深色衣物，以表现出威严、沉稳、成熟的气质。

对初入职场的年轻人来说，如果工作需要你表现出成熟、稳重的感觉，那么在选择服饰的时候，最好选择上深下浅的搭配，这样在视觉上容易营造出一种端庄、沉稳之气；如果你老成持重，为了拉近与交往对象的距离，降低彼此间的陌生感，从而便于工作顺利开展，那么在选择服饰的时候，最好选择上浅下深的搭配，这会让你显得年轻、有活力。

5. 量体裁衣：以体型为依据

关于体型美的标准，自古以来便众说纷纭，不同体型有不同的美。如今，人们更倾向于匀称美。

（1）体型较胖的人应该选择冷色调的衣服，避免穿横格的衣服。太亮太花的色彩会产生一种扩张感，只会更加显胖。明亮度低的深色可以让你显得苗条一些。

（2）体型较瘦的人应该选择暖色调的浅色衣服，避免选择冷色调。太深太暗的色彩会产生一种收缩感，使你显得更瘦。明亮度高的浅色可以让你变得更加神采奕奕。

（3）体型适中的人则应该具体问题具体分析，根据自身实际状况选择适合自己的衣物，适合自己的才是最好的。

（三）整体协调

除了整洁大方、和谐得体外，服饰的选择还应注意整体协调。整体协调包括服装色彩搭配的协调和所佩戴的饰品与服装间的协调。

1. 色彩搭配：避免杂乱

全身服装颜色不宜超过三种，并且应当以一种颜色为主色调，其他为配色，这样才不会乱而无序，即“三一色”原则。

一般而言，有三种颜色搭配技巧：同类色、邻近色、对比色。同类色是指色相性质相同的颜色，如深灰与浅灰，这种搭配显得庄重但过于呆板；邻近色则是指色相性质相近的颜色，如红与橙，这种搭配较庄重却不呆板，比较常用；对比色即色相性质相反的颜色，如红与绿，这种搭配虽显活泼但不庄重。

2. 饰品佩戴：同质同款

饰品往往起点缀的作用，佩戴饰品是服装搭配中的一个重要步骤。因此，我们在选择饰品的时候，一定要兼顾服装的质地、色彩、款式，风格上要一致。另外，也要注意时间，比如在冬季应选择金色、深色的饰品，而在夏季应选择银色、浅色的饰品。这样，饰品才能充分发挥它的作用。

二、礼服

依据TOP原则，我们应该根据不同的场合来选择穿着的衣服。社交场合中人们穿着的衣服，主要指的是一般情况下穿着的工作服及出席较隆重的场合时穿着的礼服。工作服按照性别分为男士西装和女士套裙，相关的着装礼仪在后文有详细介绍，现在先为大家介绍礼服。虽然都是礼服，但是男士的礼服与女士的礼服却大相径庭。

（一）男士礼服

男士礼服主要指中式的传统礼服中山装及西式的晨礼服、大礼服和小礼服。

1. 中式男性礼服

说到中国男士的传统礼服，人们便会想到中山装。中山装上身左右各有两个带盖子和扣子的口袋，下身是西式长裤，由孙中山先生提倡而得名。中山装作为我国男士的传统礼服，其服制蕴含了孙中山先生的政治思想精粹，是新中国成立初期我国领导人在正式场合穿着较多的服装。

2. 西式男性礼服

西式男性礼服分为晨礼服、大礼服和小礼服。

（1）晨礼服。晨礼服即白天穿着的礼服，也称Morning Coat，是男士在参加庆典、婚礼、教堂礼拜时穿着的服装。外套剪裁成优雅的流线型，上衣与膝盖齐长，胸前只有一粒扣，多为黑色。晨礼服最醒目的特征就是黑色上衣与深灰色条纹裤子搭配。

（2）大礼服。男士的大礼服即燕尾服，因使用白色领结，也称White Tie，是男士在出席比较隆重的场合，如大型授奖晚会、正式的交际舞会、音乐会时穿着的服装。其传统样式为缎面戗驳领黑色上衣配双色侧章黑色西裤。双翼领，硬胸衬，白色衬衫，系白色领结。

（3）小礼服。小礼服即小晚礼服、便礼服，因使用黑色领结，也称Black Tie，是男士在出席一般性的集会、晚宴时穿着的衣服。男士可根据个人喜好来选择小礼服的领型及单双排扣，还可以搭配黑色的领结和腰封，外加黑色的圆形袖扣。

（二）女士礼服

1. 中式女性礼服

旗袍是中国女性的传统服装，被誉为中国国粹和女性国服。旗袍是中国悠久的服饰文化中最绚烂的部分和形式之一，是我国独有的、富有浓郁民族风格的传统女装，其流畅的曲线造型十分贴切自然地表现出东方女性的柔美，体现出含蓄凝重的东方神韵。旗袍的特点主要表现在紧扣的高领、贴身、衣长过膝、侧开叉、斜式开襟等。作为礼服的旗袍，面料多为绸缎，其颜色多为单一颜色，常在绸缎面料上刺绣。在社交场合穿的旗袍，其开衩不宜太高，以到膝关节上方 1～2 寸为最佳，旗袍的长度最好是长至脚面。穿着旗袍时应穿高跟鞋或制作考究的布鞋或绣花鞋。

2. 西式女性礼服

西式女性礼服分为晨礼服、大礼服和小礼服，在穿着上也有时间和场合的要求。

（1）晨礼服。晨礼服也称常礼服，主要在白天穿着，适用于会见、引见、拜谒、结婚典礼等正式场合。晨礼服通常由质料、颜色相同的上衣和裙子搭配而成，也可以是单件连衣裙，以长袖为多，可配手套和帽子。

（2）大礼服。大礼服也称大晚礼服，是一种最为正式的礼服，主要适用于晚间举行的各种正式活动。例如，官方举行的正式宴会、酒会、大型的交际舞会等。大礼服为露背的、单色的拖地或不拖地无袖连衣裙，并配有相同颜色的帽子和长纱手套以及各种配饰。近年来，其款式、用料及颜色等正向着自由化方向发展。

（3）小礼服。小礼服也称小晚礼服，主要适用于晚上 8 时以后举行的宴会或观看歌舞剧等活动。小礼服为长至脚面而不拖地的露背式单色连衣裙，其衣袖有长有短，着装者可根据衣袖的长短配选长短适当的手套，通常不戴帽子或面纱。

三、男士西装着装礼仪

西装又称西服、洋服，因外形美观、线条简洁流畅、立体感强、适用面广泛等特点而深受人们青睐，是世界上最流行的一种服装，也是男士在较正式的社交场合着装的最佳选择。

西装源于欧洲。据说，西装上装原来是渔民的日常穿着。渔民终年与浪为伍，在海里谋生，敞领少扣的衣服穿起来方便捕鱼，于是便形成了以方便身体活动为原则，以打褶、分片、分体为服装缝制方法的基本服装结构。这种服装进一步发展完善，就成了我们今天所看到的西装。而西装中最为特别的，当属背后开衩的燕尾服。燕尾服原是中世纪欧洲马车夫的装束，马车夫穿上后幅开衩的衣服，是为了骑马方便。

西装大约在清代晚期传入中国。西装刚传入中国时并没有获得大家的认可，当时愿意舍弃长袍马褂改穿西装的人寥寥无几，男士着装从长袍马褂到西装革履经历了不短的时间。戊戌变法以后，出国留学者增多，西装首先在这些留学者中盛行。西装渐渐为人们所接受是在 1919 年之后，作为新文化的象征，西装随着新文化运动的发展而在上海等地渐渐流行。改革开放后，中国与国际接轨程度日益加深，西装才真正在中国受到大众欢迎。

虽然现在西装屡屡出现在社交场合中，但是穿西装并不意味着穿得对西装、穿得好西装。西装所承载的是男士的文化内涵与个人品位，因此每位男士都必须掌握西装的选择与穿着要领。

案例

美国总统奥巴马于 2014 年 8 月 28 日召开新闻发布会。虽然发布会的主题是伊拉克局势与乌克兰危机的美方立场，但是媒体和观众所关注的焦点却在奥巴马的浅色西装上，而不在他对乌克兰和叙利亚问题的看法上，甚至有媒体调侃称，奥巴马陷入了“西装门”。

不少媒体网站对奥巴马的着装品位进行了大力抨击。Gawker 新闻网指责说：“奥巴马身穿‘傻帽’西装，令美国蒙羞。”连线新闻网说：“奥巴马的西装如此花哨，以至于没人听他在说什么。”

除了抨击和嘲讽外，也有不少媒体站出来力挺奥巴马的西装穿着。《洛杉矶时报》的男装专家和时尚作家亚当·特斯奇恩坚称奥巴马穿着的西装符合 2014 年的时尚潮流标准。《纽约每日新闻报》说，艾森豪威尔、里根和老布什都穿过类似的西装，保守派不应借此抨击奥巴马。

除了新闻媒体外，社交网上也出现了人们关于这件事的大量评论：奥巴马大概是要向西装宣战；总统就像个二手车销售；奥巴马想必是绕过国会买了这套西装……

【评析】西装是男士在社交场合着装的最佳选择，体现的是男士的品位与文化内涵。作为美国总统，奥巴马代表的是整个美国的形象，而奥巴马在新闻发布会上的西装选择显然是有欠考虑的。首先，奥巴马在选择西装时没有考虑到场合。新闻发布会是比较正式的场合，男士在正式的社交场合中应该选择黑色、深灰色或者藏蓝色的西装，以给人稳重、权威的感觉。其次，奥巴马在选择西装时没有考虑到肤色与衣服的协调。皮肤颜色比较深的人不宜选择较为明亮的浅色西装。

仅仅是一次西装颜色选择的失误就使奥巴马饱受争论，可见西装的选择对男士的重要性。那么，男士应该从哪些方面来考虑西装的选择呢？

（一）版型

男士在选择西装时，应该根据自己的身形选择合适的版型。只有选对了版型，才能穿出西装的平展挺括，显示出男士的非凡气质。西装的版型主要分为意式、英式、美式和日式，各版型西装的风格、特点及适合人群如表 2－1 所示。

表 2－1　各版型西装的风格、特点及适合人群

版型	风格	特点	适合人群
意式	洒脱大气	基本轮廓呈倒梯形，宽肩收腰，一般为双排扣，垫肩较高，下摆稍长。	身材高大魁梧的男性。
英式	挺拔绅士	基本轮廓呈倒梯形，一般为单排扣，垫肩明显，领子较狭长，两侧或背后中缝有开衩设计。	普通身形的男性。
美式	随意舒适	基本轮廓呈 O 形，宽松肥大，一般为单排扣，肩部不加衬，后摆中间开衩。	身材高大强壮的男性。
日式	严谨修身	基本轮廓呈 H 形，一般为单排扣，垫肩不高，衣身较短，领子短窄，后摆不开衩。	身材中等的男性。

一般来说，英式西装与日式西装更适合中国人穿着。

（二）衬衫

衬衫是男士西装中必不可少的重要组成部分，合适的衬衫更能彰显出男士飒爽的英姿。男士在挑选衬衫时，要充分考虑到衬衫的面料、大小及与西装的颜色搭配。

从面料上看，衬衫面料最好以纯棉、纯毛制品为主，以棉、毛为主要成分的混纺衬衫次之。从大小上看，衬衫领口大小以能伸进1～2个手指为宜。领口太宽会显得人没有精神，而领口太窄则容易影响呼吸。衬衫袖子的长度应该正好到手腕，以长出西装袖口1～2厘米为宜。衬衫袖子长出西装袖口可以隔绝西装袖口与皮肤的摩擦，起到保护西装衣料的作用。从颜色上说，白色衬衫是男士的最佳选择，蓝色衬衫、灰色衬衫、棕色衬衫、黑色衬衫在与西装颜色相协调的情况下也可以考虑。如今，不少职场男士渐渐趋向于选择穿着淡粉色、淡黄色等浅色衬衫，以增添自己的活力与魅力。为保证西装整体颜色的协调，男士需将全身衣着的色彩控制在三种以内，故应慎重挑选衬衫的颜色。

另外，男士在穿衬衫时应注意：衬衫的下摆必须塞进裤子里，袖子不可以挽起，袖扣一定要系上。不穿西装上装，或是穿上装未打领带时，衬衫领扣通常可以不系，但一般只能解开最上面的一粒扣子。

（三）西装上装

西装上装是男士西装的主要部分，合适的西装上装能让男士看起来神采奕奕、清新俊逸。要想挑选一件能显示出自己的品位，穿起来显得平展挺括的西装上装，面料、颜色、图案、尺寸及做工都是不容忽视的方面。

从面料上看，纯毛面料为首选，纯羊绒的面料以及高比例含毛的毛涤混纺面料次之，以高档毛料制作的具有轻、薄、软、挺等特点的西装上装为最佳选择；就颜色而言，深灰色、藏蓝色及黑色的西装上装适合在较正式的社交场合穿着。从图案上看，没有图案的西装上装无疑是最佳选择，条纹细密的竖条纹西装上装也是较好的选择。从尺寸上来说，西装上装应该大小合身，宽松适度，长度以能遮住五分之四臀部为宜。从做工上看，男士应尽量选择衣袋对称、纽扣牢靠、针脚均匀、外观平整的西装上装。

选好了合适的西装上装后，男士还需了解一些穿着西装上装的注意事项。首先，要了解西装上装纽扣的扣法。能否正确地扣好纽扣，直接反映一位男士对西装穿着规范的了解程度。一般而言，男士在站立时，应当扣上西装上装的纽扣；而在就座之后，西装上装的纽扣则要解开，以免影响西装的平展挺括。总的来说，西装上装一粒扣可扣可不扣，两粒扣扣上面，三粒扣以上扣中间，双排扣全扣上。各类西装纽扣的扣法可以参考表2-2。其次，男士在穿着西装上装时应注意：在穿着前应摘除西装衣袖上的商标，并且认真进行熨烫。最后，在穿着西装上装时不能将衣袖挽起来，西装口袋里不能装东西。

表 2-2　　各类西装纽扣的扣法

西装扣子类型	扣子扣法
单排一粒扣	扣与不扣均可
单排两粒扣	只扣第一粒，也可以全不扣
单排三粒扣	可扣中间一粒或上面两粒，或全不扣
双排扣	扣子全部扣上

（四）领带

领带本是北欧渔民系在脖子上的御寒巾，但是现在领带已经成为成年男子的三大饰品之一，是男士穿西装时最重要的饰物，是西装的灵魂。所以，我们需要了解有关领带的挑选、领带的打法及打领带的相关注意事项等方面的内容。

1. 领带的挑选

男士在挑选领带时需要充分考虑领带的面料、颜色、图案及款式。

在正式的社交场合中，男士宜选用真丝或者羊毛制作而成的领带。

领带的颜色有单色与多色之分，在正式社交场合中，男士宜选择蓝色、灰色、棕色、黑色、紫红色等单色领带，尽量少打浅色及艳色领带。另外，领带的颜色还需与西装上装、衬衫的颜色相协调，领带与衬衫的颜色以深浅相间为宜，遵循“衣深带浅，衣浅带深”的原则，颜色搭配可参考表 2-3。

表 2-3　　西装搭配原则

西装上装颜色	衬衫颜色	领带颜色
黑色	白色、浅色	灰色、蓝色
暗蓝色	白色、明亮蓝色	蓝色、胭脂红、橙黄色
灰色	浅色	灰色、黄色、砖色
蓝色	粉红色、乳黄色、银灰色、明亮蓝色	暗蓝色、灰色、胭脂色、黄色、砖色
褐色	白色、灰色、银色、明亮褐色	暗褐色、灰色、黄色

男士在社交场合适合戴纯色领带，或是以圆点、条纹、方格等规则的几何图案为主的领带。不同图案的领带所展现出来的风格不同，其所适用的场合也不同。不同场合的领带图案选择可参考表 2-4。其中，条纹领带为男士在社交场合中最常用的领带。

表 2-4　　不同场合的西装选择

领带图案	风格	适用场合
圆点、方格	中规中矩、按部就班	初次见面，见长辈、上司等
条纹	权威、稳重、理性	签字、谈判、演讲等
不规则图案	活泼、朝气	酒会、宴会、约会等

领带有宽窄之分，进行选择时，应注意最好使领带的宽度与自己身体的宽度成正比，不要反差太大。除此之外，领带还有箭头与平头之分。箭头领带下端为倒三角形，比较传统，适合各种场合；平头领带下端为平头，比较时尚，较适合非正式场合。

2. 领带的打法

一条系得很漂亮的领带，在一定程度上能使人更有精神，在男士的社交活动中往往能起到锦上添花的作用。男士应根据领带的厚度及质料选择不同的打领带的方法。

第一种，平结（Plain Knot）。平结风格简约，非常方便，领结呈斜三角形，适用于各种材质的领带，适合窄领衬衫。平结的打法如图 2－1 所示。

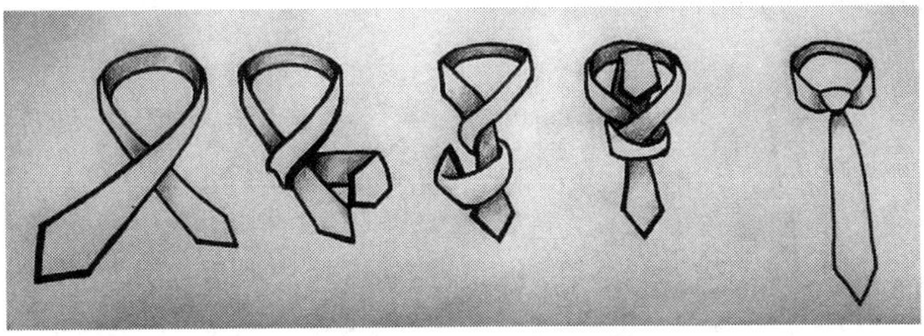

图 2－1　平结的打法

第二种，半温莎结（the Half-Windsor Knot）。近似正三角形的半温莎结能让男士看起来风度翩翩、气宇轩昂，并且适用于任何场合，是职场男士必须掌握的领带打法。半温莎结的打法如图 2－2 所示。

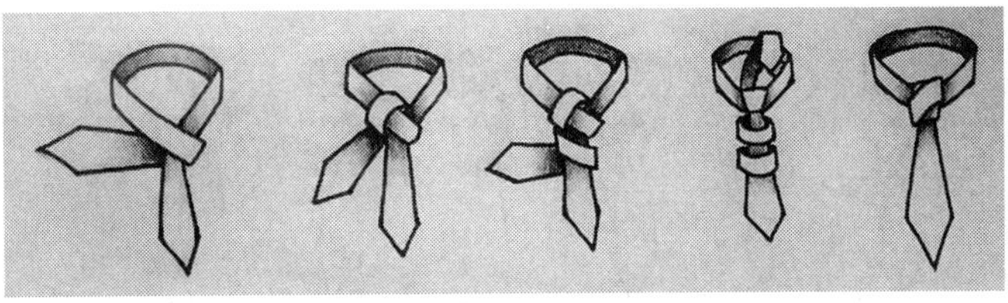

图 2－2　半温莎结的打法

第三种，温莎结（Windsor Knot）。温莎结一般用于商务、政治等特定场合，非常漂亮，属于典型的英式风格。温莎结适合宽领型的衬衫，且领结应多向横向发展。系温莎结应避免材质过厚的领带，领结也勿打得过大。其打法较为复杂，如图 2－3 所示。

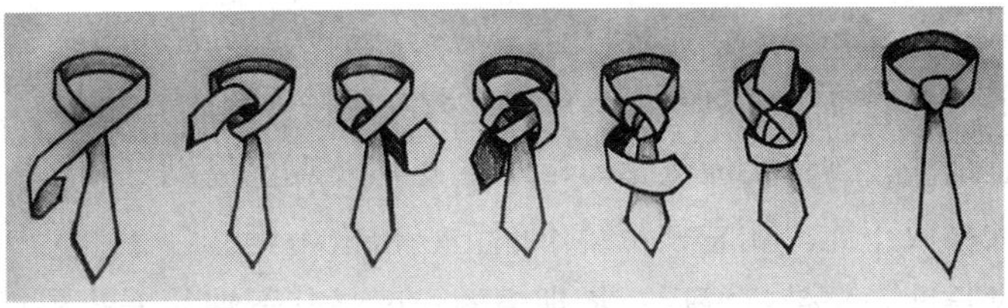

图 2－3　温莎结的打法

第四种，亚伯特王子结（Prince Albert Knot）。亚伯特王子结较适合细领带，常带给人时尚感，在小型派对和非正式场合能巧妙地为男士的着装加分。其打法如图 2－4 所示。

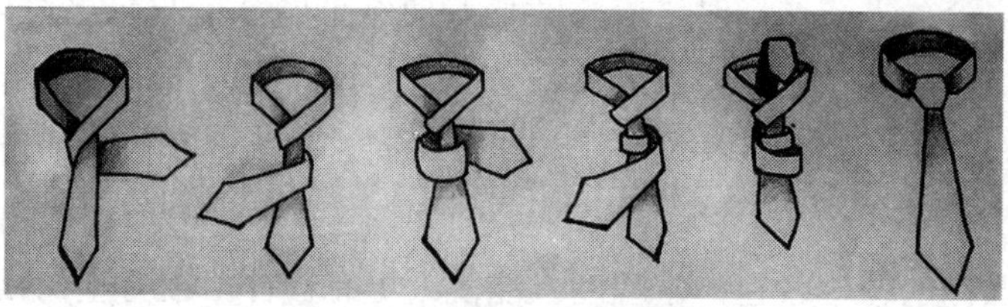

图 2-4　亚伯特王子结的打法

第五种，马车夫结（Coachman Knot），又称简式结。马车夫结在所有领带的打法中最为简单，尤其适合厚面料的领带。此外，马车夫结易于调整领带长度，在外出整装时方便快捷。其打法如图 2-5 所示。

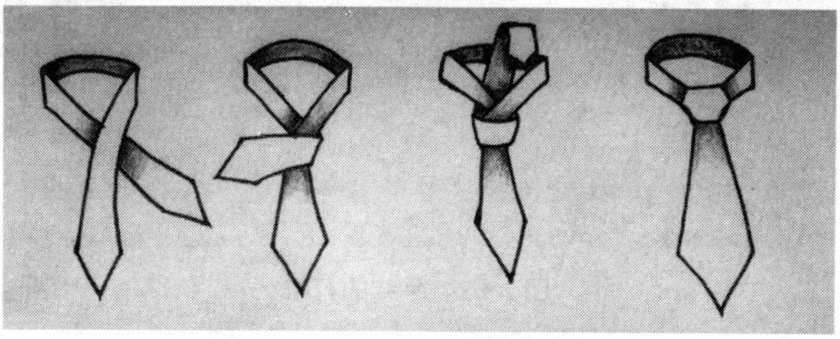

图 2-5　马车夫结的打法

第六种，交叉结（Cross Knot）。交叉结适合喜欢展现时尚感的男士使用，适用于素雅且质料较薄的领带。其打法如图 2-6 所示。

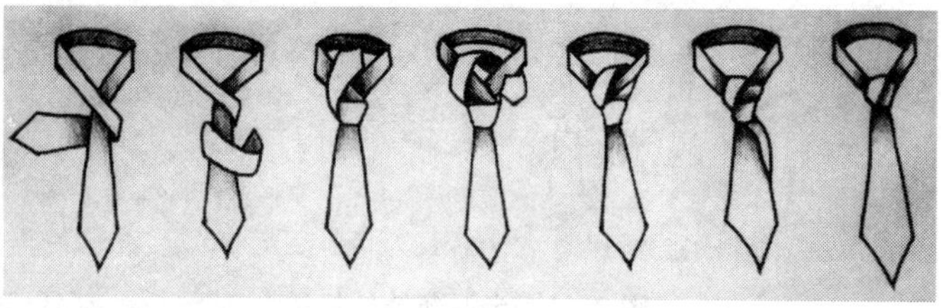

图 2-6　交叉结的打法

3. 打领带的相关注意事项

第一，要注意是否需要打领带。在上班、出差、开会等正式场合应打领带；在参加宴会、舞会时领带可打可不打；休闲场合不必打领带。

第二，要注意位置。穿西装上装与衬衫时，应将领带置于二者之间，令其自然下垂。在西服上装与衬衫之间加穿西装背心或羊毛衫、羊绒衫时，应将领带置于西装背心与衬衫之间。

第三，要注意结法。领带结应挺括、端正，并在外观上呈倒三角形。领带结的大小最好与衬衫衣领的大小成正比。切忌领带结不端正，松松垮垮。

第四，要注意长度。领带打好后，最理想的长度是其下端的大箭头正好抵达皮带扣的上端。

第五，要注意领带夹的使用。一般来说，领带夹在穿制服时使用较多。使用领带夹时，应将其别在特定的位置，即从上往下数，在衬衫的第四与第五粒纽扣之间。将领带夹别上后应扣上西装上装的扣子，使领带夹不外露。

第五，要注意一拉得领带的使用。有些男士认为系领带过于麻烦，于是在穿着西装时会选择使用一拉得领带。虽然一拉得领带大大简化了打领带的程序，但是系好的领带长度难以调节，长度太长容易从衣襟下面露出来，太短则容易从衣襟上面蹦出来，因此男士在正式场合不应使用一拉得领带。

（五）西裤

西裤要与西装上装相协调，构成统一的整体，裤长一般以能盖住 2/3 鞋面为宜。需要注意的是，西裤在穿着前最好能熨烫出裤线，在穿上后裤扣要扣好，拉链要拉严。另外，男士在正式的社交场合中，不能将西裤的裤管卷起，也不能往裤子口袋里装东西。

（六）皮带

与西装相搭配的皮带首选黑色，在穿西装时，不能在皮带上挂任何物品。除此之外，男士还需注意皮带扣不应露在外面。

（七）鞋袜

在较为正式的社交场合中，与西装搭配的鞋子首选黑色系皮鞋。男士在穿着皮鞋时应勤换、勤晾、勤擦拭，做到鞋内无味、鞋面无尘。

袜子颜色应该选择深色的，材质以纯棉、纯毛为佳。一般而言，袜口应位于脚踝处，不能外露。另外，男士应注意勤换袜子，切忌赤脚穿皮鞋。

四、女士套裙着装礼仪

案例

2015 年 9 月 22 日至 26 日，中国第一夫人彭丽媛随国家主席习近平访问美国。这次随行出访，彭丽媛的形象再一次成为各方关注的焦点。细心的人不难发现，彭丽媛这一次去美国的着穿风格和访欧时的发生了很大的变化。

抵达西雅图时，彭丽媛选择了白色青花瓷套装，基本上沿用了她以中式为主的一贯风格，为旅途的起点带来了浓厚的中国特色；在西雅图与商界人士聚会时，彭丽媛选择了中式小立领的千鸟格纹外套，时尚得体，既体现了东方女性的温婉，又有干练时尚的感觉蕴含在其中；在华盛顿与米歇尔参观大熊猫时，彭丽媛身着粉色套装，展现了中国女性的柔美；在国宴上，彭丽媛穿着孔雀蓝晚礼服，高贵优雅，引人注目。

时尚专家评论，彭丽媛此次访美的造型、风格和定位成熟，场合把握准确，颜色选择到位，很好地展现了中国女性对时尚的态度和中国女性的风采。

【评析】彭丽媛根据不同的场合，结合自身优势选择合适的服装，使自己成为中国的国际名片。作为职业女性，应该如何着装，以打造自己的职业名片呢？

套裙是职场女性的职业装。套裙可以分为两种基本类型，一种是用女式西服上装和裙子自由搭配组合成的“随意型”；另一种是女式西服上装和裙子成套设计、制作而成的“成套型”或“标准型”。如何让套裙烘托出穿着者精干、优雅的气质，是职业女性一直追求的。

（一）职业套裙的选择

1. 面料

正统西装套裙所选用的面料应质地上乘，遵循同款同质原则，上衣、裙子及背心等应选用同一种面料；除女士呢、薄花呢、人字呢、法兰绒等纯毛料外，也可选用丝绸、亚麻、府绸、麻纱、毛涤等面料，但要注意面料的匀称、平整、滑润、光洁、丰厚、柔软、挺括，应不起皱、不起毛、不起球。

2. 色彩

西装套裙的色彩选择应注意两个方面：

一是力求色调淡雅、清新、庄重，与着装者的肤色、形体、年龄与性格相协调，不宜选择过于鲜亮、刺眼的色彩，因此应与“流行色”保持一定的距离，以示穿着者的传统与庄重。

二是应注意与穿着者所处场所的环境相协调，应能体现出穿着者的端庄与稳重。一般而言，西装套裙的色彩应以冷色、素色为主，如藏蓝、炭黑、烟灰、雪青、黄褐、茶褐、蓝灰、紫红等颜色都是西装套裙色彩的较好选择。

3. 图案

套裙讲究朴素简洁，通常来讲，职业女性在正式场合穿着的套裙，可以不带有任何图案。如果本人喜欢，可以尝试以各种或宽或窄的格子、或大或小的圆点、或明或暗的条纹为主要图案的套裙，但不能穿以花卉、宠物、人物等为主体图案的套裙。

4. 点缀

一般情况下，套裙不宜添加过多的点缀，否则极有可能会显得琐碎、杂乱、低俗、小气，失之稳重。一般而言，以贴布、绣花、花边、金线、彩条、扣链、亮片、珍珠、皮革等加以点缀或装饰的套裙，穿在职业女性身上都不会有很好的效果。

5. 尺寸

套裙的上衣和裙子的长短是没有明确规定的。传统观点认为：裙短则不雅，裙长则无神。最理想的裙长是，裙子下摆恰好抵达小腿肚子最丰满的地方。套群的裙子一般有三种样式：及膝式、过膝式、超短式（职场女性超短裙裙长应不短于膝盖以上 15 厘米）。

在套裙的着装实践中，上衣和裙子主要有上长下长式、上长下短式、上短下长式、上短下短式四种基本形式。

以宽窄肥瘦而论，套裙中的上衣可分为松身式与紧身式两种。

紧身式上衣的肩部平直、挺拔，腰部收紧或束腰，其长多不过臀，整体上呈倒梯形造型，线条硬朗而鲜明；松身式上衣的肩部大都任其自然，或稍许垫高一点，腰部概不收缩，衣长往往至大腿，线条上讲究自然流畅。一般认为，紧身式上衣显得较为正统，松身式上衣则看起来更加时髦一些。

6. 造型

套裙的造型指的是它的外观与轮廓。从总体上讲，大致分为“H”型、“X”型、“A”型、“Y”型四种。如表 2-5 所示。

表 2-5 套裙的造型

“H”型	上衣宽松，裙子多为筒式，上衣与裙子给人直上直下、浑然一体之感，使着装者优雅含蓄，也可以为身材肥胖者遮丑。多适合亚洲人。
“X”型	上衣多为紧身式，裙子大都是喇叭式，以上紧下松的造型来突出着装者的纤细腰部，显得婀娜多姿。
“A”型	上衣为紧身式，裙子为宽松式，以上紧下松的造型体现着装者上半身的身材优势，遮掩其下半身的劣势，在总体造型上松紧有致，富于变化和动感。多适合欧美、南亚人。
“Y”型	上衣为宽松式，裙子多为紧身式，并以筒式为主，以上松下紧的造型掩盖着装者上半身的短处，同时表现出下半身的长处，使着装者看上去端庄大方。

（二）职业套裙的搭配

1. 衬衫

与套裙配套的衬衫，有不少讲究。面料要轻薄柔软，色彩讲求雅致端庄，不失女性妩媚，以单色为最佳，与所穿套裙颜色协调，最好不要有图案。特别注意，在穿着衬衫时，衬衫的下摆必须掖入裙腰之内，不得任其悬垂于外，或在腰间打结；衬衫纽扣除最上面一粒可以不系外，其余的纽扣要一一系好，不得随意解开；在穿着西装套裙时，不要脱下上衣而直接外穿衬衫。

2. 内衣

内衣要大小适当，不能过大，也不能过于窄小；面料以纯棉、真丝为最佳；色彩可以是常规的白色、肉色，也可以是粉色、黑色等。内衣不宜外穿，不准外露、外透。

3. 衬裙

衬裙特指穿在裙子内的裙子。穿丝、绵、麻等薄型面料的套裙时，不穿衬裙很可能使内裤外现，使人陷入尴尬。衬裙多为单色，如白色、肉色等，但必须与外面套裙的色彩相协调，要么彼此一致，要么外深内浅，不宜出现任何图案；衬裙的款式应该与套裙相搭配，线条简单、穿着合身、大小适度。在穿着衬裙时，衬裙的裙腰切不可高于套裙的裙腰，以免露在外面；衬衫的下摆应掖入衬裙裙腰与套裙裙腰之间。

4. 鞋袜

鞋袜被称为女士的“腿部景致”。

选择鞋袜时，应首先注意面料，职业女性搭配套装的鞋子，宜为高跟或半高跟皮鞋，并以牛皮鞋为上品，袜子一般选择丝袜。

在色彩上，与套裙配套的皮鞋以黑色最为正统，也可以选择与套裙颜色一致的颜色，袜子可选肉色、黑色、灰色等单色。穿套裙时，应有意识地留意一下鞋、袜、裙之间的颜色是否和谐，鞋、裙的颜色有必要深于或略同于袜子的颜色。

在样式上，鞋子应该是高跟、半高跟的船式皮鞋或盖式皮鞋。系带式皮鞋、丁字式皮鞋、皮靴、皮凉鞋等，都不适合选用；高筒袜、连裤袜是套裙的规范搭配，中筒袜、低筒袜绝不要和套裙一起穿。

在穿着套裙时应注意，鞋袜应大小相宜，完好无损，不可当众脱下，袜口要没入裙内，不可暴露于外，不可将九分裤、健美裤等当成袜子穿。

（三）注意事项

1. 大小适度

西装套裙的上衣最短可以齐腰，裙子最长可以达到小腿中部，上衣不能再短，裙子不能再长，否则就很不协调；上衣的袖长以正好盖住着装者手腕为好。同时，西装套裙不能过于肥大，否则会显得邋遢散漫；也不宜过于紧身，否则会显得轻浮庸俗。穿着套裙时，决不允许露腰、露腹、露臂、露肩。

2. 穿着到位

职业女性在穿着套裙时，上衣的领子要完全翻好，可以翻出盖于外套上；衣袋的盖子要拉出来盖住衣袋；不允许将上衣披、搭在身上；裙子要穿得端端正正，上下对齐。在正式场合中，女性穿着套裙时，上衣的衣扣只能全部系上，不允许部分或全部解开，更不允许当别人的面随便将上衣脱下来，会给别人留下不修边幅的感觉。

3. 协调装饰

高层次的打扮，讲究着装、化妆与配饰风格统一、相辅相成。因此在穿着套裙时，要有全局意识，将化妆、配饰统一考虑。在化妆方面应遵循既不可以不化妆，也不可以化浓妆的原则，只化淡妆，“妆成有却无”，恰到好处即可；在配饰方面应遵循以少为宜、合乎身份的原则。

4. 注意场合

套裙有自己适用的特定场合。职业女性在各种正式的社交场合中，最好穿套裙。在涉外社交活动中，务必穿套裙，而不能选择制服。如果是出席宴会、舞会，可选择合适的礼服，此刻穿着套裙，会使自己与“现场”格格不入，还有可能影响别人的情绪。

五、饰品的佩戴

在社会交往中，配饰是一种无声的语言，可借以表达使用者的知识、阅历、教养和审美品位，也可以显示使用者的身份地位、婚恋状态，其作用是普通服装难以体现的。

（一）佩戴首饰的原则

1. 数量规则

数量上，以少为佳，必要时可以不用佩戴首饰。若同时佩戴多种饰品，则要求在总量上不超过三种。除耳环外，最好同类饰品的佩戴不超过一件，否则会给人凌乱之感。

2. 色彩规则

色彩上，力求同色，若同时佩戴两件或三件饰品，应使其色彩一致。同时，也要注意与服装的色彩相协调。

3. 质地规则

在佩戴首饰时，力求同款同质。例如，戴镶嵌首饰时，要让镶嵌物质地一致，托架也力求一致，使总体协调。

4. 身份规则

在选配饰品时，不仅要照顾个人爱好，也要与自己的性别、年龄、职业、工作环境相协调。

（二）佩戴首饰的方法

1. 戒指

国际上较为通行的佩戴规范是戴在左手上，且仅戴一枚。戒指戴在不同的手指上有不同的寓意。拇指不戴戒指；戴在食指上，表示无偶求爱；戴在中指上表示正在热恋；戴在无名指上表示已婚并且夫妻感情很好；戴在小指上，表示奉行独身主义。戒指就质地而言，有金、银、钻石、珍珠等多种。

2. 项链

项链是戴于颈部的环形首饰，可装饰人的颈部、胸部，男女均可使用。通常情况下，所戴的项链不应多于一条，项链的粗细应与脖子的粗细成正比，与脖子的长短成反比。依据长度，项链可分为四种：短项链约 40 厘米，适合搭低领上衣；中长项链约 50 厘米，可广泛使用；长项链约 60 厘米，适合在社交场合使用；特长项链约 70 厘米，适用于隆重的社交场合。体型较胖、脖子较短的人宜选佩较长的项链，身材苗条修长、脖子细长的人最好选佩粗一些的短项链。

项链坠要与项链整体上协调一致，在正式场合不要选用过分怪异的项链坠，也不要同时使用两个或两个以上的项链坠。

3. 耳环

耳环可以分为耳环、耳坠、耳链，是女性的重要饰品之一，讲究成对使用。耳环的佩戴要与脸型、头型、发式、服饰、场合等相协调，才能取得良好的整体效果。佩戴耳环时应兼顾脸型，不要选与脸型相似的耳环，以防同型相斥，夸大脸型缺陷。长脸，特别是下颌较尖的，应佩戴面积较大的扣式耳环，以使脸部显得圆润丰满；方形脸，宜选择佩戴面积较小的耳环。耳环常见的材质有钻石、金、银、珍珠等，耳环的形状有圆形、方形、三角形、菱形等，且大小不一。

4. 胸针

胸针是别在胸前的饰物，多为女士所用。别胸针要注意别的部位，穿西装时，应别在左侧领上；穿无领上衣时，则应别在左侧胸前；发型偏左时，胸针应当居右；发型偏右时，胸针应当偏左。其具体高度，应在从上往下数的第一粒、第二粒纽扣之间。

（三）皮包的选择

皮包是女性服饰的重要配件，其重要性甚至不亚于皮鞋。皮包由于质地和用途不同，可以分为很多类型。如何为自己选择合适的皮包，是很多女性都在思考的。

1. 根据场合需要选择款式

女性皮包根据用途分为手包、挎包、拎包、背包、腰包、箱包等多种，适用于不同的场合。手包一般没有背带和提手，外形较小，只适合单手或双手持握。拎包又叫提包，它有一只或一对长长的提手，外形较大，提在手里，可携带较多的物品。挎包介于手包与拎包之间，有提手，但外形小于拎包、大于手包，将其套在左手小臂上挎着。背包有单肩包、双肩包等。通常情况下，职业女性如果参加欢迎仪式、剪彩仪式、报告会之类的活动，最好携带挎包，这样与他人握手、告别时将其挎在手臂上看上去会非常优雅；如果准备出席舞会、宴会等，可携带背包，既便于存放，又可以多带一点东西。

2. 选择皮包应注意颜色搭配

如果为日常使用，外形、颜色均可随意，只要与衣服协调搭配即可。若为上班所用，黑色、咖啡色、深蓝、枣红等深色都是不错的选择，它们较其他颜色更宜与多种颜色的服饰搭配，且有沉稳干练之感。当然，白色在春夏季使用也不错。

皮包在与服饰配色时，有几个细节需注意：一是使皮包与服装成对比色，这样两者都很醒目，如穿白衣、拿黑包；二是如果服装为多彩，则皮包应与服装的主色调相同；三是应使皮包与服饰中的某一样，如鞋子、手套、帽子或装饰腰带等，为同一色彩，以形成呼应。

第三节　仪态礼仪

仪态，指人的身体姿态和风度。在社会交往中，通过一个人的举止和姿态可以看出其风度和内在气质。一个人的举手投足、一颦一笑、站立的姿势、走路的步态、面部的表情等，皆是仪态的外在表现。例如，《红楼梦》中对黛玉的描写——“两弯似蹙非蹙罥烟眉，一双似喜非喜含情目。态生两靥之愁，娇袭一身之病。泪光点点，娇喘微微。”黛玉的娇弱与多愁之态令人怜惜，这也是曹雪芹塑造出的黛玉形象的主要特点，使人印象深刻。宝玉甚至因其“眉间若蹙”而送予她“颦颦”的妙字。可见仪态对一个人的整体形象是极为重要的。在社交中，我们更应注意塑造得体的姿态和表情。

一、塑造得体姿态

案例

张某在参加某大型企业的招聘时，看到前面几位应聘者的学历都比自己高，口才、能力也很突出，于是觉得没多大希望，便抱着淡然的心态进去面试。在回答面试官的问题时，他不慌不忙，据实而答，举止自然，落落大方，并一直保持着微笑。令他感到意外的是，面试官当场录用了他。原来，在他之前的几位应聘者虽然表现突出，但仪态不佳，有的过于紧张而显得拘束，有的为卖弄口才而举止张扬，给面试官留下了不好的印象。

【评析】在社会交往中，一个人的姿态蕴含着丰富的信息，其作用不亚于有声语言。它不仅反映了一个人的形体、外在，也反映了一个人的气质与修养，对一个人的整体形象有着相当大的影响。如《红楼梦》中“闲静时如姣花照水，行动处似弱柳扶风”；《西厢记》中“解舞腰肢娇又软，千般袅娜，万般旖旎，似垂柳晚风前”；这些描写姿态的句子将女子的柔美之姿表现得淋漓尽致。正如英国哲学家培根所说：“在美的方面，相貌的美，高于色泽的美，而秀雅合适的动作美，又高于相貌美。”可见，得体的姿态对塑造一个人良好的整体形象起着重要作用。

（一）站姿

1. 基本的站姿

站姿是静态的造型动作，是其他动态美的起点和基础。古人主张站如松，说明良好的站姿应给人一种挺拔、直立的感觉。站姿的基本要领是站正，身体重心放在两脚上。两脚跟相靠，脚尖分开，呈“V”字形，分开角度男士以45°为宜，女士以30°为宜。两腿并拢站直，腰背挺直，挺胸收腹。双臂自然下垂，双手在体前交叉，或手心朝内贴于身体两侧。在非正式社交场合，亦可将手背在身后。双目平视前方，嘴唇微闭，面带微笑，微收下颌。

由于性别差异，男女的基本站姿有不同的要求。男士在站立时两脚可适度分开，呈跨立姿势；女士站立时也可呈“丁”字步，即一脚稍微靠前，脚跟靠在另一脚内侧，这样的站姿可使女士看起来更加优雅。基本的站姿如图2－7所示。

图2－7　基本的站姿

2. 不同场合的站姿

不同的场合，对站姿有不同的要求。

在会场、办公场所等正式场合，站立时应保持双腿笔直，右手搭在左手上，自然贴在腹部。

在非正式场合，为避免呆板，双脚的姿势可做灵活变动，既可以选择并拢，也可以一前一后，自然成形，但在肌肉放松的同时仍然应保持身体挺直。

主持文艺活动、联欢会时，可以将双腿并拢站立，女士站成“丁”字步，上身前倾，腰背挺直，臀微翘，亭亭玉立，富于女性魅力。

门迎、侍应人员往往站立时间很长，双腿可以平分站立，双腿分开不宜超过肩。双手可以交叉或前握垂放于腹前，也可以背后交叉，右手放到左手的掌心上，要注意收腹。

礼仪小姐站立时一般可采取立正的姿势或“丁”字步。双手端执物品时，上手臂应靠近身体两侧，下颌微收，面含微笑，给人以优美亲切的感觉。

3. 站姿的禁忌

站立时，应注意端正直立，不要无精打采，耸肩勾背、东倒西歪，不要倚靠在墙上或椅子上；在正式场合，不要将手插在裤袋里或交叉在胸前；不抖腿，不摇晃身体，不要挺肚子，以免形体不雅观；双腿不可分开太大，女性尤其应当谨记。

总之，站立的姿势应该轻松、自然、优美。不论站立时摆何种姿势，只有脚的姿势及角度和手的位置在变，身体一定要保持挺直。

（二）坐姿

1. 基本的坐姿

与站姿一样，端稳、优雅的坐姿也能表现一个人的静态美感。正确坐姿的基本要领为：上身挺直，稍向前倾，头、肩平正，两臂贴身下垂，两腿并拢，双手应掌心向下相叠或两手相握，放于身体的一边或膝盖之上。

总的来说，男女的坐姿大体相同，只是在细部上存在一些差别。女士就座时，双腿并拢，以斜放一侧为宜，双脚可稍有前后之差，这样可体现出娴雅之态。穿裙子的女士，落座时应用手把裙子稍稍向前拢一下，既防止裙子被弄皱，又表现出优雅的风度；男士就座时，双脚可平踏于地，双膝亦可略微分开，双手可分置左右膝盖之上。基本的坐姿如图 2-8 所示。

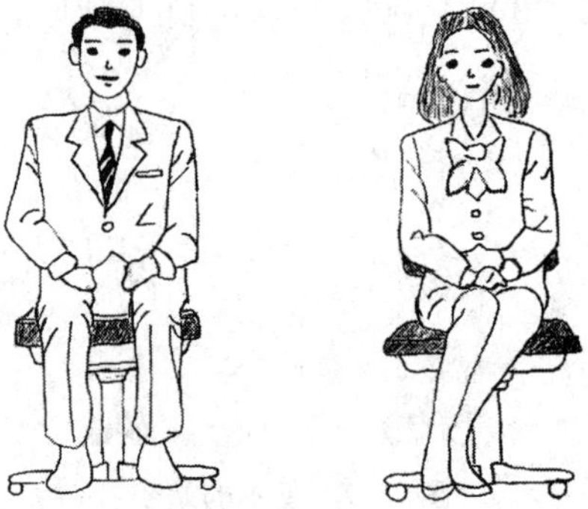

图 2-8　基本的坐姿

2. 不同场合的坐姿

不同的场合，对坐姿也有不同的要求。

参加重要会议、会谈或谈判时，由于场合一般比较严肃，适合正襟危坐，要求上身正直，端坐于椅子正中，注意不要使全身的重量只落于臀部，双手放在桌上、腿上均可。

与长辈、领导谈话时，坐姿除了要端正外，上身与两腿应同时转向对方，身体稍向前倾，双目正视说话者，表现出谦逊、恭敬的态度。

在比较轻松、随意的非正式场合，坐姿可显得轻松、自然一些。可不时变换坐姿，全身肌肉可适当放松。

3. 坐姿的禁忌

入座后上身应挺直，勿弯腰驼背，也不可前贴桌边后靠椅背，上身与桌、椅均应保持一拳左右的距离；双脚自然垂地，不可交叉地伸在前，或一前一后，甚至呈内八字状；不要摇晃上身，不要跷“二郎腿”，更不要抖动双腿，切忌脚尖朝天；起座时，动作应轻盈，不要突然站起。

（三）走姿

1. 基本的走姿

走姿往往可以显示出一个人的身体状态、精神风貌和性格。古人说：“行如风”，即要求人走路像风一样轻盈。行走时，两眼平视前方；抬头挺胸，上身正直；身体重心落于足的中央。迈步前进时，重心应从足中移到足前部；肩膀应自然、轻松地摆动；双臂靠近身体，随步伐前后自然摆动；手指弯曲朝向身体。行走路线尽可能保持平直，步幅适中，两步的间距以自己一只脚的长度为宜。行走速度也要适中，显得有节奏。基本的走姿如图 2－9 所示。

图 2－9　基本的走姿

2. 不同场合的走姿

在办公场所，脚步应轻而稳，步伐应快捷而稳重，以体现办事者的高效、干练。

进入会场、走向话筒、迎向宾客时，步伐要稳健、大方。

在人多的街道上行走时，最好要保持一定的速度，至少不要挡住后边人的去路。若有人迎面走过来，应向外侧躲避，以便让对方先过去。

参加喜庆活动时，步态应轻盈、欢快、有跳跃感，以表现喜悦的心情。

3. 走姿的禁忌

走路时，应挺直身板，自然地摆动双臂，不要摇头晃脑和左右摆动双臂，也不要有意扭动臀部。此外，注意不要边走边吃东西。多人行走时，不要勾肩搭背，也不要排成横队，以免影响他人行走。

(四) 蹲姿

蹲姿一般用在取低位物品时。

1. 半蹲式

这种姿势一般用于从地上取中低位的物品，如较大的手提箱等。其要求是走到物品的一侧，上身稍弯下，但不宜与下肢构成直角或锐角，臀部应向下而不是撅起。物品在右侧，则重心放在右腿上；反之亦然。如图 2-10 所示。

图 2-10　半蹲式蹲姿

2. 高低式

这种蹲姿一般用于捡起掉在地上的物品或系鞋带。其要求是：一脚在前，一脚稍后，两腿靠紧下蹲。在前的脚全着地，小腿基本上垂直于地面；在后的脚脚掌着地，脚跟提起。后膝应低于前膝，头和腰应保持一条直线。

3. 交叉式

这种造型优美的蹲姿，适用于穿短裙的女士。其要求是：下蹲时，一只脚在前，一只脚在后，在前的脚全着地，小腿垂直于地面，在后的脚脚掌着地，脚跟提起，前腿在上，后腿在下，双腿交叉重叠。

二、注意面部表情

生活中，语言常被认为是沟通的有效武器，其实人的面部表情同样可以起到信息传递的作用。不同的表情通常会传达出不同的心理活动。在社交活动中，我们不仅要会观察他人表情、洞察他人心理，也需要注意自己的表情，塑造积极向上的面貌。

(一) 微笑

案例

在央视节目《出彩中国人》第二季的梦想冲刺夜中，唐某夫妇的现场表演显然要比黄某夫妇的表演出彩，然而出乎意料的是，在最后的选择中评委范某却选择了黄某夫妇，这不仅让观众感到震惊，也让到场的嘉宾导演陈某惊讶不已。原来，在两组选手的点评环节中，尽管唐某夫妇实力出众，却在点评时显得过于紧张；与之相反的是，虽然黄某夫妇被评委指出诸多不足，但他们自始至终都保持着微笑，大方从容。结果就出现了这样一幕：

实力较强的一组被淘汰了，留下来的却是实力相对弱的一组。于是，在节目的最后，导演陈某说了这么一句话："要相信，微笑可以改变世界。"

【评析】生活中类似的事情有很多。就像诗句所云："回眸一笑胜星华"，在人际交往过程中，微笑扮演了非常重要的角色。

微笑在任何时候都可以弥补一些其他方面的缺陷，从而增加别人对你的好感度。尤其在社交场合中，当处在陌生的环境、面对陌生的人时，大多数人其实是没有安全感和归属感的，这时候有一个冷冰冰的人和一个对你微笑的人，你会选择同哪个人交流呢？毫无疑问，大多数人都更愿意去与那个微笑的人交谈，因为微笑代表友好、亲近，可以拉近彼此之间的距离，传递鼓励、赏识、肯定的情感信息，营造出一种和谐融洽的交谈氛围。因此，在社交场合中请保持微笑，微笑会带给你意想不到的收获。

微笑的首要原则是真诚。尽管微笑在生活中扮演着不可或缺的角色，但虚假的微笑会令其效果大打折扣，只会降低别人对你的好感度。所以，微笑应当是发自内心的愉悦，是真实感情的流露，而非仅仅是为了达成某种目的所做的一种表情。

其次，微笑应该注意露齿适中。理想的微笑是露出上颌的 6～8 颗牙齿，且微笑的时候最好不要露出上牙龈，这会影响微笑的美观度。同时，微笑应当避免出声，这是对他人的一种尊重。

另外，男士微笑时应嘴唇微闭，微笑应该有力度；女士微笑时应嘴唇微启，微笑应该甜美迷人。

（二）目光与眼神

司马迁在《史记·项羽本纪》中写道："范增数目项王，举所佩玉玦以示之者三，项王默然不应。"这里，范增与项王之间沟通的媒介就是眼睛，通过一个人的眼神可以判断他的大致情绪与想法。在人际交往中，目光作为一种无声的语言，对人内心世界的反映更加真实，因为目光所传达的信息，通常比语言更真实、更直接、更有效，有些无法用语言表达的话语，通常可以让眼睛来"说话"。因此，在社交场合中，运用好目光交流的艺术，往往会事半功倍。当你发现对方流露出渴求的目光时，你的话题就可以继续；当你发现对方目光呆滞时，你就可以考虑停下或者换个话题。我们要善于从对方的目光变化中分析他的内心活动，学会识读目光语言将直接影响交往的效果。

1. 目光接触时间

（1）一般来说，与人目光交流的时间为 3～5 秒。

（2）目光注视对方的总时间是对方与你相处时间的 1/3。

（3）目光接触的时间不宜过长，应适当将视线移动片刻，这样可以避免尴尬。

2. 目光停留部位

古时候人们就说："天子视不上于袷，不下于带；国君绥视；大夫衡视；士视五步。"也就是说，与不同对象交往时，视线应当有所区别。

（1）双眼区，即对方双眼或双眼与额头之间的区域，目光停留在此区域常表现出严肃、认真、压倒对方的感觉，适用于一些比较严肃的场合，如谈判、洽谈、磋商。

（2）小三角区，即对方唇心到双眼之间的区域，目光停留在此区域常表现出亲切、轻松、平易近人的感觉，适用于一些普通的社交场合，如酒会、联谊会、展销会。

（3）大三角区，即对方双眼到胸之间的区域，目光停留在此区域常表现出疼爱、依赖的感觉，适用于亲人、恋人、朋友等的交往中。

3. 注意眼神变化

心理学家研究表明，当一个人处于兴奋状态时，他的瞳孔可以扩张到原来的四倍；反之，当一个人情绪低迷时，他的瞳孔也会收缩。因此，在社交场合中，可以通过注意他人的眼神变化来确定是否要进一步交谈。

本章思考题

1. 仪容礼仪应该注意哪些方面？

2. 社交中如何选择得体的服饰？

3. 基本的举止礼仪包括哪些内容？分别应该注意什么？

4. 谈谈微笑的重要性，以及微笑的基本要求。

5. 根据以下材料，说明尼克松竞选失败的主要原因，以及给我们的启示。在重要场合中，形象对一个人有什么影响？如何为自己树立一个良好的形象？

1960 年 9 月 26 日，在芝加哥哥伦比亚广播公司的一个电视直播间里，总统候选人理查德·尼克松和约翰·肯尼迪站在摄像机和聚光灯前，进行了美国总统竞选历史上第一次电视辩论。尼克松当时是美国副总统，肯尼迪不过是马萨诸塞州一名资历尚浅的参议员，此前许多人认为这将是一场一边倒的竞赛——经验老到的尼克松肯定会胜出。但电视屏幕改变了一切，当时尼克松刚动过膝盖手术，脸色苍白，身体消瘦，还发着烧；肯尼迪则刚刚参加完加州竞选活动，肤色红润，活力四射。上台前，两人都没有请专业化妆师化妆，但肯尼迪的助手帮他简单地“润了润色”，尼克松则随便抹了点男用粉底霜，结果在电视上使脸色显得更加苍白。

如果你在广播中收听这场辩论，你会认为两个人实力旗鼓相当。但电视观众们看到的却是另一番情景——一脸憔悴的尼克松 PK 阳光活力的肯尼迪。当年参加现场直播的桑德尔·范奴克回忆说：“我注意到副总统嘴唇附近满是汗渍，肯尼迪则非常自信，光彩照人。”对比如此鲜明，观看直播的 6 500 万美国人几乎立刻就能决定要把选票投给谁。虽然此后两人又进行了三场电视辩论，但已经无关紧要了。美国东北大学专门研究总统辩论的新闻学教授阿兰·施罗德指出：“肯尼迪在第一场辩论中就确立了压倒性优势，尼克松想要翻盘是极其困难的。”事后肯尼迪也表示，如果没有电视辩论，他很难入主白宫。

第三章 交往礼仪

如不欲上之无礼于我，则必以此度下之心，而亦不敢以此无礼使之。不欲下之不忠于我，则必以此度上之心，而亦不敢以此不忠事之。至于前后左右，无不皆然，则身之所处，上下、四旁、长短、广狭，彼此如一，而无不方矣。

——《大学章句》

人际交往，是指在社会活动中人与人之间传递信息、沟通思想、交流感情等相互作用的联系过程。现代社会是一个信息化社会，每个人都必须通过各种途径与人交流、沟通，可以说，人际交往是人类社会生存和繁衍的基础和前提。亚里士多德曾说：能独自生活的人，不是野兽，就是上帝。随着科学技术的发展，网络环境的形成，现代人的交往从形式、途径到内容都已经与以往的人明显不同，需要我们能够在更加复杂的人际交往环境中不断适应与发展。

而处于公务往来中的秘书人员，所面对的人际关系更是纷繁复杂。但是，一些初涉岗位的年轻秘书，却并未意识到人际交往的重要性，每每在工作中碰壁，其中有些人并不是败在工作能力上，而是败在不重视人际关系的协调上。因此，正常的人际交往、良好的人际关系，无疑是秘书工作者胜任自身工作的重要因素。那么，如何才能正确把握人际交往，遵守交往礼仪？除了“以己度彼”“彼此如一”之外，还需把握一定的交往原则，这些原则能让你在人际交往中作出正确的反应和判断。

第一节 交往礼仪的基本原则

在公务活动中，人与人之间的交往都具有一定的社会性与职业性。故而，依照人际交往的基本原则，根据秘书职业开放性、多层次、全方位的职业特点，并结合现代社会需求，秘书人员应掌握、适应自身职业交往礼仪的基本原则。

一、平等尊重

平等与尊重是进行一切交往活动的前提与基础。为此应做到：第一，平等相待。《墨子·法仪》中讲："今天下无大小国，皆天之邑也。人无幼长贵贱，皆天之臣也。"强调人们有社会分工，虽职责范围不同，却无高低贵贱之分。现代秘书人员在公务交往中，应该在关系平等、平等待人的基础上建立和处理人际关系。第二，尊重、重视他人。具体表现在，一要真诚帮助他人，在他人困顿之际，伸以援助之手，尤其是对那些与自己有分歧、对自己有芥蒂的人，这将化解人际间的坚冰，对于处于工作关系中的人来说，无疑是一笔有效的关系"投资"；二要懂得倾听，在公务交往中，一个善于倾听的人，比一个不懂倾听，只知一味宣扬自己的人，更容易被人尊重与接受；三要及时感谢与赞赏他人，一句感谢，一句赞赏，是不花费任何财力、物力就能送出的永远不会被拒绝的礼物。

二、真诚守信

真诚守信，是指在人际交往的社会活动中，要待人真诚，做到坚守信用、待人以礼、恪守诺言、承担自身的责任和义务。《墨子·修身》中讲道："言不信者行不果"，认为言而无信的人做事也不会有结果，"行不信者名必耗"，强调行动与言行相悖的人为人所恶，得不到他人尊重。在公务交往中，为人正直，守信重诺是基本的行为准则。客观的做法是，既不讨好位尊者，也不藐视、冷落位卑者，不妄言、不妄行，恪尽职守、泰然处之。

正如日升昌在八国联军侵华时期，坚持诚信原则"以义制利"，对于大量没有账簿备录的北京逃难储户，坚持只要出示存银折子，不管银两数目多大，一律予以兑现。事实证明，这种承担了巨大风险的做法是正确的。战乱过后，当他们在北京的分号重新开业时，不但普通百姓纷纷将积蓄放心大胆地存入票号，甚至朝廷也将大笔的官银交给票号汇兑、收存。在挤兑风波中，日升昌以甘冒风险的代价换来了名利双收。"以义制利"的古训被晋商深刻地理解之后贯彻在实践当中，义利思想是其重要的价值观。

三、理解宽容

宽容大度，就是要胸怀广大，宽以待人。宽容的前提是理解，是换位思考。墨子说：

"吾闻之曰：'非无安居也，我无安心也；非无足财也，我无足心也。'是故君子自难而易彼，众人自易而难彼。"（《墨子·亲士》）在为人处世中大多数人都是对己宽厚而对人严厉，只有君子才能够真正做到严于律己，宽以待人。做秘书要有宽广的胸怀和容人的气量，因为秘书每天要面对形形色色的人，处理大大小小的事，难免会产生一些分歧和矛盾，不能事事处理得当、圆满，如果心胸狭窄，不能容忍不同的意见或别人的缺点，必然难以与大多数人建立融洽的关系。因此严于律己，宽以待人，以和为贵，避免矛盾冲突，是维系健康良好人际关系的关键。

四、谨言慎行

谨言慎行，即谨慎自己的言行，主要涉及三个方面的内容。一是保密问题。秘书或多或少地会接触到组织的核心机密，需要谨慎守密，防止泄密。二是客观环境。秘书处于复杂的人际关系圈，秘书工作的办公室通常是一个比较敏感的地带，是一个组织的"咽喉"，在这里工作的每个人的性格、习惯不同，目的和动机也不同。同时，因为秘书与领导联系比较紧密，大家会出于各种各样的目的，想尽办法跟秘书人员套近乎，试图达到自己的目的，因此秘书需要慎言慎交，避免被他人利用，陷自己于困境之中。三是主观因素。孔子云："可与言而不与之言者，失人。不可与言而与之言者，失言。知者不失人，亦不失言。"因此，应该言当言之言，切忌在不恰当的场合和人说不恰当的话，否则言行失当就会影响工作，甚至造成工作上的失误，影响企事业单位的形象和自己的前途。

小贴士

◎"布吉尼 3A 原则"

"布吉尼 3A 原则"是美国学者布吉尼教授提出来的，是商务礼仪的基本原则。"3A 原则"中的三个"A"分别是：

1. "Accept"：接受对方。
2. "Attention"：重视对方。
3. "Admire"：赞美对方。

◎卡耐基完美交往的 6 项法则

1. 结识良友。
2. 微笑沟通。
3. 常用赞美。
4. 勿忘倾听。
5. 掌握话题。
6. 牢记名字。

案例

鲍勃·胡佛是个有名的试飞驾驶员，时常表演空中特技。一次，他从圣地亚哥表演完后，准备飞回洛杉矶。根据《飞行作业》杂志的描述，胡佛在300米高的地方时，刚好有两个引擎同时出现故障。幸亏他反应灵敏，控制得当，飞机才得以降落。虽然无人伤亡，飞机却已面目全非。

胡佛在紧急降落之后，第一个工作是检查飞机用油。正如所料，因为是经历过第二次世界大战的螺旋桨飞机，所以装的是喷射机用油。

回到机场，胡佛求见那位负责保养的机械工。年轻的机械工早为自己犯下的错误痛苦不堪，一见到胡佛，眼泪便顺着面颊流下。他不但毁了一架昂贵的飞机，甚至差点造成3人死亡。但是，胡佛并没有责备那个机械工人，只是伸出手臂，抱住工人的肩膀说："为了证明你不会再犯错，我要你明天帮我修护我的F—51飞机。"

【评析】当一个人没有意识到自己的错误时，一个严厉的批评，可以提醒他。但当一个人已经意识到自己所犯的错误，并为此愧疚、担忧时，再多的批评、责骂都是徒劳，甚至会招致反感、不耐烦。此时我们应该设身处地地去思考，他这么做的原因是什么，并从中找到一个解决的方法，将方法及时告诉他，并鼓励他改正。从这个故事中，我们可以发现，平等、尊重、理解、宽容原则灵活运用的重要性。即使是犯了错的人也需要尊重，站在他的角度理解他的做法，宽以待人，帮助他将这一错误改正或是解决，这远比批评责怪要有效、有益得多。

第二节　会见礼仪

见面礼仪是日常社交礼仪中最常用也是最基础的礼仪，人们的社交活动与见面礼仪密切相关，特别是对于从事服务行业的人员来说，掌握并能熟练运用一些基本的见面礼仪，能给对方留下良好的第一印象，为日后工作的顺利开展打下基础。在日常的生活中，常见的见面礼仪有寒暄礼、握手礼、鞠躬礼、拥抱礼、亲吻礼及吻手礼等，对于不同国家、不同地区来讲，也有着不同的见面礼仪。

一、寒暄礼仪

寒暄是指在交往初始见面时相互问候、相互致意。它能帮助人们在人际交往中打破僵局，缩短人际距离，是交谈对象表示自己敬意的一种方式，也可借此向对方表示结交之意；故在与他人见面之时，若能选用适当的寒暄语，往往会为双方进一步的交谈做到良好的铺垫。在社交场合中，寒暄应注意以下几点。

（一）掌握分寸，适度合宜

寒暄语的使用应把握一定的分寸，表述要尽量简短、精练，不宜拖沓。为调节交流的气氛，语言可以稍微随意一些，但内容不可漫无边际，否则容易冒犯对方，妨碍交往的深入进行。位低者主动向位高者寒暄时，最好使用敬语，态度要谦和大方，以免让人产生虚假客套之感。

在与他人的交往中，掌握好分寸，不仅是自身素质的体现，也展示了对他人的尊重，而关于分寸的界限则不能跨过个人隐私这条线。一般来讲，除了对特别亲密的朋友或家人，人们一般不愿意主动向他人透露自己的隐私，如果在公共场合被人主动问及，则会显得尴尬，进而破坏交流的气氛。

（二）注重场合，谨慎用语

寒暄语不一定非要具有实质性内容，其长短灵活，内容宽泛，需要注意的是，无论在何种条件下，寒暄必须体现出友好与尊重的态度，与不同场合的氛围保持一致，要做到热情但又不失庄重，通俗但不庸俗。

小案例

××年×月×日，某高校文学院组织该院教师参加了一次与某地市级文化局的交流活动。在非正式活动开始前，该文化局局长与教师团闲聊了起来，气氛本该轻松愉快，但随着教师团中的女老师纷纷离席，气氛慢慢变得有些尴尬。原来，这位局长聊到兴起，竟谈论起了一些格调不怎么高雅的内容，还颇为自得其乐，这让在座的人员感到尴尬不已，女性人员只得尴尬离场。

（三）注意话题的选择

作为宾主之间的应酬之语，选择怎样的话题作为开头十分重要。人们可以根据对方的身份、职业或爱好，对寒暄话题进行有目的地筛选，或是选择双方均有兴趣的话题，如双方正在进行合作项目，以激起当事人深入交流沟通的欲望，进而达到良好的沟通效果。

二、握手礼仪

握手，是人类在长期交往中逐渐形成的一种重要礼节，最早可以追溯到刀耕火种的原始时代。那时，人们以木棒或石块为武器进行狩猎或战争。狩猎中若遇到不属于本部落的陌生人，或敌对双方准备和解时，双方就要放下手中的武器，伸出手掌，让对方摸一下手心，以示友好。在文明演进的过程中，这种习惯后来逐渐演变成握手礼。

在现代商务交往中，握手是最常见的见面礼节。无论何时、何地、何人都可以实行握手礼，这是人们见面时相互致意的最常用的方式。

（一）握手的方式

（1）顺序。握手时，一般讲究“尊者在前”的原则，即由握手双方中身份较高者先伸出手来，反之则是失礼的。具体顺序如下：

在平辈或朋友中，相见时先出手为敬。

在长辈与晚辈之间、男女之间、上下级之间、主客之间行握手礼时，应由长辈、女士、上级、主人先伸手，晚辈、下级、男士、客人先问候再伸手相握。

在主客之间，当客人抵达时，应由主人先伸手以示欢迎之意；客人辞行时，应由客人先伸手表示告别，示意主人就此留步。

（2）仪态。与人握手时，双方应起身站立，彼此迎向对方，距离一步左右，上身微前倾，同时伸出右臂，四指并拢，拇指张开，双方虎口相对，稍用力握对方手掌，力度要适中，面带微笑注视对方，同时双手相握，上下微微晃动三四次后分开双手。

（3）时间。在普通场合与人握手时间以3秒左右为宜。

与女士握手时间不宜过长，初次见面只需礼节性地握一下即可。例如，男士与女士初次见面行握手礼时，由女士先伸出手，再由男士回握住女方的手，礼节性地握一下后随即放开。男士握手时不可长时间握住女方的手，也不可过于用力，以免显得唐突无礼。

（二）握手禁忌

（1）忌左手与人握手。在中东和印度的一些国家，左手只能用以洗澡或上洗手间，因而被认为是不洁的，所以与这些国家人握手时尤其不能用左手。

（2）在和基督教信徒交往时，要避免两人握手时与另外两人相握的手形成交叉状，这种形状类似十字架，在他们看来是很不吉利的。

（3）忌在握手时佩戴手套或墨镜，只有女士在公共场合佩戴薄手套握手是被允许的。

（4）忌在门框处握手。在门框处握手，像是把握手双方从门梁处隔开；另外，在东欧一些国家如俄罗斯，人们是不会隔着门槛握手的，俄罗斯人站在门口从来不向客人伸手，而是要等客人进门后才握手。

（5）忌在握手时另外一只手插在衣袋里或拿着东西。

（6）忌过分冷淡或过分热情。握手时不要面无表情、不置一词，也不要长篇大论、点头哈腰，过分客套。

（7）忌在握手时仅仅握住对方的手指尖，好像有意与对方保持距离，显得不尊重。

（8）忌在握手时把对方的手握住反复推搡，或者一直握住对方的手反复摇晃。

（9）忌拒绝和别人握手，即使有手疾或汗湿，也要和对方说一下“对不起，我的手现在不方便握手”以示尊重，以免造成误会。

小案例

2013年8月16日，扬纳基斯卸任中国男篮主教练离开北京，篮协副主席胡加时特意来到天坛饭店为其送行。而更令人尴尬的一幕是，当胡加时满脸微笑地伸出右手，希望和扬纳基斯握手时，扬纳基斯不仅没有伸出自己的右手，甚至将右手向后撤，同时还表现出一脸嫌恶。紧接着，扬纳基斯径直走向胡加时身旁的篮协综合部部长徐岚，并充分展示其善意，不仅与对方握手还贴面致意，这与刚才冷落胡加时的举动形成了鲜明的反差。而这一幕也让在场的媒体感到十分震惊，引起了不小的议论。

三、介绍礼仪

在交往中，介绍是一个十分重要的环节，它是人与人之间相互沟通的出发点。简单来讲，介绍就是一个信息交换的过程。根据介绍者的不同，介绍可以分为自我介绍、他人介绍和集体介绍三种类型。

（一）自我介绍

自我介绍即说明本人情况的介绍，也是社交场合中运用最多的一种介绍方式。自我介绍一般由自己担任介绍的主角，将自己介绍给他人，从而使对方认识自己。同时，在自我介绍时应注意以下几个方面的问题。

1. 内容真实

自我介绍最基本的三个要素为姓名、单位、职务。进行自我介绍时要本着实事求是与真实可信的原则，不要夸大其词，更不要为追求效果而过分吹捧自己。

2. 时间简短

自我介绍的时间不宜太长，一般控制在一分钟内。过长的自我介绍会显得没有重点，长篇大论地谈论自己会让听者失去兴趣，反而会使自我介绍失去意义。

3. 形式标准

表 3－1　　自我介绍的类型

类型	适用场合	介绍内容
应酬型	公共场合/ 一般性的社交活动	应酬型的自我介绍，它的对象主要是进行一般接触的交往对象，一般只介绍姓名。如“您好，我是×××。”
工作型	正式活动	工作型的自我介绍的内容，应当包括本人姓名、供职的单位及其部门、担负的职务或从事的具体工作等。如“您好，我是××公司的总经理×××。”
交流型	社交活动	交流型的介绍，是一种刻意寻求与交往对象进一步交流与沟通，希望对方认识了解自己，并与自己建立联系的自我介绍；交流型介绍除介绍基本信息外，还包括介绍兴趣及与交往对象的某些熟人关系等，以拉近距离。如“您好，久仰您的大名。我是×××的朋友，我叫×××，我对您的作品……”

4. 注意时机

自我介绍是一个很好的推销自己的机会，但必须把握好时机，不要一开始就急着介绍自己，否则显得过于急功近利，给人留下不好的印象。一般来说，在对方表现出结识意愿时，是最佳的介绍时机。

5. 讲究态度

进行自我介绍，态度须友善、亲切，表现应大方、自然，给人一种舒适的感觉，这样也会使对方更愿意倾听你谈话的内容，从而达到更好的沟通效果。

（二）他人介绍

他人介绍又被称为第三者介绍或为他人作介绍，是经由第三者为互不相识的双方引见、介绍的一种介绍方式。在为他人做介绍时，要注意以下几个问题。

1. 介绍者

在介绍他人时，由谁来充当介绍者这一角色是很重要的。介绍者的身份应与双方身份相宜，不能过高或过低。一般情况下，介绍者可以由秘书、办公室主任、公关人员或专职接待人员等人员来担任。

作为介绍者，在介绍他人时，应注意自身体态和语言。在介绍过程中应伸出右手，手掌伸直，四指并拢与拇指分开，指向被介绍方，手势要文雅，眼睛直视另一方，同时点头微笑，保持仪态的从容大方，同时语速要适中。

2. 介绍顺序

为他人作介绍的原则是“尊者居后”，即把身份地位较低的一方介绍给身份地位较高的一方，一方面表示对尊者的敬重之意，另一方面也便于尊者优先了解情况，以便在交往中掌握主动权（信息接收的优先权）。

一般的介绍顺序如下：

（1）先把男士介绍给女士。

（2）先把晚辈介绍给长辈。

（3）先把职位低者介绍给职位高者。

（4）先把主人介绍给客人。

（5）把晚到者介绍给早到者。

（6）先把家人介绍给外人。

（7）把未婚的介绍给已婚的。

3. 被介绍人

（1）介绍时，双方都应起立，以示尊重和礼貌。

（2）介绍人介绍完毕后，被介绍双方应微笑点头示意或握手致意，并且彼此问候对方。

4. 介绍类型与内容

关于介绍类型与内容，可见表 3－2。

表 3－2　介绍类型与介绍内容

介绍类型	介绍内容
一般介绍	姓名
正式介绍	姓名、工作单位、职务、关系、兴趣爱好等

需要注意的是，介绍的信息量要适量，除姓名等基本信息外，可简单说明双方见面的目的，未经他人允许切忌涉及他人隐私。

5. 注意事项

在为他人做介绍前，要征求被介绍方的意见，切勿自作主张，上去开口便讲，这样不仅不礼貌，还会显得很唐突，让被介绍者感到措手不及。

（三）集体介绍

集体介绍，即把某一个单位、某一个集体的情况向其他单位、其他集体或他人说明，是他人介绍的一种特殊形式。

1. 形式

集体介绍大体可分为单向介绍和双向介绍两种情况：

（1）单向介绍。当被介绍双方中的一方为个人，另一方为由多个人组成的集体时，往往只把个人介绍给集体，不必再向个人介绍集体。例如，举行集体会议时，主持人将发言人介绍给听众，而不用将听众全体介绍给发言人。

（2）双向介绍。双向介绍指被介绍的双方皆为由多人组成的集体，在进行具体介绍时，双方的全体成员均应被正式介绍，常规做法为：由主方负责人首先出面，依照主方在场者具体职务的高低，自高而低地依次对其进行介绍，然后再由客方负责人出面，依照客方在场者具体职务的高低，自高而低依次进行介绍。例如，在两个高校交流时，接待一方负责人先向访问一方，按职务高低依次介绍，然后再由访问方负责人按同样方式向对方介绍。

2. 介绍原则

（1）少数服从多数。当被介绍者双方地位、身份大致相似时，应先介绍人数较少的一方。

（2）注意身份地位。若被介绍者双方地位、身份存在差异，即使人数较少，也应先将其放在尊贵位置，最后加以介绍。

四、名片礼仪

名片的产生可追溯到古代，其载体经历了从木到纸的变化，但所传递的内容却没有发生改变。到了现代社会，名片同样是现代人的自我介绍信和社交的联谊卡，其最基本的功能就是一种自我介绍。

在现代商务活动中，名片是使用最为频繁的工具之一，也是最为通用的介绍媒介，具有证明身份、广交朋友、表达情谊等多种功能。在商务交流中，名片的使用亦有一定的规矩需要注意。

（一）名片的设计

名片作为一个人的职业信息载体，在设计上要讲究其艺术性。但与艺术品不同的是，它需要的不是审美价值，而是需要便于记忆和具有更强的识别性特征，以使人在最短的时间内获得其所需要的信息。因此，名片的设计必须做到规格严谨，内容简明扼要、层次分明，风格应力求简约与新颖。

1. 名片规格

（1）我国名片的规格是宽 5.5 厘米，长 9 厘米；国际上是宽 6 厘米，长 10 厘米，颜色要求不限。如图 3－1 所示。

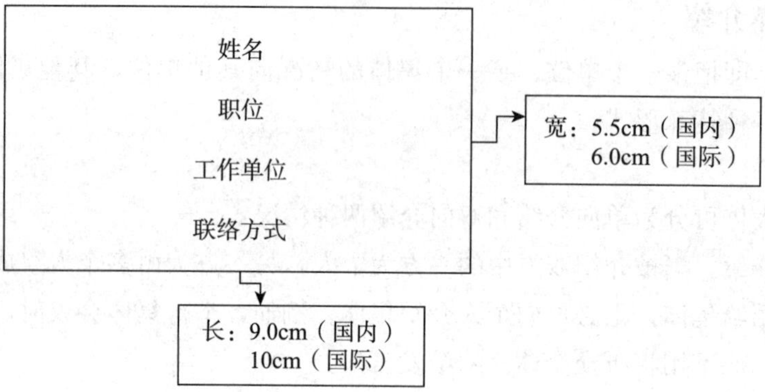

图 3－1　名片的规格

（2）异形名片。作为名片制作后期加工的一道特殊工艺，异形名片使名片跳出传统名片的框架，成为一些追求新颖、创意人士的理想选择。异型名片有空名片、烫印名片、浮雕名片、折叠名片和数字名片等多种可供挑选的种类。值得注意的是，由于异形名片的外形与普通名片不同，在制作时应注意尺寸问题，一般来讲，异形名片不宜过大，否则会给存放造成困难。

2. 基本内容

（1）名片的基本内容包括本人称呼、工作单位和联络方式三个部分，此三项内容要完整，排列须美观。称呼由姓名、行政职务、技术职务、学术头衔等部分构成；一枚名片上所列的工作单位或部门不宜多于两个；联络方式由单位地址、邮编、电话、电子邮箱等内容构成。

（2）在色彩选择上，宜用单色或浅色；名片上不要出现无关的文字或图案，最好不要印格言警句或本人的照片。若有需要，可以将企业标识、本企业的标志性建筑作为选择图片。

名片是另一种形式的身份证，代表着一个人的身份和形象。商务人员在名片的设计和制作上应符合得体、规范的标准，不要过分追求另类和夸张。

（二）递送名片的礼仪

使用名片是现代人交际的重要手段，名片的使用也有礼节。习惯上，名片上应印有工作单位、主要头衔、通讯地址、电话及邮政编码等。名片不是传单，不宜逢人便送。名片的交换是名片礼仪中的核心环节，递送名片时应注意以下几点。

1. 携带名片

参加正式的交际活动之前，都应随身携带自己的名片，以备交往之用。名片的携带应遵循足量适用、完好无损、放置到位三原则。

2. 递交名片

(1) 观察意愿。名片须建立在交往双方均有意愿结识对方并欲建立联系的前提下发送，如果双方或一方并没有这种愿望，则无须发送名片，更不能将名片强塞给对方，应保持一定的礼貌和风度。

(2) 把握时机。发送名片要掌握时机，只有在确有必要时发送名片，才会令名片发挥功效。发送名片一般应选择初始之际或分别之时，不宜过早或过迟，也不要在大庭广众之下向多位陌生人发送名片，这样会使预期效果降低。

(3) 讲究顺序。递送名片时要讲究循序渐进，最佳方法是由近而远、按顺时针或逆时针方向依次发送。在公众前要避免无序或有目的地只给个别人发送名片，应尽量照顾到在场其他人士的感受。

(4) 先打招呼。递名片前，应当先向接受名片者打个招呼，令对方有所准备。既可先作一下自我介绍，也可以说声："对不起，请稍候""可否交换一下名片"之类的提示语。

(5) 表现谦恭。对于递交名片这一过程，应当表现得较为郑重。递交名片时，要起身站立主动走向对方，同时面含微笑，上身略微前倾，以双手或右手持握名片，举至胸前，并将名片正面面对对方，同时说声"请多多指教""欢迎前来拜访"等礼节性用语。递交名片的整个过程应当谦逊有礼，郑重大方。如图 3-2 所示。

图 3-2 递交名片的过程

(三) 接受名片的礼仪

接受他人名片时，应注意以下几点。

1. 态度谦和

接受他人名片时，不论有多忙，都要暂停手中的事情，并起身站立相迎，面含微笑，使用双手或右手接过名片，以示尊重。

2. 认真阅读

接过名片后，先向对方致谢，然后至少要用一分钟时间将其从头至尾默读一遍，遇有显示对方荣耀的职务、头衔可轻读出声，以示尊重和敬佩。若对对方名片上的内容有所不明，可当场请教对方。

3. 精心存放

接到他人名片后，切勿将其乱丢乱放、乱揉乱折，而应将其谨慎地置于名片夹、公文包、办公桌或上衣口袋之内，且应与本人名片区别放置。需要注意的是，勿将名片放置于裤兜、钱夹或与工作证一起放置，以防弄混或丢失。

4. 有来有往

接受了他人的名片后，一般应当即回送给对方一枚自己的名片。若没有名片，应向对方作出合理解释并致以歉意，不要毫无反应，使对方感到不被尊重。

（四）索要名片的礼仪

1. 互换法

以名片换名片。一般情况下，先递交自己的名片，对方会按常理回给自己一张名片，如果担心对方不回送，可以在递上名片的同时说“能否有幸和您交换一下名片？”

2. 暗示法

用含蓄的语言暗示对方。在向尊长索要名片的时候可以说“请问今后我怎样向您请教？”向平辈或晚辈索要名片的时候可以说“请问今后怎样和您联络？”面对他人的索取，不应直接加以拒绝，如确实不想给，可委婉表达，如向对方表示自己的名片刚用完，或说自己忘了带名片。

五、其他见面礼仪

常用的见面礼仪种类多样，除上述的寒暄礼仪、握手礼仪、介绍礼仪和名片礼仪之外，根据不同的适用场合、不同的使用习惯及不同的使用频率，见面礼仪还有很多种类型，如亚太地区常用的鞠躬礼、拱手礼和合十礼，以及流行于西方国家的拥抱礼和亲吻礼，还有可以替代打招呼的致意礼。了解并掌握不同礼仪的适用范围及使用方法，并能在日常的交往活动中正确使用，达到融会贯通，是每一位社会人礼仪学习的目标，也是其素养的体现。

（一）鞠躬礼

鞠躬，即躬身行礼，是华夏民族一种古老而文明的社交礼节方式，是表示对他人敬重的一种礼节。溯其本源，最早可追溯至商代的祭天仪式——鞠祭。在古代，人们将牛、羊等祭品弯卷成圆的鞠形，摆到祭祀处供奉，以此来表达祭祀者的恭敬与虔诚。随着这种习俗慢慢发展，人们开始在现实生活中沿用这种形式来表达一种谦逊恭谨的态度。到如今，作为一种交际的礼仪，鞠躬被广泛运用于社交场合里以示对对方的尊重。

（1）在社交或商务场合中，鞠躬礼的主要规范是：

1）行鞠躬礼时，立正站好，保持站姿的规范；面向受礼者，距离适中，双方相距两三步即可。

2）行礼使，身体以腰部为轴，双手置于身体两侧或交叠置于身前，整个肩部向前倾（不要过分弯腰），同时问候“您好”“早上好”“欢迎光临”等，动作要自然，让人感到舒适。

（2）朋友见面、同志之间、宾主之间、下级对上级及晚辈对长辈等，都可以鞠躬行礼表达对对方的尊敬。

需要注意的是，鞠躬时须脱帽，因为戴帽子鞠躬既对别人不礼貌，同时也容易使帽子滑落，使自己处于尴尬的境地。鞠躬时目光应向下看，表示一种谦恭的态度，不要一面鞠躬，一面试图翻起眼睛看对方。

案例

2009 年 11 月 14 日，美国总统奥巴马在访问日本时的举动引起很大争议。

首次访日的奥巴马在日本皇宫与天皇、皇后会面时，身高 1.87 米的他向身高 1.65 米的明仁鞠了一个 90 度的大躬，随后说："能够见到天皇，真的感到十分荣幸。"这一举动随即招致美国媒体和国内保守派的炮轰。媒体称其鞠躬幅度太大，有"卑躬屈膝"之嫌。面对批评声音，美国国务院 17 日发表声明说，奥巴马深鞠躬只是为向天皇表示尊敬，别无他意。声明同时指出，白宫通常在总统出访前向礼宾司司长办公室征求建议，而后做出安排。

【评析】或许这只是一个简单的礼节性行为，但作为公众人物，每一个小小的举动都会引起大众的关注。在外交活动中，觐见王室成员作为各国政要外交活动中必可避免的环节，如果稍有不慎就很可能招来很大的政治麻烦，所以在外交场合中，必须做到礼节的适度，避免容易引起争议的行为的发生。90 度鞠躬在日本、朝鲜、韩国是社交中最常用的礼节之一。多见于学生对老师、演员对观众、服务员对顾客、下级对上级、个人对集体或同级之间。在行这一礼节的同时，一般都伴随着向对方的问好道安。奥巴马这一举动的争议之处就在于其政治身份的特殊性，若在普通场合下，晚辈向长辈深鞠躬是不存在任何问题的。

（二）拱手礼

"拱手礼"在我国已经有两三千年的历史了，是人们见面或表示感谢时常用的一种礼节。拱手礼被认为是最能体现中国人文精神的见面礼节，也是最恰当的一种交往礼仪，散发着典雅的气息。

行礼时，双手互握合于胸前。一般右手握拳在内，左手在外；若为丧事行拱手礼，则正好相反。古人以左为敬，而右手通常手持兵器，故拱手时，以左手示人，表示真诚与尊敬。

（三）合十礼

合十礼，又称"合掌礼"，其形状是两手当胸、十指相合。我国以拱手为恭，印度则以合掌为敬。合十礼原是印度古国婆罗门教的礼法，后为各国佛教徒沿用为日常普通礼节，现发展成为一种全民性的见面礼仪。

从不同的角度来看，合掌这一动作亦具有不同的含义。印度人认为右手神圣而左手不洁，故有分别使用两手的习惯，但若将两手合一，则被视为人类圣洁一面与不净一面的合一。而在佛教中，十指相合，手心相对，合于心口，表示十法界归于一心，代表着十界合一的最高境界。

在行合十礼时，所举双手的不同高度代表不同级别的礼遇。合十的双手举得越高，表示对方受到的尊重越大。在泰国，合十礼分为三大类，见表3－3：

表3－3　　泰国合十礼

类型	适用场合
跪拜式	跪拜式合十礼常用于平民拜见皇室、僧侣或皇室拜见僧侣
下蹲式	下蹲式合十礼常用于女性拜见长辈、老师或上级
站立式	站立式合十礼常用于同辈或同级间的行礼

在行礼时，应注意：

（1）被行礼后应以同等方式还礼。

（2）不要向比自己身份地位低的人行礼，此举会使对方尴尬。

（3）行合十礼区别于普通的打招呼，忌滥用，否则会削弱其含义。

（四）拥抱礼

拥抱礼是流行于欧美的一种见面礼节，适用于官方或民间的迎送宾客或祝贺、致谢等社交场合，以表示欢迎、庆贺或感谢之意。

在行拥抱礼时，两人相对而立，上身稍稍前倾，各自右臂偏上、左臂偏下，以右手环抱对方左肩部位，左手环抱对方右腰部位，双方头部及上身向右相互拥抱，最后再向左拥抱一次。

（五）亲吻礼

在行亲吻礼时，往往伴有一定程度的拥抱，不同关系、不同身份的人，相互亲吻的部位不尽相同。在一般场合下，关系亲近的女子之间可以吻脸；男子之间则是拥肩相抱；男女之间一般是贴面颊；晚辈对尊长是吻额头；男子对尊贵的女宾可以亲吻手指或手背。在许多国家的迎宾场合，宾主往往以握手、拥抱、左右吻脸、贴面的连续动作，表示最真诚的热情和敬意。

需要注意的是，拥抱礼和亲吻礼普遍流行于欧美。在亚洲一些国家，由于民族传统和民众性格较为内敛的原因，如果对初次见面或不太熟悉的交往对象行拥抱礼，会显得较为凸兀，尤其在异性之间更应注意，以免引起误会。因此，在选择见面礼仪时，还是应遵循入乡随俗的原则，以避免造成不必要的误会和尴尬。

（六）致意礼

1. 举手致意

举手致意，即举手打招呼以示问候，一般不必出声，只需将右臂伸直，掌心朝向对方，轻轻摆动即可，一般适于向较远距离的熟人打招呼。

2. 点头致意

点头致意，即微微向下点头以示问候，适用于不宜交谈的场所，如在会议、观众席等场合中。与相识者在同一场合见面或与仅有一面之缘在社交场合重逢时，都可以点头致意。

3. 欠身致意

欠身致意，就是将全身或身体的上部微微向前示意，这种致意方式表示对他人的恭敬，如员工对上级领导、服务员对顾客等。

4. 脱帽致意

脱帽致意，即与朋友、熟人见面问候时，若戴着帽子则应脱帽致意以示礼貌。致意时，用离对方稍远的一只手脱帽，并将帽子置于大约与肩平行的位置，在稍稍欠身的同时与对方交换目光。脱帽致意时要注意举止文雅，不要在致意的同时向对方高声叫喊，或是拿起帽子摇晃，此举在公共场合不仅会妨碍他人，也会显得举止粗鲁。

第三节　拜访礼仪

拜访也可以叫做造访、拜望，是访问他人的敬辞。拜访是职场人员日常工作生活中常见的活动，这一行为也是礼仪的重要体现，可以从生活细节中看为人处世。本节主讲的是作为访客应注意的礼仪事项，分为拜访的基本原则及拜访前、拜访中、拜访后的礼仪。

一、拜访的原则

（一）尊重隐私

拜访的首要原则便是尊重受访者的隐私，如在询问受访者的家庭住址、拜访期间与受访者的聊天闲谈都应十分注意，应察言观色，避开敏感话题的询问。

（二）客随主便

客随主便也是职场人员拜访的重要原则之一，在拜访前体现在尊重受访者的时间安排，尊重受访者的地点安排，在拜访中则是尊重受访者的家庭习惯、生活习惯、饮食习惯等。

（三）恭敬有礼

拜访者应该做到恭敬有礼、张弛有度，这一点在拜访前的“提前询问告知”中尤其重要，拜访的首要忌讳就是未经主人允许而鲁莽上门。

二、拜访前的礼仪

（一）确定拜访对象

如果没有接到受访者邀请的话，拜访的首要任务便是要确定拜访的对象的身份，清楚其跟自身的关系是朋友、同事还是领导上司，确定拜访的目的，这是为之后的拜访工作打一个基础。

（二）提前询问告知

确定拜访对象后，下一步就应该对受访者进行拜访时间的预约，预约有口头询问、电话沟通、邮件询问等多种方式。征询受访者意见的过程中应该告知受访人，且做到上文提及的拜访三大基本原则。在受访者同意请求后，职场人员应该及时记录下预约的时间、地点，预留出空余时间，以避免时间上的冲突和紧急情况的突发。

（三）选择见面礼物

我们这里所提及的拜访可以分为商务拜访和私人拜访，商务拜访即职场人员选于工作时间段内，在商务办公场所进行的商务会谈，这一类的拜访较为正式，礼物的选择上应更为庄重。而私人拜访，相对于商务拜访，则更加适用于日常生活中的人情往来，增进感情。在拜访中，礼物作为一种非语言的交际方式，以物表情，礼载于物，得体的馈赠会起到寄情言意之“无声胜有声”的作用。职场人员选择的礼物应该与拜访主题相适应，或者提前了解受访者的喜好，赠与其相对应的礼物，但职场人员选择礼物的时候还要考虑诸多的因素。

1. 民族禁忌物品不宜选

职场人员在任何时间、场合赠送礼物，首先考虑的不仅是礼物的寓意，更重要的是要知道对方民族有哪些禁忌。例如，在中国想买花去拜访他人时候，就应该清楚花的品种和颜色以及数量的禁忌，如白色的菊花就不宜购买，因为白色的菊花适用于对逝者的悼念，不适于拜访送人。

2. 过于贵重物品要慎重

送礼物讲究大方得体，礼物的选择应该符合拜访的主题，过于贵重的礼物可谓是“过犹不及”，也会让受访者备感不适。如果拜访的目的是为了进一步的沟通，而你携带的礼物是 3 克拉大的钻戒，就会显得太不合时宜了。

3. 过于隐私的物品要适合

在国际交往礼仪上，保健品、服饰衣物都是属于个人隐私用品，在国际交往当中赠送是不合适的。因此职场人员在选择此类物品之前应该有所了解，以免弄巧成拙。

4. 适合送的礼物

我们要挑选一件得体大方的礼物时，可以参考几个要点：第一，符合拜访主题的礼物，如果拜访是为了探讨兴趣爱好来增进情感，则可以选取对方喜好的物品，如探讨书法作品就可以赠送对方笔墨纸砚类的物品；第二，选取具有地方特色的物品，如水果、茶或者特色的手工品；第三，符合当下大众喜好的礼物，比如过年走访亲戚朋友，就可以选购苹果、饮料一类的礼盒作为上门礼物，因为苹果具有平平安安的寓意。

（四）注意服饰妆容

在登门拜访时，职场人员最不能忽视的便是服饰的选择和妆容的得体。女士们拜访的时候，服饰可选择着便装，衣服不能过于单薄、暴露。妆容宜清淡不宜浓妆艳抹。男士着装同样以便服为宜，不宜装着奇装异服。

（五）遵守时间约定

守时是诚信与礼仪的集中体现，对于预约好的时间，职场人员应该牢记在心。另外，登门的时间也是有讲究的，不宜过早到，因为时间早会让主人觉得时间紧迫，没有足够的安排时间，约定时间后几分钟内到达较为合适，如果有突发状况不能及时赶到，职场人员应该提前告知受访者，取消拜访或者更改、延迟拜访时间。

三、拜访中的礼仪

（一）拜访的举止

从敲门应答的一刻开始，职场人员就应该开始提醒自己拜访的基本礼仪，注意自己的一举一动，如脱鞋进门的时候应该把自己的鞋子摆放整齐，对受访者及其家人应有礼貌地打招呼，不应该过分地打量受访者的私人住宅，不能未经主人允许而擅自触摸其贵重物品等。

（二）话题的选择

在话题的选择上，职场人员应该努力营造一个欢快轻松的交谈环境，但也应注意聊天的分寸，尊重受访者的隐私，避免询问过于私密的问题，最好也不讨论公务正事。话题可以选择娱乐影视、健康养生等较为大众且娱乐性较强、参与度较高的话题。

（三）用餐应注意

“有朋自远方来，不亦乐乎”，热情好客的中国人有留客人一起进餐的习惯，如果实在是盛情难却的话，职场人员应了解并掌握关于用餐的礼仪。

首先是要尊重主人家庭用餐习惯，如伊斯兰教的清真食品；其次是要注意进餐时候的礼仪，如果是西餐的话有西餐礼仪，中餐的话则要讲究碗筷的使用、吃饭应该端起饭碗、筷子不能竖插进米饭、不能用筷子头指向他人、是否需要使用公筷等；饭后应该对主人表示感谢，赞美饭菜的美味，并且表示想帮忙收拾的意愿。

四、拜访后的礼仪

（一）表示感谢

拜访结束离开时，如果条件允许，应对受访者及其家人表达真挚的谢意，感谢对方的热情款待。告别时，可以采用一些礼仪性的用语，如“不好意思，耽误您不少时间了，感谢您周全的招待”或“谢谢您的热情招待，今天的饭菜味道真的非常可口”，且在主人送至大门或电梯口时礼节性地请主人留步回屋，并再次表达谢意。

（二）事后联系

拜访结束后，如果拜访者为女性并且在晚上单独回家，回到家后可以发信息给受访者报平安，感谢今天的热情招待。此外，拜访者在告别时也可以热情邀请受访者有空来家里做客，使彼此关系更加亲密。

案例

唐宝是宏远公司新入职的员工之一，初来乍到的她希望同办公室的同事们建立良好的关系，因此她决定趁周末休息时去李主任家登门拜访，顺便请教一下主任，如何正确处理好办公室的人际关系。

周五临近下班时，唐宝同主任说明了自己的安排，想在周六下午登门拜访。主任一听唐宝的时间地点安排，便面露难色，但是看着唐宝真诚的眼神，还是勉强答应了。

唐宝知道主任不喜欢别人迟到，因此她特意早早出门，比约定时间提前了一小时到达了主任家门口。她有礼貌地摁下主任家的门铃时，等了一会，看到没有人应门，她又按了两下门铃。门开了，只见李主任正穿着居家服在拖地。

李主任立刻把唐宝迎了进来，因为紧张，唐宝坐在客厅里，不知道如何找到合适的话题，因此她连忙把自己带来的礼物塞给了主任，说道："主任，这是我们东北的灵芝，听说您的妈妈最近因为身体不舒服住院了，这灵芝大补，您到时候给她老人家炖个汤吧，特别好!"

随后两人聊了近两小时，最后唐宝拒绝了主任挽留她用餐，且意犹未尽地同主任道别回家。

【评析】在这个案例中，唐宝的初衷是好的，她想通过拜访来促进她与主任之间的情感，这也是职场人员们一个不错的选择，但是唐宝在拜访过程中却没有做到得体有礼，这样就会使得拜访的效果大打折扣，变成了她的扣分项目。

首先，唐宝在选择拜访时间地点的时候没有遵守我们所说的客随主便原则，主动权在于受访者而不在于拜访者，她直接提出拜访时间地点会使得拜访过于鲁莽，这是一种失礼的行为，且拜访应该提前三至五天询问，给受访者留足时间进行安排。

其次，在拜访过程中，唐宝没有遵守尊重隐私的原则，她所选择的礼物是属于昂贵的保健品一类的，不宜赠送他人，且她在谈话当中的询问也有打探对方隐私的倾向，这样是不符合礼仪的。同时唐宝过早的拜访也不符合恭敬有礼的原则，过早的拜访而没有给受访者以充足的时间安排，会让受访者感到时间的紧张。

最后，唐宝没有把握好拜访的时间，拜访的时间过长不仅会耽误受访者的生活时间安排，也会让受访者觉得不自在。我们应该把握好拜访时间，在合理的时间范围内表明自己的拜访意愿，得到自己的拜访信息，适时告别，给受访者一个良好的印象。

第四节　谈判礼仪

随着社会的不断发展，人与人之间的交往也越来越密切，尤其是经济间的交往。

人们需要就双方某方面利益问题沟通意见，达成共识，这就是“谈判”。在现代社会，无论是国家、企业还是个人，都要经历很多次谈判，以实现自己的利益。而一次成功的谈判，光靠谈判实力与策略是远远不够的，还需要有相应的礼仪规范，即“谈判礼仪”。

谈判礼仪作为社交礼仪的一部分，有着举足轻重的作用。谈判礼仪可以使人在谈判过程中塑造良好的个人与团体形象，拉近企业间的关系，便于友好沟通，进而赢得成功机会，是相关谈判人员普遍遵守的行为规范。

一、谈判的概念及特点

（一）概念

谈判的概念有广义与狭义之分。广义的谈判是指一切的协商、交涉、商量、磋商等活动，它可以是正式场合，也可以是非正式场合。而狭义的谈判仅仅是指正式场合下的谈判，最常见的是商务谈判。

普遍来讲，谈判就是双方或多方代表就共同关心的某一问题进行磋商，交换意见，寻求解决的途径，最终达成协议的过程。

（二）特点

“谈判”由“谈”和“判”组成，“谈”指利益双方通过语言上的沟通以达成共识；“判”则是对“谈”的结果的判定，包括双方所约定的权利与义务。从这一层面来看，谈判应有以下四个特点。

1. 互动性

之所以说谈判具有互动性，是因为谈判需要在双方或者多方之间展开，通过语言、手势等交换意见，达成利益共识。单方面的施与或承受都不能称之为“谈判”。

2. 公平性

所谓公平性，是指谈判的结果均由谈判双方自愿接受，在谈判期间的所有条款及问题，任何一方都有否决的权利，符合社会公理。

3. 差别性

在谈判中，谈判双方的利益实现情况不尽相同，这和双方的谈判实力如资本、技术、专业人员息息相关。可以说，每一次的谈判几乎都会有作出利益让步的一方，当然，这也是为了谈判能够有效顺利地进行和结束。

4. 双重性

冲突与合作是利益双方在谈判时必然会出现的两种形态，因为双方有利益的冲突，才要洽谈合作，以实现各自利益的最优化配置；而在合作期间，谈判双方由于思想观念、经营管理方式等不同，又会不可避免地产生冲突。合作和冲突，失去其中任何一样，都无法构成谈判。

二、谈判礼仪

（一）谈判准备之时的礼仪

1. 谈判时间的选择

谈判的时间理应经谈判双方协商一致共同决定，而不是只靠一方私自决定，否则就是不尊重对方、怠慢对方，谈判应尽量选择对双方都有利的时间，以显示其公平。

2. 谈判地点的选择

谈判的地点最好选择在自己较熟悉的场所进行，如在自己公司的会议室；如若不能，也应选择双方都不熟悉的场所，即第三方。如若谈判双方要进行多场谈判，那么谈判地点通常要双方轮流决定，以示公平。根据谈判地点的选择划分，一般会分四类：主座谈判、客座谈判、主客座谈判、第三方谈判。

（1）主座谈判。所谓“主座谈判”，是指在东道主单位所在地进行的谈判。此类谈判对东道主十分有利，因为其掌握了很大程度上的主动性和自主权。

（2）客座谈判。所谓“客座谈判”，是指在谈判对象单位所在地进行的谈判。此类谈判会使谈判对象的主动性大大增加，占尽先利。

（3）主客座谈判。所谓“主客座谈判”，是指谈判双方在各自单位的所在地轮流进行的谈判。这类谈判在谈判双方需要进行多次谈判的时候经常用到，保证了一定的公平性。

（4）第三方谈判。所谓“第三方谈判”，是指谈判地点均不属于谈判双方单位所在地范围，即谈判在第三方进行。由于谈判双方都不熟悉谈判地点，此类谈判较前三类更为公平，干扰因素也少。

3. 谈判人员的选择

通常来说，谈判队伍应由队伍负责人、主谈判人员、主谈判人员的助理、其他谈判人员和记录人员组成，并且所选的谈判代表要与谈判对象的身份、职位相一致。那么，主谈人的职位和身份是否要受到限制呢？是否必须有领导来担当主谈人呢？

主谈人的选择是比较灵活的，它没有一个固定的标准。一般来说，主谈人的身份和职位是根据谈判的标的来选择的，尤其是商务谈判。若涉及金额较大，内容较重要时，一般是需要身份和职位相对较高的主谈人，以显示对谈判的重视。另外，双方主谈人的身份、职位应对等。例如，对方的主谈人是经理级别，我方主谈人也应当是经理级别。

在谈判中，主谈人可以不是领导，只要具备专业技术知识，具有善变和沟通能力即可，谈判队伍的负责人可由领导担任。有时，队伍负责人即领导也是主谈人，这不是唯一的。所以，主谈人并不一定要领导担当。

谈判代表要有良好的精神素质，要有自信、果敢、富有冒险精神的心态，要有敢于正视挫折和困难的决心。并不是每一次谈判都会是顺利的，心理承受能力弱的人在经历一次失败的谈判后，积极性往往会大受挫败，无心再谈。所以，谈判人员一定要是乐观积极、自信勇敢的人。

另外，谈判前对谈判人员的仪容和着装也有相应的要求。女士穿着不宜过分暴露和性感，不宜穿细高跟鞋，妆容宜淡雅清新；男士应着深色套装，白衬衫，并配以黑色皮鞋，并需要刮净胡须。

案例

中国某公司与法国某公司洽谈新产品合作事宜。出于礼节，中方公司人员提前 15 分钟到场。法国公司代表到场后，中国公司人员排列好位置鼓掌迎接，有的穿着西装，有的穿着 T 恤、牛仔，还有穿工作服的，反观法国公司的代表，均身穿西装或套裙，仪表端正。当他们看见中国公司代表后不仅没有微笑，反而有些不悦。本该时长为一上午的洽谈，也缩短至一个小时，法国公司代表在结束后匆匆离去……

【评析】中国公司代表提前 15 分钟到场并鼓掌迎接客人，说明其对这次洽谈的重视程度，本身是没有问题的。法方代表却感到不悦，归根究底是因为中方代表的衣着过于混乱，让人觉得随便和应付。所以，法方代表才在一个小时内谈完事务，匆匆离场。由此可以看出，谈判人员的个人形象对谈判成功与否的重要作用。谈判人员代表着自己公司的形象，必须衣着得体、举止文雅，努力给对方留下一个良好深刻的印象，进而促使谈判的推进和成功。

4. 谈判座次的选择

谈判的座次在谈判中显得尤为重要，有很强的礼仪性在里面。正式谈判的桌次，可分为两种情况：双边谈判和多边谈判。

（1）双边谈判。双边谈判，是指由两方人士进行的谈判。在一般谈判中，双边谈判较为常见，它的座次排列主要有两种形式：横桌式和竖桌式。横桌式座次排列是指谈判桌在室内横放，以面门为尊、以右为尊，客方人员面门而坐，主方人员背门而坐。双方主谈人居中，其他人员按照职位高低分别“先右后左”入座，双方主谈人右侧应坐其副手；竖桌式座次排列是指谈判桌在室内竖放，排位以进门时的方向为准，右侧为客方人员，左侧为主方人员，其他与横桌式相似。如图 3－3、图 3－4 所示。

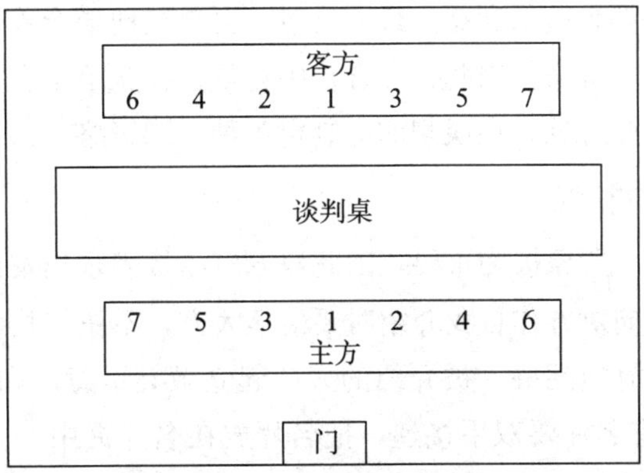

图 3－3　横桌式谈判座次

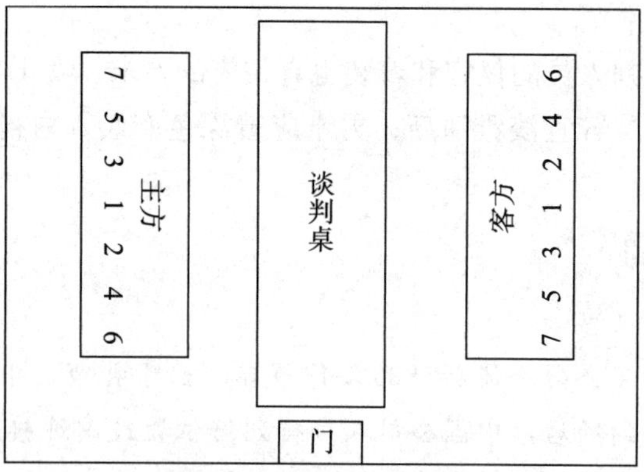

图 3-4　竖桌式谈判座次

（2）多边谈判。多边谈判，是指三方或三方以上人士进行的谈判。多边谈判的座次排列也可分为两种形式：自由式和主席式。自由式指谈判各方人员自由就座，事先不安排座次；主席式指在谈判室内面门方向设主席位子，以供各方代表发言时使用。其他人员全部背对正门、面对主席位就座。各方代表发言后须下台就座。如图 3-5 所示。

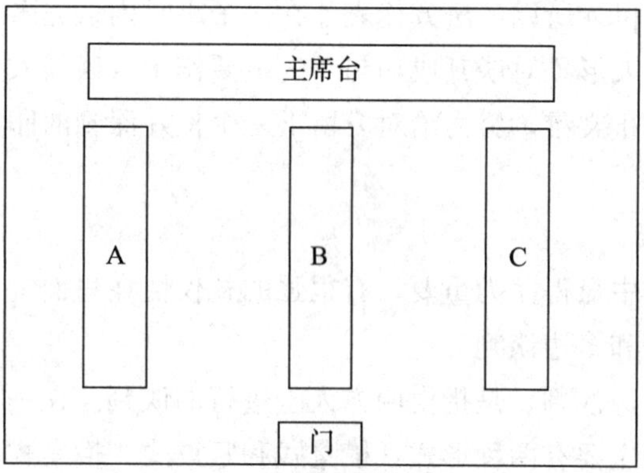

图 3-5　主席式谈判座次

5. 谈判策略的制定

为了确保谈判能顺利有效地进行，争取最大的利益，谈判各方一般都会在谈判之前制定相应的策略。在商业贸易中，采取互惠合作的策略可以使双方建立融洽的商业关系，实现共赢。但是，当各方都想追求利益的最大化时，再单纯地谈合作就显得不切实际，这时谈判人员往往要转为竞争策略。因此，在合作中竞争、在竞争中合作的谈判策略常常会促使谈判的圆满结束。由此可见，在谈判前应制定各种不同策略。

（二）谈判之初的礼仪

谈判双方接触的第一印象极为重要，因此双方应尽量表现出友好、亲切的一面，努力创造轻松和谐的氛围。向对方作自我介绍时要落落大方，不扭捏拘泥，语言不可过于倨傲或过于谦卑，应平等友好地问好。被介绍的人应起立微笑示意。询问对方应用礼貌用语，如“请问您贵姓?”如有名片要双手接递，把名片放在名片夹中。介绍完后可谈些双方感兴趣的话题，慢慢进入正题。

目视对方时，应把目光停留在对方双眼至前额的三角区域，体现出自己的诚恳与严肃。不宜做浮夸的大动作，使对方感到轻浮。

谈判之初的目的是为了摸清对方的底细，因此要认真倾听对方的讲话，仔细观察对方的举止表情，留意对方通过肢体语言所传达出的信息，适当作出回应，这样可及时了解对方意图，也可表现出自己的礼貌待人。

（三）正式谈判的礼仪

在进行正式谈判时，谈判者的沟通艺术是谈判得以顺利开展的一大利器，谈判者对谈判语言的得体使用是取得理想谈判结果的关键。

1. 谈判沟通的技巧

案例

一个妈妈把一个橙子给了邻居的两个孩子，这两个孩子便讨论起如何分这个橙子。两个人吵来吵去，最终达成了一致意见：由一个孩子负责切橙子，而另一个孩子选橙子。结果，这两个孩子按照商定的办法各自取得了一半橙子，高高兴兴地拿回家了。

一个孩子把半个橙子拿到家，把皮剥掉扔进了垃圾桶，把果肉放到果汁机上打果汁喝。而另一个孩子把果肉挖掉扔进了垃圾桶，把橙子皮留下来磨碎了，混在面粉里烤蛋糕吃。

【评析】从上面的情形，我们可以看出，虽然两个孩子各自拿到了看似公平的一半，然而，他们却未物尽其用。这说明，他们在事先并未做好沟通，了解各自的需求。这就导致了双方盲目追求形式和立场上的公平，结果，双方各自的利益并未在谈判中达到最大化。

由此可见谈判中双方沟通的重要性，通过有效地沟通，了解各自的利益诉求，便于实现双方利益的最大化。但是，谈判双方如何才能有效地进行沟通，就要用到沟通技巧。

（1）提问技巧。在谈判中，善于提问是掌握主动权的表现，把问题留给对方，一则可以考验对方的应变能力；二则可以得到自己想要的信息。提问常会涉及相关资料的搜集、鼓励对方参与意见、揣度对方动机等几个方面。不同的提问方式往往会起到不同的作用。

1）封闭式提问：指能在特定领域中获得特定答复的提问。例如："您是否认为产品的升级会被消费者认可？"答复通常为"是"或"否"，其作用一般是，使发问者获得特定信息，答复者无需太多思索即可给出答案。

2）开放式提问：指能在广泛领域中获得广泛答复的提问，通常无法用"是"或"否"等作为答复。例如："您对贵公司的发展前景有何看法？"或"您觉得应怎样提高员工素质？"在这种情形下，答复者可以各抒己见，畅所欲言，提问者也可了解到答复者的立场和看法。

3）引导性提问：一种具有暗示性质的发问。例如："既然工程已经完工，你们是不是应该缴付尾款了？"显然，这种提问可使对方按照提问者设定的答案来回答。

4）澄清式提问：一种针对对方答复，重新提出问题让对方确认或补充原先答复的提问。例如："你之前说可以做出适当让步，这是不是说你同意我方的报价？"这是针对对方话语作出回馈的一种理解方式。

5）探索式提问：一种针对对方答复，要求举例说明或引申的提问。例如："既然你们说要减免中小型企业10%的税，那么连年亏损的企业是不是要给更好的减税政策？"这种提问可以大限度地获得有效信息，也可体现提问者对答复者的重视。

（2）答复技巧。谈判中，"有问必有答"，有提问的技巧，当然也有答复的技巧。

1）谨慎思考。在答复之前，先要在心里思考一番，考虑到己方利益和对方的态度，做到"慎言"。可以配合相关动作如喝水、翻阅笔记本等，适当拖延答复时间，给自己留下思索空间。

2）忌在不确定对方提问动机与目的的时候随意答复。在谈判桌上，提问者的动机与目的复杂多样，在不了解这些的时候就回答，容易使自己利益受损。

3）适当转移话题。当对方的问题难以正面回答但又不得不回答的时候，适当转移话题不失为一个有效的方法，这样会显得既不失礼，又能等到适当思考后再正面回答问题。

（3）倾听技巧。倾听可以从对方话语中获得有用信息，增加与对方谈判的筹码。同时，善于倾听也可向对方表现礼貌、尊重的一面。

（4）说服技巧。谈判中是否能说服对方接受自己的看法，是谈判成功与否的重要标志。说服就是要充分利用话语的优势改变对方原先的观点转而接受自己的观点，这也是谈判工作中最为复杂和困难的一步。说服的技巧通常有以下几种：

1）创造说服条件。要在谈判中改变对方初衷，首先要设法拉近与对方的距离，使其熟悉自己。只有足够的信任与熟悉，对方才有可能听取自己的意见；当对方情绪不稳时，先要设法稳住对方，使对方平静下来，再慢慢进行说服。

2）强调双方利益的一致性。说服要立足于双方的共同利益，尽量淡化彼此利益的冲突，唯有这样，对方才容易接受自己的观点。

3）说服时要真诚。说服话语与表情的真诚，会让对方觉得接受自己的观点不失为一件好事情。说服时应尽量站在对方的角度，说明若接受自己的观点，对方将会获得的益处；还有，可适当提及己方的损处，能让对方感受到己方的诚意。

（5）拒绝技巧。在谈判中，若对方提出不合理要求或严重损害自己的利益时，谈判者应该保持冷静的头脑，巧妙地拒绝但又不驳对方的面子，这时就要用到拒绝的技巧。

1）幽默拒绝。通常情况下，幽默拒绝是最为有效的。当谈判者无法满足对方提出的不合理要求时，可以利用一个幽默诙谐的小故事表达自己的拒绝之意，既避免了拒绝对方的尴尬，又不会令对方产生不悦情绪。

2）先肯定后否定。

每个人都希望自己的观念被他人认可和接受，在谈判中也不例外。因此，当谈判者与对方意见不一致时：首先，应对对方提出的观点表示欣赏，予以肯定；其次，要借机表达自己不同的看法。这样既不失礼，又能体现自己的立场。

2. 谈判语言的运用

（1）表达委婉。在谈判活动中，“直言直语”极有可能会冲撞了对方，使对方感到不悦和难以接受，这时，就要委婉含蓄地表达出自己的看法及观点，使对方感到愉悦，也更易于接受。在谈判时，应尽量少用完全肯定或完全否定的词语，如“一定”“肯定”“必定”“不能”“不行”等，这样会令对方感到谈话者很强势，有盛气凌人之感。多用一些委婉性话语如“我认为”“我估计”“我会请示相应领导”“我再考虑看看”等，让对方感到舒适、亲切。

（2）针对性强。谈判语言的针对性是指语言应围绕谈判主题进行。在整个谈判过程中，针对不同的谈判内容，要有选择地使用相关语言和术语，尽量做到言简意赅、恰如其分。

另外，谈判语言的针对性还体现在谈判对象上，面对不同的谈判对象，应选择不同的谈判语言。例如：男女老少，身份高低，都应区别对待，选择最为恰当的语言；与女性谈判时，语言应尽量轻柔、文雅；与老练的谈判对手进行磋商时，语言应精练、纯熟，以取得最佳谈判结果。

（3）灵活多变。在正式谈判中，一成不变的谈判语言几乎是不存在的，谈判者们常常会根据谈判的需要灵活地变换自己的语言，争取多用丰富多彩的词汇、幽默诙谐的语言及名言格言等，以显示自己的谈判素质，避免谈判出现冷场、乏味等情况。

（4）真实客观。谈判语言的表述应反映事实、基于事实，谈判双方不能为了达到既定目的而故意捏造事实，夸大对客观事实的描述，应做到“坦诚相待”，从而促进谈判的成功，取得满意的效果。

（四）谈后签约的礼仪

在签约开始之前，相关人员要做好准备工作。首先，应备好待签文本。在这个过程中，除了要核对谈判协议与文本的内容，还要核对原稿件，做到滴水不漏。其次，要布置好签字场地。签字场地一般要专门设置，要体现出庄重、严肃的特点。最后，是安排签字人员。签字人员应注重仪容仪表，衣着得体，举止大方，表情自然。

签字仪式宣布开始后，双方人员应先后进入签字厅，在指定位置就座。双方均设有助签人员，分别在签约代表人外侧站定，其余人排列在己方代表身后。

签署文件时，助签人员要协助签字代表打开文本，指明签字位置。双方代表在己方文件上签完字，由助签人员交换文件后，再在对方文件上签字。

签字完毕后，双方应同时起立，交换文本，并握手祝贺。在场人员可热烈鼓掌，以示祝贺。

本章思考题

1. 介绍礼仪有哪些注意事项？

2. 拜访期间应该注意哪些问题？

3. 谈判准备阶段的注意事项有哪些?

4. 谈判的沟通技巧有哪些?

5. 正式谈判之时，谈判语言的运用要注意哪些方面?

6. 阅读以下案例，结合本章内容分析其中涉及哪些交往原则，并谈谈对你的启示。

孟子妻独居，踞①。孟子入户视之，白其母曰："妇无礼，请去之。"母曰："何也?"曰："踞。"其母曰："何知之?"孟子曰："我亲见之。"母曰："乃汝无礼也，非妇无礼。《礼》不云乎：'将入门，问孰存②；将上堂③，声必扬；将入户，视必下。'不掩人不备④也。今汝独往燕私⑤之处，入户不有声，令人踞而视之，是汝无礼也，非妇无礼也。"于是孟子自责，不敢去⑥妇。

——《韩诗外传·卷九》

注释：①古人席地而坐，双膝着地，臀部坐在后脚跟上。如果臀部着地，双腿向前伸开，或屈腰向上，这种姿态称作踞，因其形状如畚箕，也称箕踞。在人前箕踞，是很不礼貌的。②问孰存，有人在家（屋里）吗？③堂，古时住屋进门的空间，相似今日客厅。上堂，进入堂内。④不备，没有防备，此指不及回避外人，不及掩移独处行为。⑤燕私，原指宴享私谊。燕私之处，引申为私宅，闺室。⑥去妇，休妇，休妻，解除婚约。

第四章

宴请礼仪

亚马尼曾说：使风度的魅力在餐桌上展示出神奇的力量。风度、气质本是一个人外在形象的灵魂，如何同餐桌联系在一起呢？在西方许多面试中都有餐桌礼仪这一项，应聘者在餐桌上的一言一行都记录在面试官的眼前。面试官的考查从应聘者进门就开始了，包括服装搭配、点菜、进餐礼仪等各个方面的表现，都决定着应聘者是否合适这个岗位。细节决定成败，餐桌上的举止是对一个人礼仪和修养的考验。

《礼记·礼运》中提到“夫礼之初，始诸饮食。”孔子是将餐桌礼仪提升至个人修养的重要地位的第一人，他的一生也在坚持着“礼”的准则。就餐时“席不正，不坐”；“君赐食，必正席先尝之。君赐腥，必熟而荐之。君赐生，必畜之。”君主赏赐食物，一定要先将席摆正才能吃；君主赏赐生的食物，一定要先煮熟奉于祖先；君主赏赐活的动物，一定要养着它。孔子在小小的餐桌上，展现着自己的翩翩风度，运用着自己的灼灼智慧，后人也在不断地传承和发扬其餐桌礼仪。正如《红楼梦》中黛玉刚入贾府进餐时的情景：贾母正面榻上独坐，两边四张空椅，熙凤忙拉了黛玉在左边第一张椅子上坐了，黛玉知道此座乃王熙凤和李纨之座，遂十分推让。贾母笑道：你舅母你嫂子们不在这里吃饭，你是客，原应如此坐的。黛玉方告了座，坐了。知书达理的佳人风范就体现在餐桌上的一举一动、一颦一笑中。

西方文化和东方文化虽有所不同，但是宴请礼仪同样重要。西方将餐桌礼仪加入求职者面试，而中国把餐桌礼仪作为人是否有修养的一个标准。一次宴请，一桌筵席，无处不体现着个人素养，甚至是企业单位文化。宴请看似简单，然而却处处藏有玄机，无论是社交场上初出茅庐的新人，还是职场上游刃有余的老手，宴请礼仪都是不可或缺的。那么我们该用怎么样的仪态来品味眼前的食物，品味人生，方能配得上“美食美客”这一雅号呢？

第一节　宴请的基本形式及基本礼仪

案例

“高规格”的接待

国外某投资集团十分看好某县独特的旅游资源，在有关部门的努力下，决定斥以巨资开发当地独特、优美的旅游资源。为了进一步落实投资具体事宜，该投资公司派出以董事长为团长的高级代表团来到该县进行实地考察。当地县政府对这次接待活动格外重视，接待规格之高是史无前例的。县政府在代表团到达当天举办盛大欢迎宴会，出席宴会的外方代表团成员共 8 人，中方陪同人员 100 人。菜肴极其丰富，不仅有专门从海南空运过来的龙虾、鲍鱼，还专程从北京全聚德请来一级厨师制备地道的北京烤鸭，甚至还有当地特有的山龟、果子狸，其规模和档次甚至超过国宴。

然而，面对主人热情洋溢的祝酒词及丰盛的山珍海味，外方代表团成员却没有中方陪同人员那样兴奋，对中方的盛情款待似乎并不领情。第二天，代表团参观了当地尚未开发的旅游资源。外方赞不绝口，但没有按照预期签署投资协议。为什么对外方如此高规格的接待却没有起到任何效果？县政府领导百思不得其解。

【评析】宴请时要十分注意宴请的规格和对象，不仅要依据对方和自己的地位确定招待规格，而且要考虑到对方的风俗习惯、饮食禁忌，甚至喜好等，并不是将山珍海味堆砌起来就是一个成功的宴会。

一、宴请的基本形式

宴请活动是一场多人的比较正式的活动，一般不可随便对待。宴请前要明确宴请的形式，宴请的形式分为以下两个方面。

（一）宴请的原则

“原则”一词，已经成为了全世界人处理问题时遵守的信条，做任何事都要讲究原则，宴请亦如是。举办一场宴会之前，宴请人必须考虑 5 个问题，即“5M”原则。

1. 费用（Money）

筹备一场宴会不像家里炒几个小菜那么简单，这是因为宴会往往需要动用更多的资金、人力、场地等，而这些最终都归结为费用问题。所以在筹备一场宴会之前，必定要有一个合理的预算。费用是宴会整体档次的一个重要因素，费用预算过低，宴会的规格、菜品各方面都会显得小气，费用预算过高，宴会显得浮夸奢华，造成大肆浪费。

2. 会客（Meeting）

会客是一个宴会的主要目的。请对了宾客，主人有面子，其他客人也高兴。宴请中谁是主角、谁是配角这都是需要考虑的问题，甚至主宾和陪客之间的关系也需要斟酌。

3. 菜单（Menu）

摒弃外表，直说本质，宴请是以“吃”为主题的。一场宴会的菜肴是否可口、搭配是否合理都会直接决定宾客的胃口，因此在确定菜单之前，要了解客人的喜好和风俗，尽量点合适的菜肴，不要点容易冒犯别人禁忌的菜肴。

4. 音乐（Music）

我们经常听到四个字“气氛不对”。在不合适的场合、不合适的气氛下，事情往往功败垂成，可见气氛独特的作用。吃饭时也讲究气氛，气氛的营造关乎一个宴会的成败。如何营造气氛呢？更多时候，气氛是在美妙的音乐中点燃的。所以，很多高级的餐厅都有驻店乐队和歌手。大型的宴会，主人也通常会安排乐队参与。一场宴会音乐的选择不但要适应场合，也要注意不要影响其他桌次的客人。

5. 环境（Milieu）

环境对宴会的作用显而易见，宴请地点的选择直接决定宴请的成功与否。宴请时，选择环境要考虑卫生条件、环境特色、周围治安等问题。其中安全是最重要的，尤其是大型的宴会，一定要确保宾客的安全。

（二）宴请的分类

按照宴会规格的高低、人数的多少、内容的重要性等方面，宴请一般分为三大类。

1. 国宴

国宴是由一个国家的中央政府或国家元首、政府首脑出面，或为国家庆典，或为外国元首、政府首脑到访举行的正式宴会，相对于其他宴会种类，国宴表现出规格高、规模大的特征。见图 4－1。

图 4－1　国宴示例

《万历野获篇》中记载了明朝皇帝宴请群臣的情景："太祖时，百官朝退，必赐食于廷。盖用法虽严，而驭臣有礼。且其事每日赐对无间寒暑，即恤劳亦宜然。"古人就有国宴的传统，大宴群臣，既能体现君王对臣子的体恤之情，又能使君臣上下齐心。如今每年国庆时，国务院总理也会举行一场国宴。我国的国宴按"以味为核心，以养为目的"的要求，上及肴馔谱录，下采民间风味小吃，内及国内八大菜系，外涉世界各国名菜，广采博取，撷英集精，极具特色。

国宴代表着国家，是一个彰显国家文化、经济和政治的集合体。所以国宴中有更多注意事项：

(1) 国宴的特点。国宴的特点有两点。一是以国家名义举行的，庆祝国家重大节日的宴会，由党和国家领导人主持，邀请驻华使节、外国驻华的重要机构、记者及国家各有关部门的负责人，并伴有人大、政协、群众团体代表、劳动模范等出席，宴会厅内悬挂国徽；二是以国家名义邀请来访的国家元首或政府首脑出席的宴会，宴会厅内悬挂双方国旗，设乐队，奏国歌，席间致辞，菜单和座位卡上均印有国徽。同时国宴有出席者的身份高，接待规格高，场面隆重，政治性强，礼仪严格，工作程序规范、严谨等特点。

(2) 国宴会场的安排。国宴会场要悬挂国旗，悬挂时以右为上。有一国来访时，本国国旗居右，若来访国较多，则将本国国旗居中；菜单和坐席卡上要印国徽；桌子上摆放桌旗。见图 4-2。

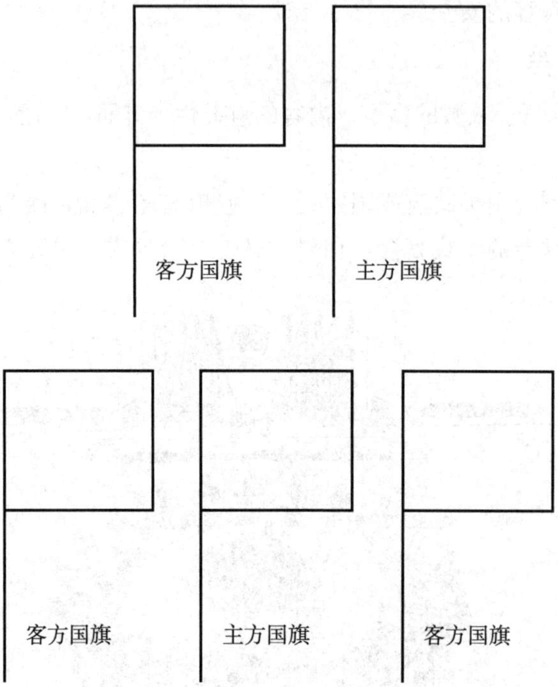

图 4-2　国宴上的国旗摆放原则

(3) 国宴的顺序。作为规格最高的宴会，为了避免出错，国宴一般遵循特定的顺序。

当宾客进入宴会厅时，乐队演奏欢迎曲，服务员引领宾客入席；宾客入场就绪，宴会正式开始，全场起立，乐队奏两国国歌；国歌奏毕，两国代表致辞，服务员要提前斟好一杯酒，放在小型酒盘内，站立在讲台一侧，致辞完毕立即端上，以应宾、主举杯祝酒之用；致辞完毕后主宾开始进餐，服务员要在主宾入座前就已摆好冷盘，先上汤，然后是上荤菜、素菜，菜都是由小车从厨房推出来的。

2. 正式宴会

正式宴会通常是各社会团体组织的，为欢迎尊贵宾客而举行的正式宴请活动，一般现场会摆放带有社会组织标志的旗帜。正式宴会主要用于社交。宴会中不仅注重吃什么，也注重如何和别人交谈。

3. 自助餐

自助餐的礼仪较为随意。一般具有以下特征：

其一，免排座次。正规的自助餐，往往不固定用餐者的座次，甚至不为其提供座椅。这样一来，既可免除排列座次之劳，而且还可以便于用餐者自由地进行交际。

其二，节省费用。因为自助餐多以冷食为主，不提供正餐，不上高档的菜肴、酒水，故可大大地节约主办者的开支，避免了浪费。

其三，各取所需。参加自助餐时，用餐者遇到自己偏爱的菜肴，自行取用即可，完全不必担心他人会为此而嘲笑自己。

其四，招待多人。每逢需要为众多人士提供饮食时，自助餐不失为一种选择。它不仅可用以款待数量较多的来宾，而且还可以较好地处理众口难调的问题。

二、宴请的基本礼仪

随着人类文明的进步，人类活动已经脱离原始的任性而走向礼仪的约束，宴请作为群体活动，有许多礼仪需要遵守。

（一）宴请前的准备工作

回想自己参加过的大小宴会，是不是有条不紊、整齐有序的宴会更让你身心愉快呢？那是因为宴会主办者在宴会正式开始之前做了充分的准备工作。凡事预则立，不预则废，只有做好准备工作，一场宴会才能带给宾客更好的享受。

1. 明确宴请的目的、名义

对于不同的宴请我们的目的和名义不同。宴请的目的一般很明确，如节庆日聚会、贵宾来访、工作交流、结婚祝寿等。根据不同目的来决定宴请的对象和范围，即请哪些人，请多少人，并列出客人名单。

2. 确定宴请的规格、对象

宴请规格的确定一般应考虑出席者的最高身份、人数、目的、主宾情况等因素。在确定邀请对象时应考虑到客人之间的关系，以免出现不快和尴尬的局面。规格过低，会显得失礼、不尊重；规格过高，则造成浪费。

3. 确定宴请的时间、地点

宴请的时间和地点，应根据宴请的目的和主宾的情况而定，一般来说，宴请的时间安排应对主宾双方都较为合适，最好事先征求一下主宾的意见，尽量为客人方便着想，避免与其工作、生活安排发生冲突，通常安排在晚上 6～8 点。在时间的选择上还不宜安排在对方的重大节日、重要活动之际或有禁忌的日子和时间，例如，欧美人忌讳“13”，日本人忌讳“4”“9”，宴请时间的选择应避开有以上数字的时日。宴请的地点也应视交通、宴会规格和主宾的情况而定，如是官方隆重的宴请活动，一般要安排在政府议会大厦或客人下榻的宾馆酒店内举行；企事业单位的宴请，有条件的可在本单位的餐厅或附近的酒店进行。

4. 发放邀请函

在商务宴请中，宴会开始前要写邀请函通知每一位宾客。一般要提前一周到两周发放邀请函，并在邀请函上注明时间地点、活动形式、主人姓名职务等，特别注明客人的桌位号，保证客人能顺利地对号入座。一般邀请函的写法如下，可根据具体情况，对其内容进行变更。邀请函的写法如图 4－3 所示。

邀请函

尊敬的×××（女士、先生）：

您好！

兹定于××年×月×日×时，在________（地点）参加________（活动），特邀您参加。

敬请光临！

×××

××年×月×日

图 4－3　一般邀请函的写法

5. 选择餐厅

中国有一句古语“民以食为天”，饮食既是为了满足人的基本生理需求，也是秉承传统习俗的表现。在中国这个讲究饮食的国度，设宴的缘由可以是庆贺也可以是消愁。而最能影响一个宴会氛围的就是餐厅的环境了。选择一个好的餐厅，让宴会在优雅的环境、细致的服务、诱人的美食、醉人的美酒中度过，这是来往应酬事半功倍的好办法。选择餐厅要注意以下事项：

（1）契合主题。选择餐厅时，应首先考虑餐厅的整体特点是否符合此次宴请的主题，如果是喜庆的主题，那么就可以选择装修、环境、餐具和氛围有红色调、暖色调等有喜庆感觉的餐厅。如果是私人的宴请，则应考虑餐厅的私密性，安静优雅的家庭环境更适合私人聊天。如果是为了祝贺某人“高中”或是“高就”，则可以选择有乐队的餐厅，以更好地烘托气氛。

（2）菜品良好。宴请是以吃为主题，所以一定要选择菜品质量有保证的餐厅。

（3）交通便利。交通便利也是选择餐厅的要素之一，交通应以主要客人越便利越好为原则，并考虑是否有停车场。有的餐厅尽管历史悠久、菜品丰盛，但是位于小巷深处，对于不熟悉当地路况的客人来说，很难找到。这不仅会耽误客人的赴宴时间，也会造成不必要的麻烦。

6. 现场布置

宴会一般用圆桌或长桌，摆放时保持每个餐桌之间的距离，如有乐队，保持乐队与餐桌之间的距离，注意乐队音乐是否合适。《周礼》记载："以乐侑食，膳夫受祭，品尝食，王乃食，卒食，以乐彻于造。"古人的宴会不仅考究菜肴质量，还喜欢奏乐品乐，以酒助兴，所以才有了三国周瑜的"曲有误，周郎顾"的典故。

7. 宴前检查

宴会的准备工作做好后，为了避免宴会正式进行时出现差错，一定要再次检查。检查分为四个方面，分别是桌面餐具的检查，卫生检查，设备检查和安全检查。

（二）宴请时的安排

宴请时的安排主要分为桌次、座次和菜单的安排三种。

1. 桌次安排

大型的宴会中，往往不止一桌客人。这时候如何安排桌次，不仅是客人身份地位的体现，也表示着主人对客人身份的认知和尊重。在古代就已经非常注重桌次的安排。常见的桌次安排遵循"面门为上，以远为上，居中为上，居右为上，临台为上，开阔为上"的原则，有"梅花""品字""龙口"等形状类型。"梅花"是在堂屋（客厅）正中放一张圆桌，称"梅花芯"，四边各斜放一张方桌，似梅花瓣，梅花席正中的圆桌，坐的都是上等客人；品字席是在堂屋的上边摆一张桌子，下边摆两张桌子，形成"品"字，上边那张桌子坐的是重要的客人；"龙口"是在屋里摆四张桌子（或六张、八张桌子），面门并且靠里面的桌子是上桌。具体安排如下：

（1）两张桌子的排列：两张桌子时，如果桌子与门平行，则面门而立，以右为尊，右手边的为主桌，左手边的为次桌；如果桌子垂直于门时，则面门而立，远门的桌子为主桌，近门的桌子为次桌，如图 4－4 所示。

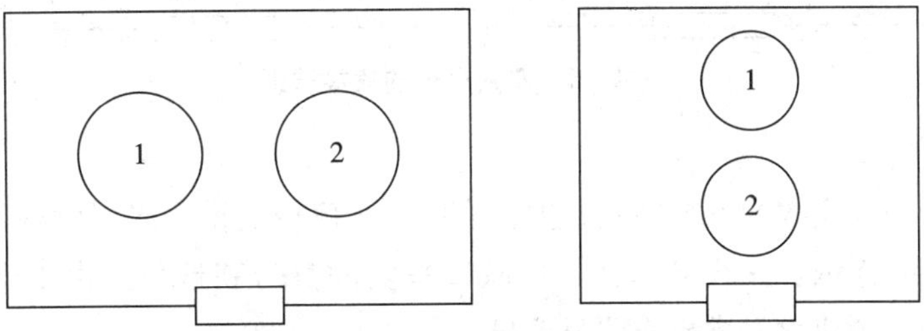

图 4－4　两张桌子的摆放原则

（2）三张桌子的排列：如果桌子呈倒三角放置，则面门而立，远门方向的右侧桌子为主桌，左侧桌子为次桌，靠门的桌子为辅桌；如果桌子呈正三角形放置，远门者为主桌，靠门的两张桌子以右为尊，依次排列；如果三张桌子都平行于门，则最中间为主桌，再遵循以右为尊的原则，主桌右边的桌子为次桌，而左边的桌子为辅桌，如图 4－5 所示。

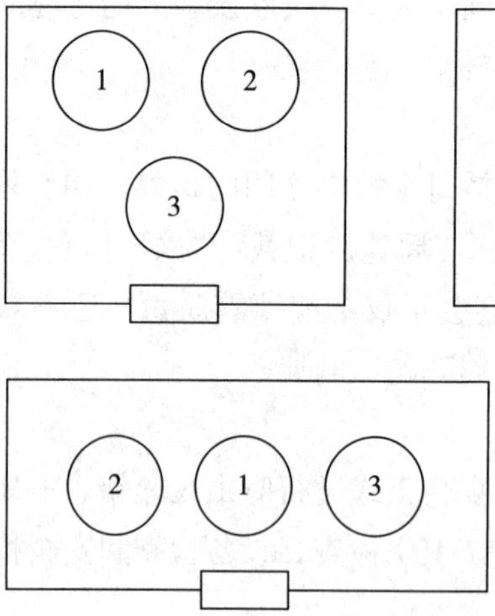

图 4－5　三张桌子的摆放原则

（3）四个桌子的排列：如果桌子呈三角形或菱形排列时，面门而立，遵循“以远为上，以右为尊”的原则；如果桌子与门平行，则遵循“以中为主，以右为次”的原则，如图 4－6 所示。

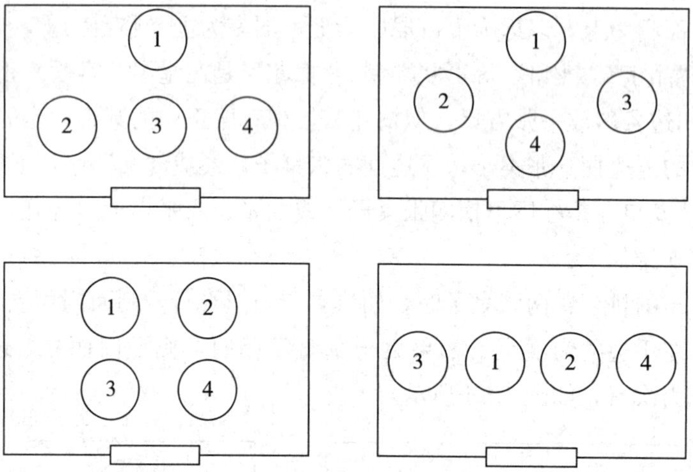

图 4－6　四张桌子的摆放原则

2. 座次安排

在一个宴会中，座次的安排特别重要。有时一个座位安排不当，就有可能导致宾客拂袖而去，宴会不欢而散。宾客的座次，反映着来宾的身份和地位。由于中西方的文化差异，中西方宴会时的座次安排也有明显差异。

（1）在中国，古人举办宴会，往往在宴会开始的前三日就已将座次排好，而且在每个座位后都用纸条贴上宾客的名字，每个宾客都可对应找到自己的座位。《明会典》“诸宴通例”说：“凡午门外饮赐筵宴，嘉靖二十五年题准光禄寺，将与宴官员各照衙门官品，开写职衔姓名，贴注席上。务必于候朝处所整齐班行，俟叩头毕，候大臣就坐，方许以次照名就席，不得预先入座及越次失仪。”

古人筵席席面一般四人，一个方向一个人，座次一般以向南为尊，故主宾座位在北，而主人、副宾、主方陪同座位则分别在东、南、西，西座为末座。而设在“室”内的宴请活动，多以东向为尊。如《鸿门宴》中项羽的座位是东向的，亚父范增是南向，比之次一等，但仍然占着阳位。而刘邦是北向，张良是西向，就在门边上，是最差的位置。现代中餐宴会也秉承古代遗风，举办规模较大宴会时，同样是在请柬上注明应邀者的姓名和席位号码，与宴者对号入座，严格遵规守礼。中餐宴会一般采用多人坐的大圆桌，座次的安排遵循“以右为尊，远门为上”的原则，其座位示意如图 4－7、图 4－8 所示。

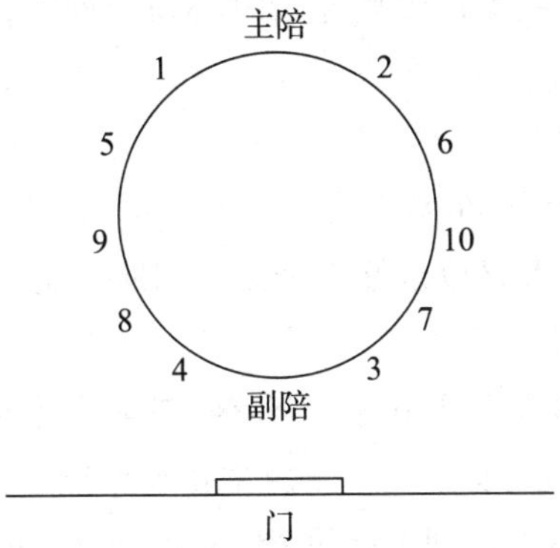

图 4－7　两个陪同

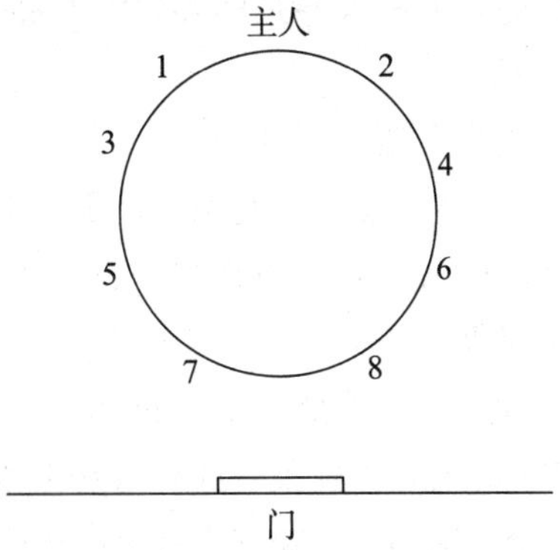

图 4－8　一个陪同

（2）西方宴会中的座次安排与中方有所不同，除了讲究身份地位的差异，还要遵守“以右为尊，远门为上，女士为尊，主客间隔，男女间隔，夫妻分开，交叉落座”的原则，这是为了方便大家交流沟通，结识新朋友。西餐的宴会一般选用长方形的方桌，座次安排如图 4－9、图 4－10 所示。

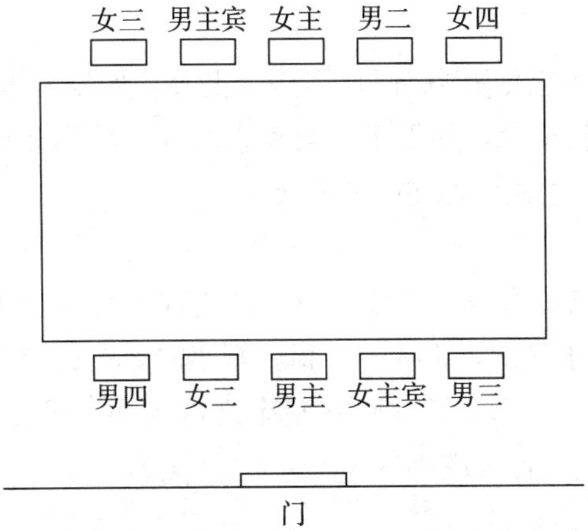

图 4－9　偕夫人出席

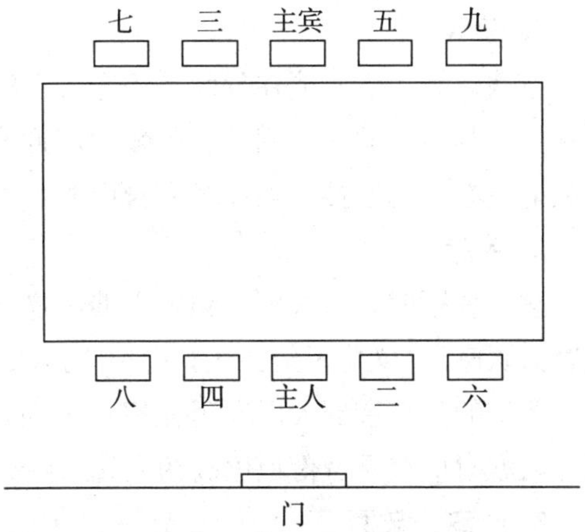

图 4－10　不偕夫人

3. 菜单安排

宴请宾客意在吃饱、吃好，只有菜肴点得恰到好处才能使主客皆喜，尽兴而归。菜单如何安排，一般有以下两个方面：

（1）点菜的基本原则。

1）不浪费。点菜要考虑客人身份及宴请目的，不铺张，不浪费，不超支，做到丰俭得当。现代宴席一般是 10～12 人为一桌，每桌菜肴在 12～14 道。

2）地方风味。点菜时要结合当地的特产，突出地方风味，既能给客人留下深刻印象，而且原材料容易取得，菜品新鲜。

3）个人禁忌。点菜时，一定要事先掌握客人的口味禁忌，比如回族等少数民族不食猪肉，有些宗教规定不食荤腥。

4）膳食搭配。宴请的菜单也要讲究荤素有序，营养搭配。中餐一般由汤、热菜、凉菜三部分组成，原料大多是肉类、海产品和蔬菜三类，大型宴请时必须合理安排，避免同一材料的重复。

（2）谁负责点菜。

1）主人点菜。菜由主人来点，那么就要先询问在座宾客有无忌口，如有，一定要避开；如没有，要依据客人的籍贯、职业特点、个人兴趣爱好来推断其口味。但如果难以猜测，就点相对保守的菜。

2）客人点菜。一般来说，入席后主人会请客人点几道菜，若点菜是客人主导，那么可以让每位客人轮流点一道菜，或尊重女士意见，由女宾来点，或由主宾来点皆可。客人点菜时要点一些价格适中、口味基本都可以接受的菜肴，对别人点的菜绝对不能挑三拣四。

3）点菜师点菜。在很多高档餐厅都有专门负责点菜的工作人员，主人可以将人数、口味、男女比例等告诉点菜师，由他帮忙出谋划策，因为点菜师更了解本餐厅的特色和拿手菜式，以及哪些饭菜客户的好评率更高，其往往会给出比较好的建议。

（三）宴请程序

一般一个宴会的程序，分为以下五步。

1. 迎客

宴请时，主人不能在餐厅坐等客人入席，而应该去酒店门口迎接。主人及少数工作人员在门口与客人握手、问好、引领。就迎宾之礼来说，如果主人与客人的地位尊卑相同，主人应站在门内迎接；如果客人身份尊于主人，主人应站在门外迎接。

2. 入席

进入餐厅时，主人要引领客人准确进入自己的座位。引领时应主动为客人拉开椅子，请客人入座。《仪礼·士昏礼》中说“揖入，至于庙门，揖入，三揖，至于阶，三让。”这里主要讲的是皇帝到大臣家里做客，大臣应该“三揖”后才可在皇帝之后入座，现在同样，入席时应该是身份地位高的人先入座，其他人再入座。

3. 致辞、敬酒

在宴会中，开宴前主人要致辞，用几句祝愿和欢迎的话语开启愉快的宴会。而开宴后主人要敬酒，先敬长者或身份地位高的人，敬酒时适量即可，不可劝酒。

4. 交谈

虽说“信言不美，美言不信”，但是每个人总是希望听到美好的、令人舒心的话。“良言一句三冬暖，恶语伤人六月寒”，宴会上聊一些轻松愉快的话题，既能带动宴会的氛围，也能放松主客的心情。在交谈时应注意言谈，礼貌用语，尊敬他人的信仰等，不可提死亡、生病等不吉利的事情。

5. 散席

宴会即将结束时，一般由主人表示散席，主人和主宾都离开后，其他宾客方可离开。主人将宾客送于门外，客人应表示感谢后再离开。

（四）赴宴礼仪

一场宴会，吃进去的是食物，而体现出来的却是学识、修养和气质。人无礼不立，宾客受邀参加一场宴会，一定要注重个人礼仪。

1. 宾客形象

赴宴形象参考第二章服饰礼仪部分，要遵循TPO三原则，即时间（Time）、地点（Place）、场合（Occasion）。针对不同的时间、地点和场合，选取适宜的礼服，选择得体的妆容。这不仅是对主人的尊重，也是彰显自己修养的立体名片。

2. 准时到达

《世说新语》中有一则“陈太丘与友期行”的故事，讲述了一个人与友约却不守时，遂被小儿不齿的例子。不论中西方，守时都是一种礼貌的表现，是一种美德。宴会中的准时有两种含义：第一，赴宴一定不能早到，以防主人还未做好迎宾的准备，但可以准时到达。准时到达时，如果主人还未准备好迎宾，那就是主人失礼，与客无关。第二，赴宴最好是晚到几分钟，这样更可保证主人已经做好迎宾准备。但这种晚到又不是长时间的迟到，让主人和其他嘉宾久久等候。这种晚到的时间可以在5至10分钟之间，视具体情况而定。

3. 餐前小坐

荀子在《劝学》中谈到细节的重要性时说：“不积跬步，无以至千里；不积小流，无以成江海。”在一个完美的宴会中，每一个细小的部分都要十分重视。并不是宴会正式开始了才要注重表现，当你踏进宴会餐厅的那一刻，你的一举一动，就已经代表了你的身份和修养以及你所代表的组织的形象，所以餐前小坐也十分重要。

（1）餐厅等候区小坐。首先，到达餐厅后，无论餐厅大小，都不要自己直接进入餐厅寻找座位，应该向餐厅的服务员打招呼，请求带位。其次，假如暂时客满或者主人没有来得及打招呼，应该在大厅的等候区等待，等待区的位子要让给老弱妇孺先坐。在等待区等候时，要保持座位附近整齐清洁。有些餐厅的等候区内会提供水、糖果、瓜子、书报等供客人享用，请勿过量食用，更不可将瓜子壳、果皮等随意丢弃。

（2）雅间休息区小坐。进入雅间后，不要直接坐到餐桌旁，正确的做法是先在沙发休息区小坐，等宾客到齐后，由主人招呼大家一起入座。

4. 优雅入座

宴会开始后，即使人多拥挤，也不可贸然落座，要按照一定的顺序，由侍者引领至正确的位置。

（1）入座前，应预先了解自己的桌次和座次。

(2) 入座时注意桌上座位卡是否写着自己的名字，忌鲁莽或随意入座。

(3) 女性入座时应注意姿态端正并整理裙装。

(4) 在条件许可时应从座椅的左侧入座。

(5) 入座时如遇邻座是身份高者、年长者、妇孺、残疾人士，应主动礼让或协助他们先坐下。多人入座时，要遵守女士优先的原则。

5. 礼貌交谈

在宴会进行的过程中，礼貌交谈不仅可以活跃宴会气氛，还可以给别人留下优雅得体、落落大方的印象。

(1) 谈话的表情要自然、亲切，表达得体。与人谈话时，忌与对方距离太远或过近。谈话时不要唾沫四溅。发现有人欲与自己谈话，可主动询问。第三者参与谈话，应以握手、点头或微笑表示欢迎。谈话中遇有急事需要处理或需要离开，应向谈话对方打招呼，表示歉意。

(2) 谈话要照顾在场的所有人。

(3) 交谈时要给别人发表意见的机会，别人说话，也应适时发表个人看法。善于聆听对方谈话，不轻易打断他人的发言。在相互交谈时，目光应得体的注视对方，以示专心。

(4) 交谈中不涉及他人隐私，尤其是不问收入、不问女士年龄；主动回避敏感问题，如宗教信仰、人权、当事国的内政事务等；谈话的内容不涉及疾病、死亡等不愉快的事情；不谈一些荒诞离奇、耸人听闻、黄色淫秽的事情；对方不愿回答的问题不要追根问底；无意中谈起对方反感的问题或发现对方对自己谈论的话题不感兴趣时，应立即转移话题；不批评、议论长辈或身份高的人员。

（五）离席礼仪

用餐结束后，不仅要向同来的客人礼貌告别，更要对主人表示感谢，然后再离开，这是基本的礼貌。通常是男宾先向男主人告辞，女宾再向女主人告辞，然后交叉，再与其他人告辞。一般不应提前退席，若确实有事需提前退席，应向主人打招呼后轻轻离去。

三国时期，曹植在《谢明帝赐食表》中说："近得赐御食，拜表谢恩。寻奉手诏，愍臣瘦弱。奉诏之日，涕泣横流。虽文武二帝所以愍怜于臣，不复过于明诏。"尽管魏明帝是曹植的侄子，但曹植得到"赐食"后，仍上表谢恩。古之如此，我们也要懂得对主人的宴请表示致谢。除了在宴会结束告辞时表示谢意之外，还可在2～3天内将印有"致谢"或"P. R"字样的名片或者便函寄送或亲自送给主人表示感谢。

第二节　用餐礼仪

《礼记·礼运》有言："夫礼必本于天，动而之地，列而之事，变而从时，协于分艺。其居人也曰养，其行之以货力、辞让、饮食、冠昏、丧祭、射御、朝聘。"此处把饮食与丧祭、朝聘等位可见饮食之礼的重要性。

在把“食”的动态深造成一种艺术、一种高雅的饮食文化方面，中西餐各成千秋。

案例

1. 如何用西餐

老张的儿子留学归国，还带了位洋媳妇回来。为了讨好未来的公公，这位洋媳妇一回国就张罗着请老张一家到当地最好的四星级饭店吃西餐。

用餐开始了，老张为在洋媳妇面前显示出自己也很讲究，就用桌上一块“很精致的布”仔细地擦了自己的刀、叉。吃的时候，学着他们的样子使用刀叉，既费劲又辛苦，但他觉得自己挺得体的，总算没丢脸。用餐快结束了，吃饭时喝惯了汤的老张盛了几勺放置在精致小盆里的“汤”放到自己碗里，然后喝下。洋媳妇先一愣，紧跟着也盛着喝了，而他的儿子早已是满脸通红。

【评析】老张闹了两个笑话，一个是他不应该用“很精致的布”（餐巾）擦餐具，那只是用来擦嘴或手的；二是放置在“精致小盆里的汤”是洗手的，而不是喝的。随着我们对外交往的越来越频繁，西餐也离我们的生活越来越近。只有掌握一些西餐礼仪，在必要的场合才不至于“出意外”。

2. 如何用西餐

钱钟书的《围城》中有这样一段话：“方鸿渐还想到昨晚那中国馆子吃午饭，鲍小姐定要吃西菜，就不愿意碰见同船的熟人，便找到一家门面还像样的西菜馆。谁知道从冷盘到咖啡，没有一样东西可口：上来的汤是凉的，冰淇淋倒是热的；鱼像海军陆战队，已登陆了好几天；肉像潜水艇士兵，会长时期伏在水里；除醋以外，面包、牛油、红酒无一不酸。两人吃得倒尽胃口，谈话也不投机”。

【评析】此处说的是方鸿渐和鲍小姐都不懂得欣赏西餐，认为餐前的开胃汤是凉的，红酒酸酸的和醋一样。钱钟书的比喻恰到好处，将二人因为无知而显露出来的浅薄表现得淋漓尽致。

一、中餐

中国人饮食讲究“礼”字，《礼记·礼运》中说：“夫礼之初，始诸饮食。”“三礼”中几乎没有一页不曾提到祭祀中的酒和食物。宴会中，坐席的方向、箸匙的排列、上菜的次序等都体现着“礼”。从《礼记》代代相传下来的传统，早已根植于中国人的饮食行为中，构成中国饮食文明的逻辑起点。

（一）中餐礼仪的特点

“民以食为天，食以味为先”，中式菜肴十分注重口感和烹饪技巧，追求美味是中餐烹饪的理想，不仅苛求烹饪技巧，也十分讲究调料的使用。2012 年央视的纪录片《舌尖上的中国》，完美地体现了中餐的特点，不断创新，不断挑战，只为绝佳的口感和味道。和西餐相比，中餐的饮食结构以植物性食物为主。一般将食物分为主食和副食两大类，基本为高温烹饪的熟食。

若要深究中餐礼仪的奥妙，我们可以从正式的中式宴会中窥得端倪。布菜是中国人体现热情待客的方式之一，一般中餐宴会的餐桌上都会放置公筷，用公筷将一盘美味的食物分食与大家，既能体现中国人追求大团圆大家庭的民族意识，也能促进宴会宾客的交流，增进友谊。

在中餐宴会中，言语也是必不可少的一道佐料。餐前寒暄，餐中交流，餐后闲谈，语言会伴随着用餐的每一个过程。因此有关中餐，出现了很多习俗，如酒令、祝酒词等。似乎有了语言的调味，这一桌饭才吃得开心，吃得舒心。

（二）上菜

1. 上菜程序

中餐的上菜方法基本沿袭了中国古人的上菜方法，一般遵循的顺序是：凉菜—热炒—汤—主食—水果。上菜的基本原则是：拼盘先上，鲜嫩清淡先上，名贵的食品先上，本店名牌菜先上，易变形、走味的菜先上，时令季节性强的菜先上。如有两桌或两桌以上的宴席，上菜顺序则要和主桌上菜的顺序保持一致，且主次桌上菜的数量和时间应相同，不可有厚此薄彼之嫌。每上一道新菜就要把旧菜撤下去，如有的客人还想吃这道旧菜，则将旧菜推向副主位一边，把新上的菜摆在桌中或主宾处，撤去旧菜前须先经主人同意。

由于中国菜系很多，每个地方在上菜程序上也不完全相同，这就要根据宴席的类型、特点，以及当地的风俗与菜品的特色因地、因时、因事而定，特殊情况特殊处理。

2. 上菜时机

虽然宴会以吃为主题，但并不是宴席一开始就立马上菜，一般要等到所有宾客都入座后，主人示意可以上菜了，再有序地快速呈上。上菜时，冷盘可在宴会前上，当冷盘用去三分之二时，便可上第一道热菜。

应注意的是，第一道菜应尽快端出，免得客人等待。当前一批菜即将吃完时，即上下一批菜，防止中间出现空盘空台的情况。上菜也不可过勤，过勤会造成菜肴堆积，餐桌空间不够，且菜肴易凉，影响客人品尝。通常，上菜时，每道菜间隔时间不超过 5 分钟，出主菜前间隔时间不超过 8 分钟。

3. 摆盘

摆盘是将上桌的菜按一定的格局摆放好。菜肴的摆放和上菜程序都是筵宴礼仪的重要内容。养眼的摆盘，不仅让人看着愉悦，也能科学地处理餐桌的空间，免得菜碟之间磕磕碰碰，看起来杂乱无章。菜肴摆放的基本原则是：讲究造型艺术，注意宾客的风俗习惯，方便食用。具体要求如下：

（1）摆菜的位置要适中，如冷菜中的拼盘，热菜中的大菜、汤菜一般应摆在餐桌中央。比较高档的菜、有特殊风味的菜一般要先摆在主宾位置上，在上下一道菜时再移到副主人一侧。

（2）各种菜肴要对称摆放，讲究造型艺术。应将菜肴图案正面朝向主宾，以供主宾和主人欣赏。

（3）每上一道菜时，都要将桌上的菜肴进行一次位置调整。台面菜肴要保持“一中心、二平放、三三角、四四方、五梅花”等形状，以使台面始终保持整齐美观。

其中需要特别注意的是：按照我国的传统礼貌习惯，上整鸡、整鸭、整鱼时，还应该注意“鸡不献头，鸭不献尾，鱼不献脊”的原则，上菜时不要把鸡头、鸭尾、鱼脊朝向主宾。尤其是上整鱼时，应将鱼腹而不是鱼脊朝向主宾。因为鱼腹刺少口感肥嫩味美，朝向主宾，表示尊敬。

（三）用餐

有一句话说的是，想要看一个人的修养如何，就和这个人一起吃顿饭吧。吃顿饭虽然简单，但是通过一个人的吃相，却能看出这个人的教养。著名主持人杨澜有次去美国采访一位名人，刚开始人家不同意采访工作，但是当杨澜同他共进一餐后，他立马改变了想法，可见用餐的礼仪至关重要。

1. 餐具的使用

中西餐相互比较，不光食物有区别，餐具也大有区别。中餐的餐具包括筷、杯、盘、碗、碟、匙等。

（1）筷子。为了卫生，宴会中的筷子一般有公筷和私筷之分。公筷是用来将盘中菜肴夹取到自己的食碟中的筷子。持筷时，通常使用右手，无名指和小指固定下方，大拇指和食指轻捏上方，中指垫在上端筷子的下面。夹取食物时两根筷子要对齐，筷尖靠拢，且握筷不要太低，要握在筷子上方 1/3 的位置。吃饭时，一手持筷，另一手或持碗，或轻扶菜盘，或将手腕轻靠在桌边，不可把整只手垂下，或者把左手手肘放在桌上。左手持筷者应向邻座说明，以免两人吃饭时手相碰，若是方形餐桌，左手持筷者应靠左就座，以免影响他人用餐。

（2）勺子。使用勺子时注意：取食物时，不要舀取过满，以免溢出弄脏餐桌或衣服；若是取用的食物太烫，则不要用勺子舀来舀去，也不要用嘴对着勺子吹，应把食物先放到自己碗里等凉了再吃；用餐间，注意不要把勺子塞到嘴里，或是反复舔食吮吸；暂时不用勺子时，应把勺子放在自己身前的碟子上，不要把勺子直接放在餐桌上，或让勺子在食物中“立正”。

（3）食碟。个人用来取食事物的盘子叫做食碟，使用食碟时，用筷子从公盘中夹取食物至自己的食碟，再用筷子食之。切不可将自己的食碟端起来，以口就碟地吃碟中的食物。取食过程中要注意保持自己食碟的整洁，一般不要取放过多的菜肴，那样看起来繁乱不堪，十分不雅；不吃的食物残渣、骨头、鱼刺不要吐在饭桌上，而应使用筷子轻轻取放在食碟的前端；如食碟放满了，可示意让服务员换食碟。

2. 取菜的注意事项

（1）礼让原则。一般菜肴一上桌，主人就要礼让主宾先取菜，主宾夹菜后，其他人才能动筷。夹菜时，要等到菜转到自己面前时再动筷，不可抢在邻座前面，遇到其他人与自己一同夹取同一食物时，要让他人先夹，且不可争抢。

（2）适量原则。取菜时要适量，不能一筷子就夹一大堆菜，将食碟堆满。也不要刚夹一样菜放于盘中，紧跟着又夹另一道菜。

（3）卫生原则。取菜的时候，注意不能把已经从公盘中夹来的食物再放回去，夹菜时偶尔掉在桌上一些，切不可将其放回菜盘内。这都是很不卫生的做法。

（4）辅助原则。夹取汤汁较多的菜时，为了避免汤汁滴到桌子上或者邻近的菜肴里，应该同时使用汤匙和筷子，左手拿汤匙接住滴落的汤汁。

3. 优雅用餐

电影《傲慢与偏见》中对女主角伊丽莎白有这样的特写，她的坐姿端庄迷人，颔首吃面包时那白玉般的脖颈，从容的姿态，似一只白天鹅高贵典雅。如此优美的进餐姿态，让人感觉吃也能这般唯美。在宴会中，优雅得体的用餐仪态，往往比你的美貌更能吸引人。

（1）坐姿要求。基本的坐姿是，身体挺直，背部靠到椅子上，两脚轻松放在地上，腹部与桌子保持一个拳头的距离，不可瘫坐在椅子上，也不要弯腰驼背。落座后，男士两腿不要分得太开，女士应紧闭双膝。若两腿交叠即跷二郎腿时，悬空的脚尖应朝向下方，切忌脚尖向上并上下抖动。与人交谈时，勿将手支着下巴，可将双手交叠放在腿上，不要把手搭在沙发的扶手上，如此会显得傲慢无理。在餐桌上不挖鼻、不掏耳、不搔首弄姿、也不撩拨头发，保持双手清洁。暂停用餐时，双手可以放在腿上，也可以放在桌面上，用手腕抵住桌边。

（2）用餐要求。吃东西的时候，上半身向前倾，以食就口，将食物迎向自己，闭紧双唇细嚼慢咽。不可埋头趴在桌子上大快朵颐，尽量不要发出声音，口中有食物的时候不要开口讲话，也不要一口塞太多的食物，把腮帮子塞得鼓鼓的。遇到啃食鸡鸭肉等有骨头的食物时，可用手辅助，但注意只用几个手指头辅助完成，不要用整只手抓住，以免搞得满手是油。

二、西餐

随着全球化的发展，中西方的联系越来越紧密，熟悉西餐礼仪已经成了每个人必须掌握的知识。西餐礼仪起源于法国梅罗纹加王朝，受到拜占庭文化启发制定了一系列精到的礼仪。在罗马帝国的查里曼大帝执政的时期，为了皇权专职的需要，礼仪变得更为复杂。17 世纪以后，当意大利文化影响到法国时，餐桌礼仪与菜单用语衍化得更为优雅与精致，教导礼仪的著作也纷纷问世。现在，这些餐桌礼仪在一定程度上和一定范围内，在欧洲国家保留了下来，并借助全球化的趋势，开启了西餐礼仪的全球之旅。

（一）西餐礼仪的特点

西餐以营养为最高准则，食物更讲究适宜的成分搭配，恰到好处的热量供给。且西方多食荤腥，以动物性原料为主，烹饪时间短、烹调办法相对简单，重视食物本来的质量和味道，往往是通过摆盘和盛放器皿来实现对菜肴色、香、味的追求。

西餐十分讲究进餐时的举止。例如，优雅的坐姿，严格有序的餐具使用，彬彬有礼的咀嚼进食，每个动作都有细微标准和严格要求，似乎食物的口味不重要，进餐的行为举止才是最重要的。

西餐也讲究情调和氛围。在西餐的进餐过程中，不能大声说话，连用餐的节奏都是通过刀叉摆放的动作来表示的。

（二）上菜

很多人对西餐礼仪的感受就是繁琐，有许多的餐具和要求。西餐的上菜也十分讲究，有着严格的上菜顺序和餐具摆放规则。

1. 上菜的顺序

正餐一般遵循的菜序是：开胃菜→汤→主菜→点心→甜点→果品→热饮。

便餐的菜序：开胃菜→汤→主菜→甜品→咖啡。

2. 餐具的摆放

西餐的餐具种类繁多，每一种餐具都有其特定的作用，因此用餐前首先要认识餐具，如图 4－11 所示。

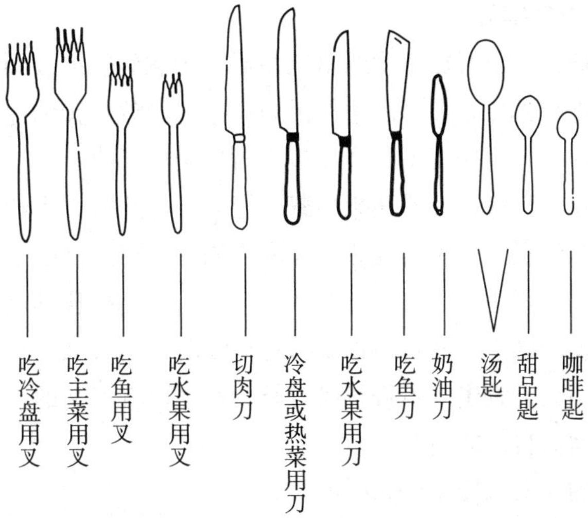

图 4－11 餐具的种类

西餐就餐前，提供给每人一套完整的餐具，无公用私用之分。餐具的摆放以便于取用为原则，分门别类地摆放于固定的位置。主要摆放的规则为：主要的盘子摆在中央，餐巾置于装饰盘的上面或左侧；盘子右旁摆刀、汤匙，左边摆叉子（可依用餐顺序前菜、汤、料理、鱼料理、肉料理，视所需而由外侧至内使用）；玻璃杯摆右上角，视情况也会摆上香槟或雪莉酒所用的玻璃杯；面包盘和奶油刀置于左手边，装饰盘对面则放咖啡或吃点心所用的小汤匙和刀叉。具体摆放位置如图 4－12 所示。

图 4-12　餐具的摆放位置

(三) 用餐

西餐餐具的摆放形式，就是餐桌上无声的语言。我们有必要学习西餐用餐过程中如何摆放餐具。

1. 用餐过程中的刀叉摆放

(1) 继续用餐。把刀叉分开放，大约呈三角形，示意你要继续用餐，服务员不会把你的盘收走。注意不能把餐具放在盘子的边上。当你把餐具放在盘的边上，即便你盘里还有东西，服务员也认为你已经用完餐了，会在适当时候把盘子收走。

(2) 添加饭菜。盘子已空，但你还想用餐，把刀叉分开放，大约呈八字形，那么服务员会再给你添加饭菜。注意，这种情况只有在准许添加饭菜的宴会上或在食用有可能添加的那道菜时才适用。如果每道菜只有一盘的话，就没有必要把餐具放成这个样子。

(3) 用餐结束。盘子已空，并且你也不再想用餐时，把刀叉平行斜着放好，那么服务员会在适当时候把你的盘子收走。不管任何时候，都不可将刀叉的一端放在盘上，另一端放在桌上。刀刃必须面向自己或内侧。

刀叉摆放所表示的含义如图 4-13 所示。

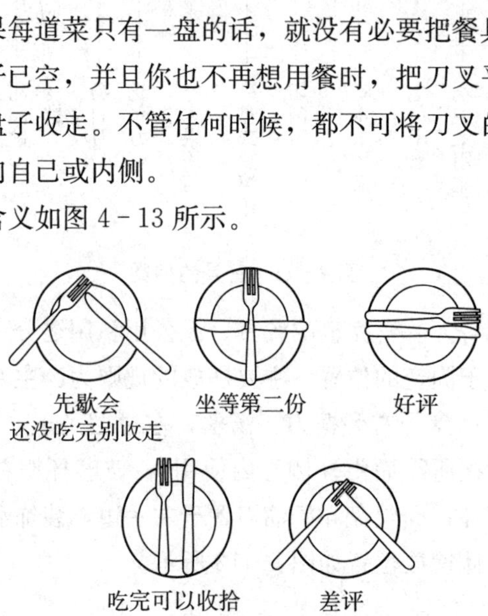

图 4-13　刀叉摆放所表示的含义

2. 用餐中的餐具使用

（1）刀叉：一般是左手拿叉，右手拿刀或汤匙。拿刀的姿势是用右手食指压在刀背上以出力，其余手指拿住刀把。如图 4－14 所示。

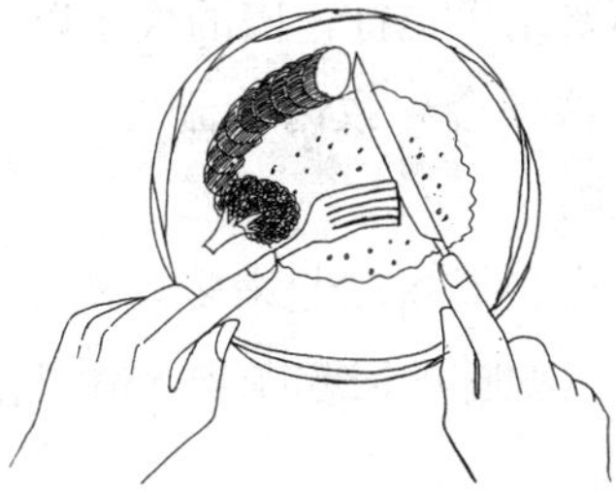

图 4－14　刀叉的使用

使用刀叉进餐时，从外侧往内侧取刀叉，切东西时左手拿叉按住食物，右手拿刀将其切成小块，每次切下的大小最好以一次入口为宜。叉如果不是与刀并用，叉齿应该向上；刀叉并用时，叉齿应该向下。如是你要谈话，可以拿着刀叉，无须放下，但若需要做手势时，就应放下刀叉，千万不可手执刀叉在空中挥舞摇晃。

（2）汤匙：西餐一般有两种餐匙，个头大的叫汤匙（圆形和椭圆形），个头小的是品尝甜食时用的。汤匙用握笔的方式拿，拿汤匙的姿势是由内经外侧舀食。先用汤匙由后往前将汤舀起，汤匙的底部放在下唇的位置将汤送入口中，汤匙与嘴部呈 45°角较好，身体上的半部略微前倾。食用完毕后，把汤匙放在靠自己身前的底盘上，或是放在盘中，将汤匙的柄放在右边，而汤匙凹陷的部位向上，汤杯与汤盘都是如此。

3. 用餐过程中的食物取用

面包：先用两手撕成小块，再用左手拿来吃。吃硬面包时，用手撕不但费力而且面包屑会掉在地上，此时可用刀先切成两半，再用手撕成块来吃。切时可用手将面包固定住，避免发出声响。

沙拉：沙拉用叉子吃，如菜叶太大，可用刀在沙拉盘中切割，然后再用叉子吃。

甜点：蛋糕及派、饼，用叉取食。较硬者用刀切割后，用叉取食。冰淇淋、布丁等，用匙取食。小块硬饼干，用手取食。

水果：粒状水果如葡萄，可用手抓来吃。如需吐籽，应吐于掌中再放在碟里。多汁的水果如西瓜、柚子等，应用匙取食。

汤：一般用汤匙由内向外舀起。喝汤时，不能发出声音，也不可用嘴将汤吹凉，可轻轻摇动汤使其稍凉。汤剩下不多时，可用手指将碗略微抬高。如果汤用有握环的碗装时，可直接拿住握环端起来喝。

鱼虾等海鲜：食用龙虾时，应左手持叉，将虾尾叉起，右手持刀，插进尾端，压住虾壳，用叉将虾肉拖出再切食，龙虾脚可用手指撕去虾壳食之；吃鱼以吃一片切一片为原则，可用右手持叉进食，或用鱼刀；食用带头尾及骨头的全鱼时，宜先将头、尾切除，再去鳍，将切下的头、尾、鳍放在盘子一边，再吃鱼肉；去除鱼骨，要用刀叉，不能用手，若口中有鱼骨或其他骨刺，则可用手自合拢的唇间取出放在盘子上；吃完鱼的上层，切勿翻身，应用刀叉剥除鱼骨再吃下层鱼肉。

牛排：牛排一般分为三分、五分、七分和全熟四种，可依自己喜好与熟度点餐。牛排要用刀切成块状再食用。切牛排应由外侧向内切，一次未切下，再切一次，不能像拉锯子似的方式切，勿发出声响，亦不要用手拉扯，肉的大小以一口为宜。吃肉时宜切一块吃一块，勿将肉全部一次切成小块，这样会导致肉汁流失、温度下降。嚼食肉时，两唇合拢，不要出声，不可说话或以刀叉比画。

咖啡或茶：喝咖啡时，用食指和拇指端起来喝，不须端起咖啡底盘，若桌子较低时，以左手持杯碟饮用也可以。不能以咖啡匙舀起咖啡，品尝是否够甜。

4. 餐巾的使用方法

用餐时拿起餐巾，先对折，再将褶线朝向自己，摊在腿上。绝不能把餐巾抖开，如围兜般围在脖子上，或塞在领口。假如衣服的质地较滑，餐巾容易滑落，则可将餐巾的一角塞进腰带里，或左右两端塞在大腿下。入座后，不要急于打开餐巾布，因为第一个打开餐巾布的人应该是女主人，她的这个动作是宣布晚宴正式开始。

在用餐过程中，饮用酒水之前，需要先用餐巾布擦拭嘴边的油迹，用餐的整个过程中，餐巾布必须一直保持平铺在双腿上。用餐期间需要中途离席时，把餐巾布放在椅子上。这表示用餐未完毕，你还会再回来继续用餐。

用餐完毕后，把餐巾布从中间拿起，放在桌子上，具体位置是盘子左边的地方。只需要随意放好就可以了，不必特意折叠好，但也要注意不要把餐巾布弄得皱巴巴的。正如打开餐巾布一样，把餐巾布放回桌上的动作也是由女主人先做的，这表示晚宴结束。

第三节　酒水礼仪

中国的文学史，几乎页页都散发着酒香，而中国人的礼仪，也只有吸纳了酒神的精灵才这般悠远灵动。音乐无国界，中西共倾听，美酒也无国界，入得了西方人的宴会，也进得了中国人的酒席，美酒恰似一个精灵，变化多端，飘忽灵动，荡涤烦恼，缠绵如梦。

一、酒的分类

酒的分类方法有很多种，但习惯上将酒按照酿造工艺的主要特征分为酿造酒、蒸馏酒和配置酒。

（一）酿造酒

酿造酒的制作办法是将原汁发酵后直接提取，或是采用压榨办法而得到的酒，这是最原始，也是最基本的酿酒办法。常见的酿造酒有啤酒、果酒、中国黄酒、日本清酒、红葡萄酒、白葡萄酒、香槟酒。

（二）蒸馏酒

蒸馏酒的制作办法是利用酒精比水的沸点低的特点，蒸馏发酵植物或粮食而得到的酒，有的酒需要多次蒸馏。常见的蒸馏酒有：中国白酒、白兰地、威士忌、伏特加、金酒、朗姆酒。

（三）配制酒

配制酒的制作办法是以不同的基酒，添加其他各种不同材料配置而成。基酒可以用酿造酒、蒸馏酒或中性食用酒精进行单一配置，也可以是几种酒混合配置，主要出现在西餐中。常见的配制酒有：开胃酒（雪利酒、味美思），通常在餐前饮用，有助于开胃；甜食酒，食用正餐最后一道菜——甜食时饮用的酒；利口酒，通常在餐后饮用，以助消化，如咖啡利口酒和奶油利口酒；中国露酒，如竹叶清、五加皮、莲花白、青梅煮酒，另外还有中国药酒和保健酒。

二、酒器的选择

酒具，是酒文化最原始的载体。酒具包括盛酒的容器和饮酒的饮具，甚至包括早期制酒的工具。有了酒具，酒在进入我们的胃肠之前，才有了诗意的停泊，有了量定的情谊，有了“感情深，一口闷”和“感情浅，舔一舔”的席间俗语，有了“茂林修竹”和“曲水流觞”的兰亭雅事，有了“玉碗盛来琥珀光”和“金樽美酒斗十千”的别样情致，也演绎了金庸《笑傲江湖》里的“论杯”——喝汾酒当用玉杯，关外白酒用犀角杯，葡萄酒用夜光杯，高粱酒用青铜酒爵，百草美酒用古藤杯，状元红用古瓷杯，梨花酒用翡翠杯，玉露酒用琉璃杯……酒器之于美酒，恰似宝剑之于英雄，缺之大憾，得之大喜。

（一）红酒

红酒杯，主要材质有水晶和玻璃，底部有握柄，上身较白酒杯深，且更为圆胖宽大。示例见图 4－15。

图 4－15　红酒杯示例

（二）白酒

白酒是中国特有的一种蒸馏酒，因为酒精度含量高，所以白酒杯多为体型较小且杯壁比较厚实的小高脚杯或小瓷杯。示例见图 4－16。

图 4－16　白酒杯示例

（三）啤酒

啤酒杯种类较多，取用较随意，其容量为 360～1 500 毫升。它的外形就如同它的容积，也是多种多样的。一般饮用冷藏的啤酒，使用高脚杯；饮用酒精度数低，饮用量大的啤酒，使用容积大的平脚杯。示例见图 4－17。

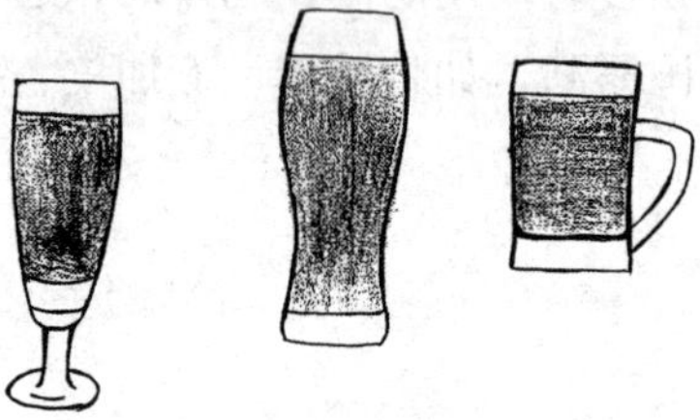

图 4－17　啤酒杯示例

（四）香槟

香槟饮用时选用细细长长，像笛子一样的笛杯，这种酒杯最能将香槟漂亮的气泡展示出来。示例见图 4－18。

图 4－18　香槟杯示例

（五）鸡尾酒

鸡尾酒选用的酒杯，底部有细长握柄，上方约呈正三角形或者梯形。其独特的造型酝酿着万种风情，最能衬托鸡尾酒的独特。示例见图 4－19。

图 4－19　鸡尾酒杯示例

三、拿酒杯的手势

音乐响起，舞步悠扬，一位金发碧眼的美女走向酒台。接下来，你希望看见一个动作优雅的气质名媛呢，还是一个空有其表的“花瓶”呢？那就注意看她拿酒杯的动作和喝酒的姿势吧。有修养有内涵的人，通常是这样拿酒杯的。

高脚杯一般用来盛白葡萄酒及香槟，喝时拿住杯脚下面的部分，手不要碰到杯身，因为喝白葡萄酒及香槟通常是要冰冻的，而手的温度会使它温热起来。敬酒时可以用拇指、无名指和小指牢牢握住杯脚下方，中指扶着杯脚，食指轻搭在杯脚与酒杯连接处。手指尽量伸直，显现手部优美曲线。见图 4－20。其中盛红酒的高脚杯杯脚较短，杯身较肥大，可以用食指和中指夹住杯角，喝时手不宜拿近杯身，因为手的温度会影响红酒的口感。而在品白兰地时应用手拖住杯身使酒香更好地散发出来。

图 4－20 拿高脚杯的手法

一般的中式玻璃酒杯，要注意拿杯子时不要用整只手环绕杯子，而应该用拇指和食指捏紧杯身一半高度的地方，将杯身卡在虎口的部位，其余三指自然放松，不可以拿得过于靠上，尤其是给别人拿杯子，那样手指的细菌会沾染在杯口，很不卫生。如果要向别人敬酒，要用右手握杯左手手指轻轻托在杯底，以示敬意。

四、酒品的搭配

在任何宴席上，酒和菜都很难分家。酒有酒的灵动、热烈，在清冽爽口口感的陪衬下，菜品显得更加滑嫩爽脆、口感饱满、回味无穷。在“兰陵美酒郁金香，玉碗盛来琥珀光”的觥筹交错中，宴会也变得轻松热烈。

（一）酒与菜品规格

古语有言“好酒配好菜”，一桌玉盘珍馐，当然要搭配口感清冽的上好美酒，才能相得益彰。酒与菜的搭配，首先就要遵循“高档酒配高档菜，低档酒配低档菜”的原则。

（二）酒与菜品口味

一般吃不同的菜，就要喝不同的酒。根据菜品口味的轻重，菜品种类的荤腥，搭配不同的酒水。红酒配红肉（即牛羊猪等肉），搭配味道浓郁的红酒，可以增加肉类入口的口感，并且红酒中的单宁还可以促进肉类的消化吸收。白酒配白肉（即鸡鸭鱼等），白酒的低酸度，可以更好地激发鱼类的鲜味，刺激食欲。需要注意的是，醋是红酒的克星，所以有酸味的食物或者有番茄入菜的菜肴，搭配口感丰富的白酒最好。

（三）酒与酒

酒与酒的搭配也有一定的讲究：低度酒在先，高度酒在后；新酒在先，陈酒在后；有汽酒在先，无汽酒在后；干冽酒在先，甘甜酒在后；淡雅风格的酒在先，浓郁风格的酒在后；白葡萄酒在先，红葡萄酒在后。

五、斟酒和敬酒

古人言："不打不成交"，其实更多时候是"不饮不成交"。宴会上和陌生人几杯酒下肚，即使慢热的人也能扯开谈了。好酒就要共享，推杯换盏的斟酒敬酒，最能拉近两人的距离。如何给人斟酒敬酒，有很多讲究。

（一）斟酒礼仪

中国人的好客在酒席上发挥得淋漓尽致。喝到尽兴之时，言语渐渐亲密，互相之间的罅隙减少，觥筹交错之间友谊被不断地烘焙。中国人请客时，客人喝得越多，主人就越高兴，越有面子。往往这时，主人就会不停地给客人斟酒，以示好客。斟酒，看似简单实则大有名堂。斟酒斟对了，主客皆喜，若不对，免不了互相尴尬，说不定大笔的生意就这样失之交臂。斟酒礼仪包括以下五个方面。

1. 斟酒前的询问

虽说宴请喝酒天经地义，但是也有客人因为个人原因不能饮酒，所以贸然斟酒就会让主人和客人陷入尴尬。斟酒前应该小声询问客人是否能饮酒，不能饮者可以茶代酒。

2. 斟酒的方式

斟酒的方式有两种，桌斟和捧斟。桌斟是指客人的酒杯放在餐桌上，侍者持酒瓶向杯中斟酒。一般情况下，瓶口应在杯口上方 2 厘米左右为宜，瓶口不宜沾贴杯口，以免有碍卫生或发出声响。斟酒时需尽量伸直手臂，避免胳膊肘弯曲过大而影响后面的客人。需要强调的是，必须把酒的正标显露出来，以便喝酒的人看到酒标。捧斟适用于酒会，其方法是一手握瓶，一手将酒杯捧在手中，站在宾客的右侧，优雅、大方地向杯内斟酒。

3. 斟酒的量

红葡萄酒入杯为 1/3；白葡萄酒入杯为 2/3；白兰地入杯为 1/2；香槟斟入杯中时，应先斟到 1/3，待酒中泡沫消退后，再往杯中续斟至七分满即可。

4. 斟酒的顺序

在座的客人有长幼之别和身份高低之别时，应遵循先长后幼，先高后低的原则。如果没有身份和年龄差异，可按座次，依照顺时针的顺序斟酒。当别人给自己斟酒时，要起立，端起酒杯致谢，或者点头致谢。

5. 斟酒的时机

在宴会开始前五分钟之内要将酒斟入每位宾客杯中，斟好酒后就可请客人入座。在宴会开始后，应在客人干杯后及时为客人添斟，每上一道新菜后同样需要添斟，客人杯中酒液不足时也要斟添。

（二）敬酒礼仪

如何敬酒，古人已经有完整的礼仪规范了，这种礼仪代代相传，成为现在宴会成功的小秘密。

1. 敬酒的时机

如果是宴会，敬酒一般是在宴会开始之前，由主人向宾客敬酒以示欢迎之意。而其他人一般是在主菜吃完，开始上甜点时开始敬酒。不过，在非正式的场合，敬酒的时机可随敬酒的人而定，而敬酒人随时都可以举杯以表达对他人的祝愿或祝贺。

2. 敬酒的人

按照传统习惯，一般是由女主人或男主人最先开始敬酒，不过这只适用于正式的场合。在非正式的场合，如朋友聚餐，经常是由宾客最先敬酒，这是为了表达对主人的感谢。值得注意的是，无论谁敬酒，都应确保每个酒杯中都有酒。主人在敬酒时，应举杯站立，并引起在座宾客的注意。不管宴会上有多嘈杂，都应有礼貌地说道："请大家注意！请大家听我说！"

3. 敬酒的站坐

坐着敬酒还是站起来敬酒，应该视情况而定。如果在餐前且在客厅中敬酒，则敬酒的人可以站起来敬酒。而如果是在用餐时，宾客较少的情况下，敬酒的人可以坐着敬酒，而如果宾客较多，则应站起来敬酒，以便被敬酒的人能听到祝酒词。同时如果在向新婚夫妇、领导或长辈等敬酒时，也需站起来敬酒。

4. 敬酒的答谢

当被敬酒时，被敬酒的人不需要站立，只需要微笑着接受，然后说声"谢谢"即可。随后站起来，举杯向主人或者其他人敬酒。

5. 祝酒词

祝酒词应简短得体。宴会上第一个敬酒的人应该准备一段简短的演讲，演讲内容可以是回忆往昔、与宴会相关的故事或者玩笑等，只要符合宴会的氛围都可以。一般情况下，活跃气氛的幽默是必不可少的。如果觉得说一段祝酒词有困难，加入群体敬酒将是一个不错的选择。

6. 敬酒的碰杯

在敬酒时一般会相互碰杯，但所用高脚杯杯口很薄很脆，杯口相碰容易破碎，因此，敬酒时，应该手心相对，杯口岔开，尽量用杯肚相碰，目光直视对方，以表示尊敬。在碰杯时，自己的杯沿应低于对方，以示尊重。

六、喝酒的注意事项

酒是雅兴，倘若像梁山好汉那样大口吃酒，那酒就只是“饮用水”了。如何优雅地饮酒，才能不辜负美酒的甘醇呢?

（一）喝酒的技巧

喝酒时绝对不能吸着喝，而是将酒杯倾斜，像是将酒放在舌头上似的喝。轻轻摇动酒杯让酒与空气接触以增加酒味的醇香，但不要猛烈摇晃杯子。此外，一饮而尽，边喝边透过酒杯看人，都是失礼的行为。此外，不要用手指擦杯沿上的口红印，用面巾纸擦较好。

（二）拒酒的技巧

对于不胜酒力的人来说，学会礼貌地拒绝劝酒是必要的。拒绝他人敬酒通常有三种方法：

第一种是主动要一些非酒类的饮料，并说明自己不饮酒的原因。

第二种是让对方在自己的杯子里稍许斟一些酒，然后轻轻以手推开酒瓶。按照礼节，杯子里的酒是可以不喝的。

第三种是当敬酒者向自己的酒杯里斟酒时，用手轻轻敲击酒杯的边缘，这种做法的含义是“我不喝酒，谢谢。”

值得注意的是，当主人或朋友们向自己热情地敬酒时，不要东躲西藏，更不要把酒杯翻过来，或将他人所敬的酒悄悄倒在地上。

第四节　用茶礼仪

中国的茶文化博大精深，源远流长。自古以来，以茶敬客是一种绝对不可缺少的重要礼仪。以茶待客不仅是自身教养的体现，也是礼貌待客的体现。

一、中国的茶道

茶道，被视为一种烹茶饮茶的生活艺术，一种以茶为媒的生活礼仪，一种以茶修身的生活方式。通过沏茶、赏茶、闻茶、饮茶，可以增进友谊，美心修德，学习礼法，领略传统美德，是很有益的一种和美仪式。茶道起源于中国。中国人在唐或唐以前，就已将茶饮作为一种社交活动，唐朝《封氏闻见记》中就有这样的记载：“茶道大行，王公朝士无不饮者。”

中国的茶道，以“和”为核心，以环境、礼法、茶艺、修行为构成要素，融合了儒、道两家的思想精华。讲究“天人合一”的哲学思想，崇尚自然，崇尚朴素，崇尚真的美学理念和重生、贵生、养生的思想，衍生出了坐忘、无几、道法自然的品茶之道。道教南宗五祖之一的白玉蟾在《水调歌头·咏茶》一词中极为传神地描绘了中国茶道的境界："二月一番雨，昨夜一声雷。枪旗争展，建溪春色占先魁。采取枝头雀舌，带露和烟捣碎，炼作紫金堆。碾破春无限，飞起绿尘埃。汲新泉，烹活火，试将来，放下兔毫瓯子，滋味舌头回。唤醒青州从事，战退睡魔百万，梦不到阳台。两腋清风起，我欲上蓬莱。"

二、茶的分类

我国的茶品目繁多，基本包括以下七种。

（一）绿茶

绿茶属于不发酵茶，以茶汤绿色而得名。绿茶以茶树新梢为原料，经杀青、揉捻、干燥等过程制作而成，有香高、味醇、形美、耐冲泡的特点，是我国产量最高的茶类。

（二）红茶

红茶属于发酵茶，因其茶汤以红色故名。红茶以茶树的新芽叶为原料，制作过程是直接将其萎凋、揉捻、发酵，使所含的茶多酚氧化，变成红色的化合物。

（三）黄茶

黄茶属于微发酵茶，由青绿茶发展而来。由于绿茶杀青、揉捻后干燥不足时叶色即变黄，故得名。黄茶芽叶细嫩、纤毫、香味醇厚。

（四）白茶

白茶属于发酵茶，是我国的茶中精品，因其成品茶多为芽头，满披白毫，如银似雪而得名。

（五）黑茶

黑茶属全发酵茶。根据成品茶的外观呈黑色，故名黑茶。制茶工艺一般包括杀青、揉捻、渥堆和干燥四道工序。可以直接冲泡饮用，也可以压制成各种砖茶。

（六）花茶

花茶亦称花熏茶，是以绿茶、红茶、乌龙茶茶坯及符合食用需求、能够吐香的鲜花为原料，花香与茶香珠联璧合。据其所选的鲜花不同，可分为茉莉花茶、玉兰花茶、珠兰花茶等。

（七）乌龙茶

乌龙茶属于半发酵茶，传说以乌龙茶的创始人命名，是我国几大茶类中独具特色的茶叶品类。其制法总合了绿茶和红茶的有"绿叶红镶边"的说法，其品种介于绿茶和红茶之间，既有红茶的浓鲜滋味，又有绿茶的琼芬香气。

除上述基本的茶叶分类外，中国最著名的茶叶是声名远播的十大名茶，即西湖龙井、洞庭碧螺春、黄山毛峰、庐山云雾、六安瓜片、君山银针、信阳毛尖、武夷岩茶、安溪铁观音和祁门红茶。

三、茶具的使用

在中华茶文化中，对器具的选用十分讲究。茶具也称茶器，西汉辞赋家王褒《憧约》有“烹茶尽具，酺已盖藏”之说，茶圣陆羽的《茶经》中也列举了多达28种茶具。古色古香、釉质上乘的茶具看着就让人赏心悦目，更别说配上香气氤氲的茶水了。中国的茶具从狭义上分为茶壶、茶碗、茶杯、茶盘、茶托几种，广义上的划分如下。

（一）置茶器

茶则：由茶罐中取茶置入茶壶的用具。

茶匙：将茶叶由茶则拨入茶壶的器具。

茶漏（斗）：放于壶口上导茶入壶，防止茶叶散落壶外的器具。

茶荷：属多功能器具，除兼有前三者作用外，还可视茶形、断多寡、闻干香。

茶擂：将长条形茶叶压断，使其方便投入壶中的器具。

茶仓：分装茶叶的小茶罐。

（二）理茶器

茶夹：可将茶渣从壶中、杯中夹出；洗杯时可夹杯以防手被烫。

茶匙：用以置茶、挖茶渣。

茶针：用以通壶内网。

茶桨（簪）：撇去茶沫的用具；尖端用以通壶嘴。

茶刀：用以取、倒茶叶。

（三）分茶器

茶海（茶盅、母杯、公道杯）：茶壶中的茶汤泡好后可倒入茶海，然后依人数多寡平均分配；而人数少时则倒出茶水可避免因浸泡太久而产生的苦涩味。茶海上放滤网可滤去倒茶时随之流出的茶渣。

（四）品茗器

茶杯（品茗杯）：用以品啜茶汤。

闻香杯：保留、嗅闻、鉴别茶香的杯子。

杯托：承放茶杯的小托盘，可避免茶汤烫手，也起美观作用。

（五）洗洁器

茶盘：用以盛放茶杯或其他茶具的盘子。

茶船（茶池、茶洗、壶承）：盛放茶壶的器具，也用于盛接溢水及淋壶茶，是养壶的必须器具。

渣方：用以盛装茶渣。

水方（茶盂、水盂）：用以盛接弃置茶水。

涤方：用以放置用过后待洗的杯、盘。

茶巾：用于使茶具变干，可将茶壶、茶海底部残留的杂水擦干，抹净桌面水滴。

（六）配件

配件是泡茶过程中辅助主要茶具的器具。主要指种类繁多的煮水器，如炭炉（潮汕炉）、玉书碨、酒精炉、玻璃水壶、电热水壶、电磁炉等。此外还有壶垫、盖置、奉茶盘、茶拂、茶巾盘、香炉、温度计等。

四、奉茶礼仪

奉茶礼仪一般包括三个方面。

（一）奉茶前礼仪

1. 清洗茶具

泡茶前要用热水把茶具逐个烫一遍，不仅卫生，而且能够提高茶具的温度，使茶水不会立即变凉，有助于保持茶的香气。

2. 选择茶叶

选茶要因人而异，如北方人喜欢饮香味茶，江浙人喜欢饮清芬的绿茶，闽粤人则喜欢酽郁的乌龙茶、普洱茶等。俗语说："众口难调"，饮茶其实也是如此。在上茶之前，应先询问一下客人喜欢用哪种茶，并为其提供几种可能的选择。

3. 冲泡茶叶

古人冲泡绿茶，讲究"入座半瓯轻泛绿，开缄数片浅含黄"。青青翠翠的几片嫩叶，在纯白的釉色中翻滚、打转、伸腰。香气袅袅地泛在淡绿色的茶水中，恰似一杯春水，洗净尘世浮华，荡涤胸中郁结。想要泡一杯好茶，不仅和茶叶本身的质量有关，也和泡茶的方法步骤息息相关。泡茶一般分为以下步骤：

（1）洗茶：第一遍称为洗茶，一般不喝，将沸水倒入壶中，又迅速倒出。

（2）冲泡：沸水再次入壶，倒水过程中使壶嘴"点头"三次，即所谓"凤凰三点头"，向客人示敬。第二次倒水，水要高出壶口，用壶盖拂去茶末。

（3）封壶：盖上壶盖，用沸水遍浇壶身。

（4）分杯：用茶夹将闻香杯、品茗杯分组，放在茶托上。所谓"玉液回壶"，将壶中茶汤倒入公道杯，使每个人都能品到色、香、味一致的茶。

（5）分壶：将茶汤分别倒入闻香杯，茶斟七分满。

（二）奉茶时礼仪

1. 奉茶顺序

若来访的客人较少时，奉茶顺序是：其一，先客人后主人；其二，先主宾，后次宾；其三，先女士，后男士；其四，先长辈，后晚辈。如果来宾甚多，且其彼此之间差别不大时，可采取下列四种顺序上茶：其一，以上茶者为起点，由近而远依次上茶；其二，以进入客厅之门为起点，按顺时针方向依次上茶；其三，在上茶时以客人的先来后到为先后顺序；其四，上茶时不讲顺序，或是由饮用者自己取用。

2. 奉茶方位

有两位以上的访客时，用茶盘端出的茶色要均匀，如有茶点心，应放在客人的右前方，茶杯应摆在点心右边。上茶时应以右手端茶，从客人的右方奉上，并面带微笑，眼睛注视对方。从客人左后侧为之上茶，意在不妨碍其工作或交谈的思绪。条件不允许时，也要从其右侧上茶，尽量不要从其正前方上茶。

3. 奉茶的手势

茶泡好后，主人要面带微笑地敬送给客人，最好用茶盘托杯，避免手指接触杯口。端茶给客人要双手捧杯奉送，不要单手或抓握杯口送茶。正面上茶的时候，左手捧着茶盘底部，右手扶着茶盘的边缘，以示敬意。见图 4-21。

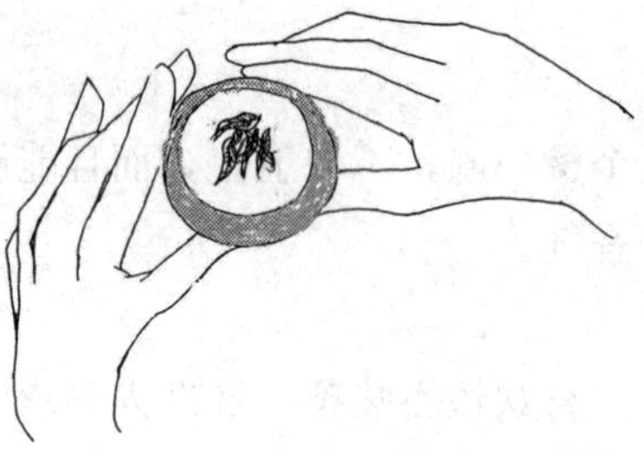

图 4-21 奉茶的手势

（三）续水时礼仪

茶，注重“品”，忌“一口闷”或者“亮杯底”。主人要随时关注、及时续水。如果往小茶杯中续茶水，应将一茶壶茶经过滤倒入另一个茶壶，然后再续水。倒续水时瓶口要对准杯口，不要把瓶口提得过高，以免溅出杯外。

在往高杯倒水、续水时，如果不便或没有把握，应一并将杯子和杯盖拿在左手上，可把杯盖翻放在桌上或茶几上，端起高杯来倒水。在倒、续完水后要把杯盖盖上，注意切不可把杯盖扣放在桌面或茶几上，这样既不卫生，也不礼貌。如发现宾客将杯子放在桌面或茶几上，要立即斟换。续水手势见图 4-22。

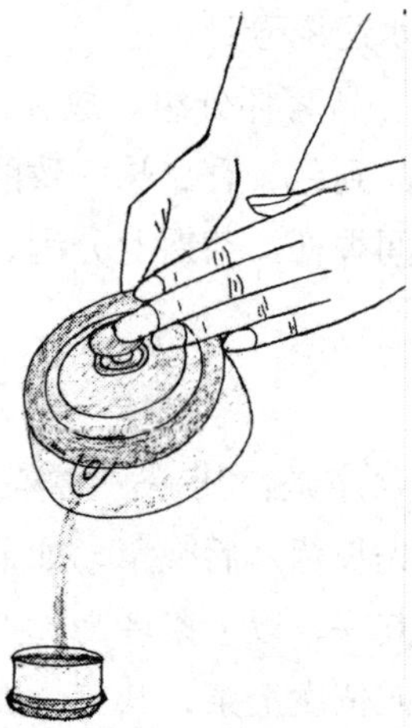

图 4-22 续水的手势

倒水、续水都应按礼宾顺序和顺时针方向为宾客服务。

值得注意的是，中国人待客有“上茶不过三杯”一说。第一杯叫做敬客茶，第二杯叫做续水茶，第三杯则叫做送客茶。所以不可频繁地续茶。如果一再劝人用茶，而无话可讲，则往往意味着提醒来宾“应该打道回府了”。

五、用茶礼仪

茶虽有解渴的功效，但是把茶当做水来饮，未免暴殄天物。酒有酒道，茶有茶德，喝什么样的茶，如何喝茶，体现着一个人的品位和修养。见图 4－23。

图 4－23　品茶示例

（一）饮茶的坐姿

总体坐姿是端坐椅子中央，双腿并拢，上身挺直，双肩放松，女性右手在上，双手虎口交握，置放在胸前或面前桌沿；男性双手分开如肩宽，半握拳轻搭于前方桌沿。如果是坐在沙发上，女性则可正坐，或双腿并拢偏向一侧斜坐，双脚可以交叉，双手如前交握轻搭腿根；男性可双手搭于扶手上，两腿可架成二郎腿，但双脚必须下垂且不可抖动。

（二）饮茶的手势

喝茶时，如果是没有盖子的小茶杯，则用右手食指、拇指按住杯边沿，中指顶住杯底，称“三龙护鼎”。如果用盖碗喝茶，要一手拿着托碟和碗，另一只手把盖轻轻掀开一道缝儿，然后举到嘴前小啜。

（三）其他注意事项

饮茶礼仪要求着装整洁大方，女性切忌浓妆艳抹，大胆暴露；男性也应避免乖张怪诞，如留长发、穿乞丐装等。主人请自己选茶、赏茶或主人敬茶时，应在座位上略欠身，并说声“谢谢”，也可以行叩指礼表达谢意；不宜一味地低头喝茶，品茶时要适当赞美茶水，但不可夸夸其谈；不论客人还是主人，要边饮边谈，轻啜慢咽。不宜一次性将茶水饮干，不应大口吞咽茶水，喝得咕咚作响。应当小饮小啜，仔细品尝；如遇到漂浮在水面上的茶叶，可用茶杯盖拂去，或轻轻吹开，切不可从杯里捞出来扔在地上，更不要吃茶叶。

六、商务用茶礼仪的注意事项

商务活动中，由于有时会议议期长，洽谈内容多，一次会议的时间往往不止几个小时，所以中途会安排茶会，准备茶水点心等，以供与会者补充能量，稍作休息。

（一）确定形式

茶会形式多种多样，有品茶会、茶话会、音乐茶座等。一般茶友间相聚多用庄重、高雅的品茶会；单位集体座谈某种事项多用茶话会；娱乐、消遣性聚会宜安排音乐茶座。

（二）选择茶杯

商业活动中的饮茶，其目的往往是促进洽谈目的的达成，而非品味茶叶的特色。所以有些人就会随意地用纸杯来泡茶，这是非常不礼貌的，应当选择瓷器或者陶器等茶具。泡茶要用茶壶，茶杯要用有柄的，不要用无柄茶杯，目的是避免手与杯体、杯口接触，传播疾病。

（三）选择茶叶

商务活动茶会中的茶叶选择，和平时招待客人用茶一样，要注意客人的口味。广东、福建、广西、云南一带习惯饮红茶，江南一带饮绿茶比较普遍，北方人则习惯饮花茶。由于商务会谈中的客人一般都是身份地位都比较高的，所以不论选择何种茶叶，都要选择品质上乘的茶叶。

（四）端放茶水

上茶时一般由主人向客人献茶，或由接待人员给客人上茶。上茶时最好用托盘，手不可触碰碗面。奉茶时，按先主宾后主人，先女宾后男宾，先主要客人后其他客人的礼遇顺序进行。不要从正面端茶，因为这样既妨碍主宾思考，又遮挡视线。应从每人的右后侧递送。茶杯应放置于点心的右侧（点心放在客人的右前方）。

本章思考题

1. 为何有“酒满茶半”的讲究？

2. 你要在家里设宴招待一位美国来的朋友，在菜品上你应该注意什么？

3. 公司要举办一次大型会议。参加会议的有公司最大的股东A及秘书小王，合作公司总经理B和秘书小李以及本公司的董事长及秘书。已知会议桌为长方形，面门而放，请思考如何安排与会人员座次？

4. 如何因时因地地选择茶叶、茶具，以及如何泡茶？

5. 中餐和西餐礼仪有什么不同？

6. 案例分析：

案例一

据广东省纪委监察厅网站消息，近期，广东韶关纪委严肃查处了两起党员领导干部参与宴请饮酒过度致人死亡的案件。其中，多人涉嫌违纪违法问题被调查处理。

案件有关情况通报如下：

经查，2014年2月20日晚上，乐昌市沙坪镇党政班子成员，约10人，接受承包经营沙坪镇水电站老板谢某的邀请，到其饭店吃饭饮酒。饭后，21日凌晨3时15分，该镇副镇长黄宜宾因饮酒过度突发心肌梗死，经抢救无效死亡。

8月13日，韶关市纪委责成乐昌市纪委对参加宴请的其他人员立案调查处理；对组织和参加宴请的人员界定承担相应的民事赔偿责任。

(1) 面对别人“感情深，一口闷”的一再劝酒行为应如何礼貌拒绝？

(2) 在宴请活动中，应如何斟酒敬酒？其原则分别是什么？

(3) 参加宴会时，喝酒应该注意什么礼节？

案例二

一天傍晚，伦敦的一家餐馆来了一群中国人，老板安排了一位中国侍者为他们服务，交谈中得知他们是东北某地的一个考察团，刚到伦敦。随后侍者向他们介绍了一些德国菜，他们不问贵贱，主菜配菜一下子点了几十道，侍者担心他们吃不完，何况菜价不菲，但他们并不在乎。

点完菜，他们开始四处拍照，竞相和服务小姐合影，甚至跑到门外一辆凯迪拉克汽车前面频频留影，还不停地大声说笑，用餐时杯盘刀叉的撞击声，乃至嘴巴咀嚼食物的声音，始终不绝于耳，一会儿便搞得杯盘狼藉，桌子、地毯上到处是油渍和污秽。坐在附近的一位先生忍无可忍，向店方提出抗议，要求他们马上停止喧闹，否则就要求换座位。侍者把客人的抗议转述给他们，他们立刻安静了。看得出来，他们非常尴尬。

(1) 这个考察团成员的行为有哪些不得体的地方？

(2) 公众场合应注意哪些用餐礼仪？

第五章

外出礼仪

《仪礼·聘礼》有云："使者行时释弊于祢。"郑玄注曰："天子诸侯将出，告群庙；大夫告祢而已。"这句话的意思是，古代王公诸侯外出之前，都要举行相应等级的祭祀仪式，将外出之事告于祖先，祈求出行顺利。

古代出行时举行祭祀仪式，祈求出行顺利。一方面源于古代恶劣的交通环境。李白《行路难》载道："所守或匪亲，化为狼与豺。朝避猛虎，夕避长蛇，磨牙吮血，杀人如麻。"其中详细描写了出行途中恶劣的自然环境，而落草为寇的匪盗也给出行造成了威胁。另一方面，古代交通工具落后是外出的一大阻碍。《史记·夏本纪》记载大禹治水时："陆行乘车，水行乘舟，泥行乘橇，山行乘辇。""橇"是一种可供拖动滑引的交通工具；"辇"指可以拉着行走的车。可见古人虽然根据环境的变化使用了不同的交通工具，但在没有先进科技的情况下，仅以人畜为动力，出行的效率会大大受限。

出行时的礼仪是指在历史传统、风俗习惯、时代潮流等因素的影响下形成的，人们在外出中应遵守的规范准则，是个人素养的体现。随着科学技术的发展，汽车、火车、轮船、飞机等先进的交通工具逐渐融入人们的生活，荒凉的沙漠、辽阔的湖海、险峻的山峰再也无法阻挡人们出行的脚步。在交通日益便利的同时，我们也要注重外出的礼仪修养，学习出行中的各项礼仪规范，如步行、引领的礼节，乘车时座次的安排，乘船的规则，搭乘飞机的注意事项以及出境后衣食住行等方面的禁忌。

第一节　步行与引领

一、基本规则

（一）遵守规则，自制自律

步行时要遵守交通规则，走路时一定要注意周围环境，安全为要，尽量保持固定路线。步行要走人行道，靠右行走，并让出盲道，不要多人并行占据道路。过马路时要走人行横道、天桥及地下通道，并注意路灯变化，切记不可横穿车道、抢红灯。

案例

据最新公布的数据显示，我国 2014 年交通事故死亡人数为 34 292 人，较 2013 年 31 604 人，2012 年 30 222 人，2011 年 29 618 人，死亡人数呈逐年增长的趋势。同时，据估计，2014 年全年涉及人员伤亡的道路交通事故在 16 万起左右，直接财产损失在 8 亿元左右。交通事故的频繁发生既对社会生产生活产生破坏，更对涉及案件的人员及家属造成难以磨灭的伤害。因此在出行时，要积极遵守交通规则，平安出行，保护自己。

【评析】步行一般是在公共场合的行为，因此一定要有爱护环境、保护公物、尊重他人的意识，严格自律。在步行时避免吃喝，也应避免乱扔垃圾、抽烟、吐痰等行为，这些都是不利环境、不尊重他人的行为。在行路时，要注意即使是情人密友，举止也不宜太过亲密，在公众面前过分亲近，不仅有碍他人行走，也表现得极不自重。

（二）礼貌谦让，热心助人

在道路上遇到熟悉的人，应当主动上前打招呼，据实际情况进行问候，但同时注意不要造成道路堵塞，影响他人行走。

《左传》云：“让，礼之主也。”可以看出谦让在交往中的重要作用。道路狭窄又有他人迎面走来的时候，应退至道旁，让对方先走。如果后面有人着急通过，也可考虑情况进行避让。在与他人发生碰撞时，要主动道歉或原谅对方，切不可佯装不知或借机生事。

在路途中如果遇到问路者，应尽力相助，若知晓则尽可能详细地指明路线，如果情况允许，还可以为对方带路。当自己不知道路线时，应明确告知，切记胡乱指路。在言谈中要态度亲切，不要敷衍了事、不予理睬。

小案例

为人带路指路本是一件助人为乐的好事，但近年来，有偿带路的新闻却层出不穷，对路况不熟悉的游客、打工者等，都是这些有偿带路人的“潜在客户”，这对城市的形象造成了严重的破坏。这种现象一方面源于人们的道德问题，另一方面也与城市的交通设计管理相关，需要有关部门和公民的共同努力来杜绝此类事件的发生。

（三）举止大方，姿态优雅

俗话说：“站有站相，坐有坐相。”意指日常的行走坐立都体现着一个人的修养，影响着他人对自己的印象，因此我们需要养成优雅大方的仪态。而走姿是展示人体动态美的重要方式之一。

行走时，上身应保持挺直的姿态，双肩平稳，双臂自然摆动。腿部应由大腿带动小腿，脚跟先着地，步态平稳。步伐的大小则应根据场合、着装等的不同进行调整。例如，女性在穿裙装时步伐应小一些，给人以优雅从容之感；而当身着运动装时，步伐可相应大一些，给人以活泼青春之感。

（四）尊重隐私，保持距离

路过他人住宅等私人区域时，不要东张西望，窥视隐私，更不可贸然上前打扰，干涉他人正常的工作生活。古代有一位著名的好礼之人名张毅，在路过他人的处所时疾行而过、不私窥，这是一种值得称赞的行为，展现了个人的良好修养。

在行走时，尤其要注意与他人的距离问题。距离在交往中也是一种无声的语言，不同的距离代表着不同的亲密程度，距离把握不当可能给别人带来困扰。切记无故尾随，这样容易给他人造成恐慌。

二、陪同引领

（一）方位

1. 古代方位礼仪

日出东方，古人尚东，故以东为首。南面为阳，古人尚阳，故以南为尊。当面南之时，右侧为东，故以右为尊。故古代以东、南、右为尊贵的方位。

2. 现代方位礼仪

（1）前后。前为上，后为下。为了表达尊敬和欢迎，在行路时，一般由尊者在前而随从人员居后。但在实际工作时一定要结合实际情况，如果陪同对象对游览地不熟悉，引领人员应在前为其指路。居前引领时，更要注重引领者的身份与接待规格相匹配。

（2）左右。右为上，左为下。这与中国古代的习俗相反，是现代社会发展中受国际潮流影响的产物。在行路中，陪同者应自觉走在左侧而让宾客走在右侧。

（3）内外。内侧为上，外侧为下。在多人同行时，要注意将尊者让与内侧，可以让其处于相对安全的位置，同时也让尊者成为关注中心点。但规则并不是一成不变的，当同行者有女士的时候，出于安全和礼仪考虑，一般会摒除身份差别将女士让行于内侧。

（二）手势

1. 直臂式

需要给引领对象指示较远的地方时常采用直臂式手势。一只手的手指自然合拢，手掌平展伸直，手肘从身前抬起摆向目标，姿态由屈起摆到肩的高度为止，肘关节最后基本伸直。另一只手可自然垂于身侧。如图 5－1 所示。

图 5－1　直臂式

2. 横摆式

一般用来指引较近的方向时采用横摆式手势。一边手臂大臂自然垂直，以其为轴，小臂向身外一侧摆动约 45 度，手掌自然合拢指向目标。另一只手可自然下垂、置于身前或背于身后。如图 5－2 所示。

图 5－2（1）　横摆式（一臂自然下垂）

图 5－2（2）　横摆式（一臂置于身前）

图 5－2（3）　横摆式（一臂背于身后）

3. 双臂横摆式

一般用于较为繁忙，无法用单手完成指示任务的时候常采用双臂横摆式手势。双手由腹部向身体两侧摆出，约成45度角，手掌合拢向上。如图5-3所示。

图5-3　双臂横摆式

4. 斜摆式

用于引领宾客就座常采用斜摆式手势。引导者应位于座位右侧，引导者以左手在前的姿态，将手掌向上摆向椅子方位，上身微向前倾。如图5-4所示。

图5-4　斜摆式

（三）语言

语言是表达的重要工具，在交往礼仪中尤其要注重语言的表达。引领时一定要注意语言的礼貌准确。

一般场合都要求使用普通话，涉外场合可据国别不同而改变。引领陪同时要注意正确地称呼对方，用词文雅，合乎规范。交谈时要注意选择适当的话题，避免触及他人隐私或评论他人。讲话时语音应以低音为主，吐字清晰，语气委婉。语调的高低、语速的快慢都应根据场合、对象的不同进行调整，但一定要以满足陪同对象的需求为主。

迎接时要有问候语；接待中要注意询问对方的需要，对于对方的问题有问必答，态度温和周全；在送走宾客时要礼貌告别。在礼貌用语中，例如：请求语“请”，问候语“您好”，感谢语“谢谢”，道歉语“对不起”，告别语“再见”等基本用语可以在适当时候多用。

（四）表情

表情是礼仪的重要部分，《论语·乡党》中有一段记录孔子出使他国的礼容：“勃如战色，足蹜蹜，如有循。享礼，有容色。私觌，愉愉如也。”在行走时脸色庄重，在赠礼时和颜悦色，在与国君私下见面时轻松愉快，孔子以其在不同场合展现的合适仪容，为后人的礼容做出了榜样。

在日常交往中，微笑常常是最美的语言，真诚的微笑是社交的通行证。引领时真挚的笑容可以带来融洽的氛围，为双方的交往建立沟通的桥梁。微笑是为了展现自己的真诚、自信、善意，表情一定要不卑不亢，亲切自然，根据不同时机把握笑的尺度。

但微笑也要注意是否与周围环境相适应，如在追悼会等悲伤场合切记面带笑容，这是对逝者及其亲属极大的不尊重。

小案例

2012年在网上引起轩然大波的“名表门”事件，起因是当事人杨达才在一场严重伤亡事故的现场面露微笑、毫无凄容，引起了网民的严重不满和热烈争议，并由此被人调查而指出其有贪污受贿行为并获罪。官场常见的春风得意的微笑，在惨烈的事故现场却是格外刺目，在不同场合应有相应的表情，这既体现了自己的礼仪修养，也是对他人的尊重。

三、具体情况

（一）道路行走

在道路行走时，礼仪情况大致分为两类：一是并排行走。根据“以右为上”“以内为上”的规则，陪同人员应走在外侧或两侧，陪同对象则位于中间或内侧；二是单独行进。根据“居前为上”，应由陪同对象在前。但当道路状况不佳或陪同对象不熟悉路线时，陪同人员可于左前方带路，并提醒对方路况。

（二）上下楼梯

如若楼梯空间狭小，切记多人并行，要尽量单行，右上右下，留下左边的空间让有急事的人通过。行走时要避免在楼梯上长时间逗留，拐角等地点也要避免久留。

身为陪同人员，在上楼梯时要走在陪同对象后面，在下楼梯时要走在其前方。这样既免于处于陪同对象上方，又可以避免挡路。如肩负引导之责，在上下楼梯时都要在前行走。如图5-5所示。

图 5-5（1） 上楼梯

图 5-5（2） 下楼梯

（三）搭乘电梯

乘坐电梯时，要讲究进入时先来后到，出来时由里向外依次离开，切忌拥挤推搡。当陪同人员与陪同对象同坐电梯时，陪同人员应主动先进后出。这样不仅可以控制电梯门开合，又能保证人员安全。如图 5-6 所示。

图 5-6（1） 进电梯

图 5-6（2） 出电梯

（四）出入房间

在出入房间时，陪同人员要负责开关门。进入房间时，若门向外开，陪同者要先上前拉开房门，然后请陪同人员进门；若门向内开，陪同者应首先推开房门，进入房间并保持门打开的状态，然后请陪同对象进入。在离开房间时，若门向外开，陪同人员先出门，然后请陪同对象离开；若门向内开，则应由陪同人员在房内将门拉开并保持，然后请陪同对象离开房间。在进出时都要注意的是，要尽量以面部朝向陪同对象，不要背对他们。如图 5-7 所示。

图 5-7（1）　进房间（门向外开）

图 5-7（2）　出房间（门向外开）

图 5-7（3）　进房间（门向内开）

图 5-7（4）　出房间（门向内开）

第二节　乘车

一、乘坐轿车

古代社会，人们在乘车方面有诸多礼仪规范。据说，孔子也很讲究乘车姿势，他主张乘车过程中，遇到尊者要行轼礼，即用手扶轼（车厢前栏板上的横木），躬身低头看向马尾，以示敬意。

在现代社会，乘车的礼仪发生了许多变化，如古人乘车尚左，而现在乘车通常以右为尊。轿车是当今社会必不可少的交通工具，乘坐轿车时的言行举止也是现代社交礼仪中十分重要的一部分。乘坐轿车时应保持风度、以礼待人，并且要牢记上下车的顺序、座次、举止等各个方面的礼仪问题。

（一）上下车顺序

乘坐轿车时，上下车的先后顺序是有礼可循的。其基本要求是：应请尊长、女士、来宾先上车，后下车。具体而言，又分为下述几种具体情况。

1. 主人驾驶轿车

主人驾驶轿车时，应后上车，先下车，以便照顾客人上下车。

2. 分坐于前后排

乘坐由专职司机所驾驶的轿车时，坐于前排者应后上车、先下车，以便照顾坐于后排者。

3. 同坐于后一排

乘坐由专职司机所驾驶的轿车，并与其他人同坐于后一排时，应请尊长、女士、来宾从右侧车门先上车，将车门关闭后，自己再从车后绕到左侧，开门上车。下车时，自己应先从左侧下车，再从车后绕到右侧打开车门请对方下车；如果车停在闹市，左侧车门不宜开启，需从右门上车时，应当里座先上、外座后上。下车时，应外座先下，里座后下。

4. 乘坐折叠座轿车

为了上下车方便，坐在折叠座位上的人，应最后上车、最先下车。

5. 乘坐三排九座车

乘坐三排九座车时，一般是低位者先上车、后下车，高位者后上车、先下车。

6. 乘坐多排座轿车

乘坐多排座轿车时，通常应以距离车门的远近为序。上车时，距离车门最远者先上，其他人随后由远而近依次而上。下车时，距车门最近者先下，其他人随后由近而远依次而下。

（二）座次安排

在比较正规的场合乘坐轿车时，一定要分清座次的尊卑，并在适合自己的位置就座。轿车上座次的安排，主要取决于以下四个方面。

1. 驾驶者身份

轿车的驾驶者，一般可分为两种人：一是主人，即轿车的拥有者；二是专职司机，即以驾车为其职业者。国内目前所见的轿车多为双排座与三排座，以下分述其驾驶者不同时，车上座次尊卑的差异。

（1）主人驾驶轿车。由主人亲自驾驶轿车时，车上前排座为上，后排座为下；以右为尊，以左为卑。

在双排五人座轿车上，座位由尊到卑依次是：副驾驶座，后排右座，后排左座，后排中座。见图 5－8。

在双排六人座轿车上，座位由尊到卑依次是：前排右座，前排中座，后排右座，后排左座，后排中座。见图 5－9。

在三排九人座轿车上，座位由尊到卑依次是：前排右座，前排中座，中排右座，中排中座，中排左座，后排右座，后排中座，后排左座。见图 5－10。

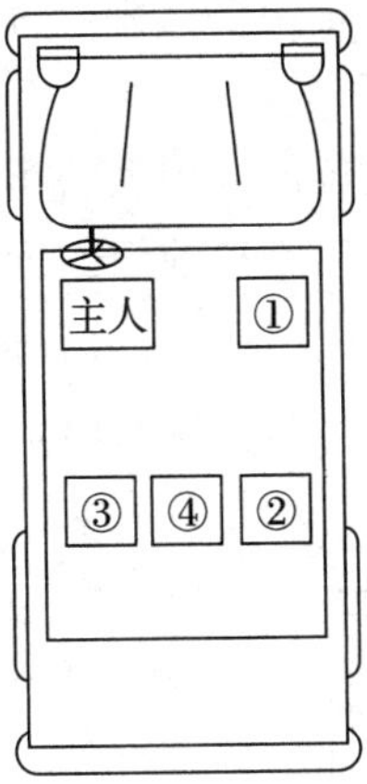

图 5－8　双排五人

图 5－9　双排六人

图 5－10　三排九人

乘坐主人驾驶的轿车时，要注意不能令副驾驶座空着。由男士驾驶自己的轿车时，其夫人应坐在副驾驶座上。由主人驾驶送其友人夫妇回家时，友人之中的男士应坐在副驾驶座上，而不应与其夫人坐在后排，否则将被认为是失礼之举。

（2）专职司机驾驶轿车。由专职司机驾驶轿车时，通常讲究右尊左卑，但座次同时变化为后排为上，前排为下。

在双排五人座轿车上，座位由尊到卑依次为：后排右座，后排左座，后排中座，副驾驶座。见图 5－11。

在双排六人座轿车上，座位由尊到卑依次为：后排右座，后排左座，后排中座，前排右座，前排中座。见图 5－12。

在三排九人座轿车上，座位由尊到卑依次为：中排右座，中排中座，中排左座，后排右座，后排中座，后排左座，前排右座，前排中座。见图 5－13。

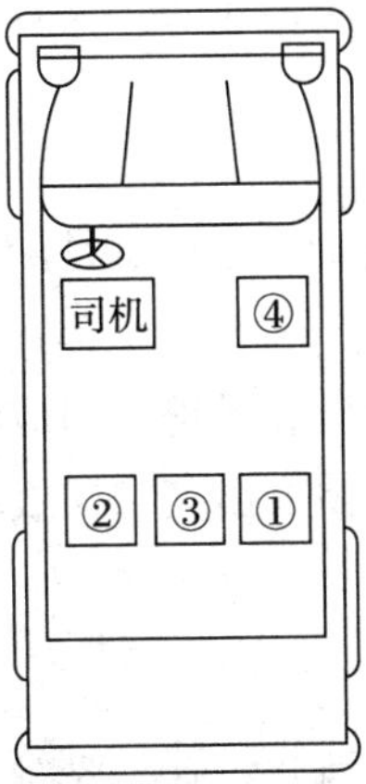

图 5－11　双排五人

图 5－12　双排六人

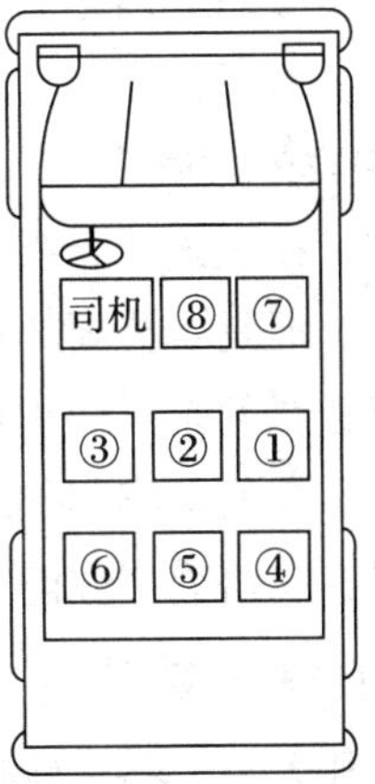

图 5－13　三排九人

2. 轿车的类型

上述方法，主要适用于双排座、三排座轿车，对其他一些特殊类型的轿车并不适用，比如吉普车和其他多排座客车。它们座次的尊卑，各有一些不同。

（1）吉普车。吉普车是一种轻型越野客车，大都是四座。不论由谁驾驶，吉普车的座次由尊到卑依次是：副驾驶座，后排右座，后排左座。见图 5-14。

（2）多排座轿车。多排座轿车，指的是四排以及四排以上座位的大中型轿车。不论由谁驾驶，均以前排为上，以后排为下；以右为尊，以左为卑；并以距离前门的远近，来排定其具体座次的尊卑。其前排右座，通常为随员座。以一辆六排十七座的中型轿车为例，其座位的尊卑依次应为：第二排右座，第二排中座，第二排左座，第三排右座，第三排中座，第三排左座，第四排右座……见图 5-15。

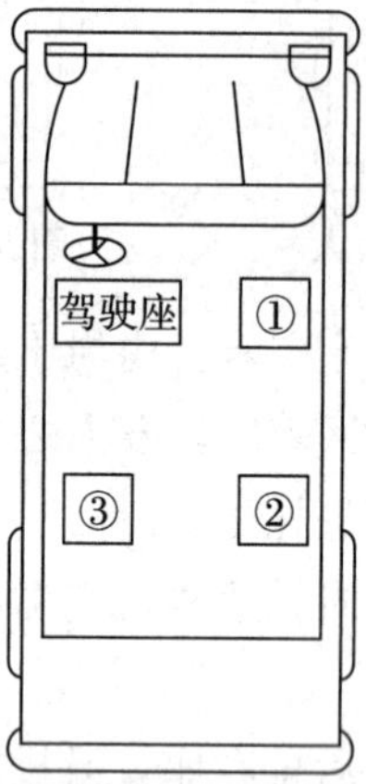

图 5-14 吉普车

图 5-15 多排座轿车

3. 座次的安全

客观上讲，在轿车上，后排座比前排座要安全。最不安全的座位是前排右座。最安全的座位是后排左座（驾驶座之后），或后排中座。因此，一般不应让女士、孩子与尊长坐在轿车的前排座。

在许多城市，出租车的副驾驶座经常不允许乘客就座。它既是为了防范歹徒抢车，也是出于安全考虑。

4. 嘉宾的意愿

通常，在正式场合乘坐轿车时，应请尊长、女士、来宾就座于上座，这是给予对方的一种礼遇。但是，更要尊重嘉宾本人的意愿和选择。

应当强调的是：必须尊重嘉宾本人对轿车座次的选择。嘉宾坐在哪里，即应认定哪里就是上座。即便嘉宾不熟悉座次，坐错了地方，也不应轻易地当面指出其错误或者予以纠正，此时，应讲究“主随客便”。

（三）举止要求

与其他人一同乘坐轿车时，即应将轿车视为一处公共场所。因此，有必要对个人的行为举止多加约束。具体来说，应当注意以下方面。

1. 相互礼让

上下轿车时，要井然有序、相互礼让。不要争抢座位，尤其是不要为与自己同行之人抢占座位。

2. 动作雅观

在轿车上应注意举止，不要对异性表示过分亲近，更不要东倒西歪或倚靠在别人身上。穿短裙的女士上车时，应双腿并拢，背对车门坐下后，再收回双腿；下车时，应正面面对车门，双脚着地后，再移身车外。

3. 讲究卫生

不要在车上吸烟、吃东西、乱扔东西。不要往车外丢垃圾、吐痰或擤鼻涕。不要在车上脱鞋袜、换衣服，或是用脚蹬踩座位，更不要将手或腿、脚伸出车窗之外。

4. 注意安全

不要与驾驶者闲聊，更不要让驾驶者使用手机或看书报等。尊长、女士、来宾上车时，应为他们开门、关门。在开、关车门时，不要弄出声响、夹伤他人。当自己上下车、开关门时，一定要先看后行，切勿疏忽大意、伤及他人。

二、乘坐巴士

巴士，指的是由单位或专人经营，有固定专线，在社交场合中专供外出乘坐的多排座客车。巴士有大型、中型、小型之分，乘坐巴士应当注意相应的行为规范，以礼待人。

（一）行为规范

1. 上下车辆

社交场合中乘坐巴士须在指定地点等候。上车时，若人数较多，应依次排队，顺序上车，不要拥挤或者影响他人正常通行。下车时，应提前准备，按次序下车。以长者、来宾、女士等身份地位较高的人为先。

2. 座位选择

绝大多数的社交专用巴士无须对号入座，通常按照先来后到的顺序就座；与尊长、女士、来宾等一同乘坐巴士时，应请其优先入座，或请其就座于上座，如靠前、靠窗、面向前方的位置。

通常中巴和大巴的座次以司机座后第一排（即前排）为尊，后排依次为卑；其座位的尊卑，依每排右侧往左侧递减。如果同行的人有特殊需求（如晕车等），也可为其让出较前排的座位。

在巴士上，除座位外不宜随处乱坐，比如扶手、发动机、地板、过道等处均不能就座。若非身体不适等紧急情况，挤坐他人的座位，亦为不当之举。

3. 乘车安全

为保障出行安全，乘坐巴士时，应在车辆启动前主动系好安全带；不得为一时之便而超载、超重；不可携带易燃、易爆等危险物品；在行驶过程中不要将头、手等任何身体部位伸出车外。乘车时，不要与驾驶员闲谈或做其他妨碍驾驶员安全驾驶的行为。

案例

2015年5月15日，陕西省西安相伴商贸有限公司租赁一辆私人运营的大客车，行驶至咸阳市淳化县一处下坡转弯路段时冲出路面，坠下右侧35米深崖，造成35人死亡、11人受伤。事故暴露出企业非法从事旅游经营、客车非法营运、车辆安全技术不符合规定、驾驶人应急操作不当、道路安全防护设施不足等诸多问题。对此，国务院安委会办公室通报陕西咸阳“5·15”特大交通事故，在全国范围内开展驾驶员安全宣誓和“安全带—生命带”专项行动，打击非法营运行为；同时，要求客车驾驶员发车前向乘客“面对面”承诺在驾驶过程中做到“五不两确保”：不超速、不超员、不疲劳驾驶、不接打手机、不关闭动态监控系统，确保戴好安全带，确保乘客生命安全。

【评析】这一事件反映出在乘坐巴士时，安全是第一要务。通常情况下，社交场合中安排使用的巴士都是由社会组织内部专人营运的，安全保障较高，如果需要租赁这类客车，则一定要选择合法经营、安全系数高、信誉好的公司，排除一切可能出现的安全隐患。

（二）以礼待人

1. 主动让座

乘坐巴士时如遇到同行的人有特殊的情况或相应的请求（如晕车），应主动让出自己的座位给予方便。

2. 举止得当

在巴士上，应与他人的身体保持一段距离以示尊敬，任何时候都不要用手去推、摸别人。如果对方是熟悉的人，也不要因此而勾肩搭背。因为车辆摇晃或自己不小心碰撞、踩踏了别人，应立即道歉。

坐姿要端庄，不要把腿伸出过道，人为地设置路障。有人从身前通过时，应主动相让。夏季乘车时，衣着不要过分暴露或随便，也不要赤膊赤足。

如果是恋人、配偶一起出行，不应表现得过于亲热，让其他人感到尴尬；交谈时尽量压低声音，切勿高声谈笑、讨论他人隐私等。

3. 物品安放

乘坐巴士时，应将随身携带的物品放置在适当的位置，注意不要让自己的物品占用他人座位、挡路或有碍他人安全。若携带散发气味的物品上车，应事先包好，放在妥善的地方；携带重、硬、尖或易碎品上车时，需要提醒他人留心和注意，以免伤及他人；不要携带危险物品上车，以保证乘车人的安全。

雨雪天乘车时，应在上车前将雨伞折拢、雨衣脱下叠好，放入袋中，或提前抖掉身上的雨水和雪花，不要任其弄湿其他人的衣物；若不小心弄湿他人衣物，应及时表示歉意。

三、乘坐火车

乘坐火车的礼仪，主要由上车就座、休息用餐、交际须知、下车等几个方面的具体规范组成。

（一）上车就座

1. 持票排队上车

乘坐火车，应预先购票，持票上车。在候车室等候检票时要排队。进入站台后，待火车停稳，方可在指定车厢前排队上车，不要拥挤。

2. 携带行李定量

火车对乘客所携带物品的内容、数量均有所规定。不应携带违禁物品或过量物品上车。必要时，应办理托运手续。当工作人员检查行李时，应主动予以配合。

3. 就座于车票上所指定的座位

如果在中途上车找座，应先礼貌地向他人询问，不要硬挤、硬抢。发现有老人、儿童、病人、孕妇、残障人士无座时，应让出自己的座位给对方。

4. 座位的尊卑

火车上座位的尊卑是：同向为上，逆向为下；临窗为上，靠过道为下。见图 5－16。

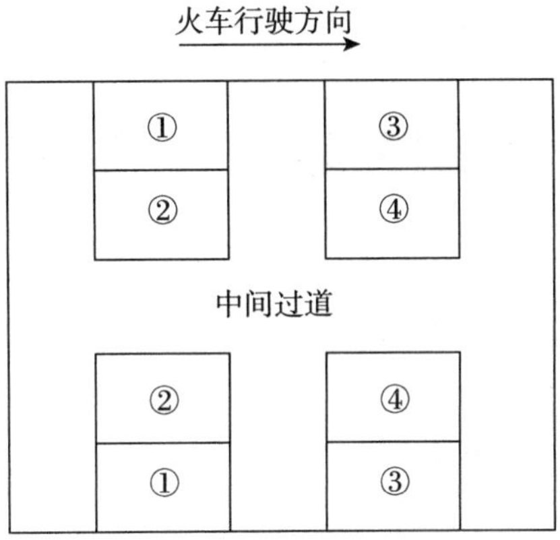

图 5－16　火车座位的尊卑

（二）休息用餐

由于路程较远，旅客需要在火车上用餐和休息。在火车上用餐和休息，应当注意以下两点：

（1）在餐车用餐时，应节省时间，不要大吃大喝，猜拳行令。用餐后，应立即离开，不要因占用座位时间过长影响他人就餐；如果不去餐车，可以选择在自己的车厢内享用自己所带的食物，或购买服务员送来的盒饭。在车上尽量不要吃气味刺鼻的食物，吃剩的东西不要扔到过道或投出窗外。在公用茶几上，不要过多地堆放自己的食物。

（2）在车上休息，应着装文明，一般不宽衣解带。如果不在卧铺车厢就寝，不要脱鞋、脱袜。不要在车厢里赤裸上身，下装也不应过于短小；在坐席车上休息，不要东倒西歪，卧倒于坐席上、坐席下、茶几上、行李架上或过道上。不要靠在他人身上，或把脚架在对面的坐席之上。带孩子的人，应照看好孩子，不要让其大声哭闹、到处乱跑，影响他人的休息。

（三）交际须知

在火车上与他人交际应当注意以下三点。

1. 主动问候

上车之后，应主动向邻座之人问好。如有必要，可简单地进行自我介绍。如果对方反应一般，只需向其点头微笑一下。

2. 交谈适度

与邻近的乘客交谈，要注意分寸。不要瞎吹乱侃、大发牢骚，不要传播小道消息与政治谣言；当他人兴致不高或准备休息时，应适可而止；有人主动找自己交谈时，不要置之不理；与异性交谈，则不应过多涉问个人信息。

3. 相互照顾

在火车上，大家要彼此关心、相互照顾。别人行李拿不动时，应施以援手；有人晕车或生病，应多加体谅。他人帮助了自己，则应多加感谢。

（四）下车

下火车时，有以下三个具体的细节不应忽视。

1. 提前准备

在到达目的地的前 10 分钟，应开始准备下车，以免仓促之间手忙脚乱。不要坐过了站，或下车时忘带行李。

2. 与人道别

在下车时，应与邻座或乘务员道别。

3. 排队下车

下车时应自觉排队等候，不要抢行。

第三节　乘船

船只，自古以来就是人们用作水上交通的重要工具。古人泛舟游历时举酒属客，扣舷而歌，兴尽而归；而今天的人们在选择江河湖海上的航行时，也会优先选择乘坐船只。

与乘坐轿车、火车、飞机相比，乘坐客轮不仅安全、舒适，而且有更大的可自由活动的空间，在“舟移别岸水纹开”“山色蒙蒙横画轴”的湖光山色中和“白鸥飞处带诗来”的海上丽景中尽情地观赏，更有“浩浩乎如冯虚御风”“飘飘乎如遗世独立”的兴味与情趣。当然，要使自己的乘船之旅在趣味中更加舒畅和惬意，就需要掌握一些必备的乘船礼仪，具体来讲就是要熟知乘船时的常识、安全和交际等方面的礼仪。

一、乘船的要求

《礼记·月令》中有段话是说：在季春的时候，天子要贡献黄色的礼服给先帝，命令掌管船只的官吏翻看船底，要五翻五正地检查，然后报告天子船具齐备，天子才开始乘船。由此可见，古时帝王对于乘船出行有着严格的要求，要确保一切无误后才开始乘船。现如今，我们也要在上船前做好个人准备，遵守乘船礼节，愉快地开始行程。

（一）上船有序

客轮一般在启程前 40 分钟检票，旅客应提前到码头候船，特别是在中途站候船更要注意。上船时，乘客应按先后次序排队，一定要等船只安全靠稳，待工作人员安置好上下船的跳板后再上船。年轻人或男士与长者、女士、孩子一起上船时，应主动让其走在前面，不要拥挤，以免产生安全隐患。

小贴士

尊老爱幼、礼貌谦让、照顾弱势群体是中华民族的传统美德，女士优先也是国际社会公认的一条重要的礼仪原则。上船时，让长者、妇女和儿童先行是绅士之举，同时也是为了在其身后能有一定程度的照看。

（二）寻位有规

一般情况下，乘船大都提前售票，票价各异，需对号入座，一人一座或一人一铺。上船后，旅客可根据指示牌寻找票面上规定的等级舱位。国内客轮的舱位，大体上分为头等舱、一等舱、二等舱、三等舱、四等舱、五等舱几种，因此买到不同类型船票的乘客需要对号入座。若买的是不对号的散席船票，上船后则要听从船员的指示和安排，前往指定处休息，不要任意挪动或是凭自己喜好选择地方。不要争抢、占据不属于自己的坐席，也不要随便同不相识的乘客调换座号或铺号。

（三）乘坐有礼

乘客们可在甲板上散步、观景，但不可擅自闯入他人的房间，也不要随意动用他人物品。没有被邀请时，不要随便到别人所在的客舱；对于刚结识的乘客，也不要邀请其到自己所在的客舱做客。

在乘船过程中，可以自行安排一些娱乐活动，比如观看电影，阅读书刊报纸，下棋打牌，和同行的人玩游戏等，但注意不要妨碍别人，影响他人休息。若是给别人带来不便，都应立即停止。千万不要只顾自己尽兴而不理会他人的感受，引起他人反感。需要邀请其他乘客参与自己的娱乐活动时，一定要是对方心甘情愿，而不要勉强他人。对主动要求参与自己的自娱活动的人，应表示欢迎。如有必要，在进行自娱活动前，须征得周围乘客的同意，以免影响到对方，留下不好的旅途印象。自娱时，切不可聚众赌博或者进行其他不合时宜的活动。

去健身房、泳池，或是去其他公众场合活动时，要爱惜公物，讲究公德，遵守秩序规定，尊重异性。在任何时候都要考虑他人的感受，如果是在甲板上晒日光浴，着装应保持在大众能接受的范围内，不可目中无人，过分地裸露身体。

(四) 讲究卫生

在乘船的过程中，应自觉地维护环境卫生。不论同一客舱有多少乘客，也不管其他人表现如何，在与他人同住一个客舱时，一定要随时保持干净，给他人创造一个良好的客舱环境；不要随地吐痰，也不可乱扔果皮碎屑等垃圾和废弃物，更不能将其扔到甲板上或是水中；如果因晕船而发生呕吐，千万不要直接吐在船上，应吐在呕吐袋内，或是及时去洗手间进行处理。万一不小心吐在船上，应将其打扫干净，保持客舱环境的整洁舒适。

客舱的空间较为狭小，因此要注意保持个人卫生，及时洗漱，勤换衣袜，尽量不要脱鞋脱袜，以防气味熏人。带孩子的乘客一定要管好孩子，不要让孩子在甲板上或客舱内乱跑、随地大小便等。

(五) 礼让下船

下船应提前做好准备，因船上的舷梯较陡，所以下船时大家应互相谦让，依次而下，并注意照顾年老者、小孩和女士，可以请其走在自己身后。切勿乱蹦乱跳，嬉笑打闹。

小贴士

下船时应让长者、妇女和儿童走在身后，自己可先一步下舷梯来接应他们，以免舷梯较陡行动不便时，耽误其他乘客的时间。

二、乘船的安全

我们乘船的时候，要注意乘船途中的各项安全和身体健康，不时给亲人报以平安，以免他们忧虑挂念。

(一) 行李安全

为确保客轮的安全，对行李规格一般都有明确的规定。为了自己和他人的安全和健康，一定要严格遵守此类明文规定，不要视若无睹，以免危及行船安全。有些时候，登船之前要接受人身和行李的安全检查，这时应积极配合工作人员，不能拒绝或逃避检查。所带行李的重量也要符合有关规定，一定不要超出标准。上船后要注意行李的安放，妥善保管自己的物品。

小案例

2014 年 4 月 16 日，韩国“岁月”号客轮在珍岛郡彭木港失事翻沉。事故造成 295 人死亡，9 人失踪，这是世界海难及应急救援的重大事件。事故发生后，通过调查得知，事故发生的当天，“岁月”号的载重超过了最大载重量 1 077 吨的 3 倍多！尽管这不是船只失事的唯一原因，但是由于船体载重过多，导致倾斜时无法恢复平衡，直接造成“岁月”号沉没。可见，对乘客而言，自觉遵守行船的安全规定是多么的重要。

（二）人身安全与健康

不要随意在客舱内吸烟，保障其他乘客的健康需求。吸烟的乘客更要注意，避免引起火灾。在客舱内和其他乘客交往时，注意不要有意无意地外露钱财或者贵重物品，以免被不怀好意的人盯上；若独自一人乘船，夜晚休息入睡时一定要注意人身财产安全。

另外，在船上突然犯病、患病，要及时进行救治，不要影响到生命安全。尤其是没有船上生活经历的人，或者身体较虚弱的人，在乘船之前就应预备好一些治疗、应急的药品，如晕船药和一些常用药，以备急用。一旦晕船或犯病，应立即服药，并卧床休息；如果呕吐不止，身体虚脱，则应立即请船上的医生进行治疗。若自己周围的人生病，要给予对方力所能及的帮助，不要冷眼旁观或冷嘲热讽，勿忘同舟共济的古训。

（三）室外活动须知

（1）在客轮上进行室外活动时，仍须处处以安全为重，不要在甲板上追逐打闹；不要去危险系数较大的地方，如一些没有安全扶手的甲板、轮机舱、救生艇以及桅杆之上。未经允许，也不要私自下水游泳或潜水，尤其在船行至深水区或是无人区时，更不要自找麻烦，害人害己。

（2）在风浪大作或夜深人静时，尽量不要在甲板上独自徘徊，要注意地面的湿滑程度，小心失足摔倒。带孩子的乘客更要看管住自己的孩子，不要让其独自玩耍或者离开自己的视线。

（3）不要在船头挥动丝巾，或是在夜晚打着手电筒让灯光随意晃动，以免被其他船只误认为打旗语或灯光信号，影响其正常航行。

三、乘船时的交际

大家所熟知的著名影片《泰坦尼克号》中不仅有唯美华丽的影片场景、为人传诵的凄美爱情故事，更有一些乘船时的交际和相关礼仪值得注意。

片段一：杰克第一次参加贵族宴会，在一位贵妇的帮助下穿上了晚宴礼服，这是在乘船时收到晚宴邀请后必须遵守的基本着装礼仪。晚宴时，杰克在看到那么多餐具摆放在自己面前，惊愕了一会儿问道："这全套都是我的吗？"之后贵妇人回答道："摆在外侧的先用。"

（一）与船长的交际

现实生活中，当船长或者其他船员邀请你与他同桌晚餐时，要欣然接受，并准时到达。这时虽不用穿晚礼服等华丽的衣服出席，但仍须注意着装应庄重，不可过于随意，不能穿短裤、背心、泳装、睡衣、拖鞋前往。另外，还要了解一些参加宴会的西餐礼仪和中餐礼仪。

（二）与普通船员的交际

与普通船员相遇时，不管是否相识，都要微笑地点头致意或打招呼。有船员想与自己交谈，应欣然同意。一般情况下，不要只身前往船员工作和住宿的地点探访。

另外还要注意船上的忌讳，和船员交谈不要谈及翻船、撞船之类的话题，吃鱼时不要将鱼翻来翻去，不要随意说“翻了”“沉了”之类的话语。

(三) 与服务人员的交际

与客舱服务员交际时，如果对方先向你打招呼，你要快速回应。对方为你提供服务时，应表示感谢。

(四) 与其他乘客的交际

1. 主动结交

通常情况下，到达自己所在的客舱后，应向先到的乘客打个招呼。必要时，还可以简单地介绍一下自己。如果对方很健谈或者想聊天，可以安顿停当后再和对方愉快地交谈；如果对方比较沉默寡言，就不要过多去打扰。

片段二：露丝挽着杰克的手一同入席餐厅，露丝母亲故意刁难杰克：“道森先生，下舱住着还习惯吗？我听说还不错。”面对难堪，杰克从容淡定并且不乏幽默地回答：“好得不得了，没几只老鼠。”在座的宾客都被逗乐了。

与船上其他乘客聊天时，要尽量选择轻松愉快、时尚流行的话题，千万不要口无遮拦、讽刺他人、聊及耸人听闻的话题以及传播小道消息；对于对方的隐私，或涉及政治、民族、宗教等敏感性的话题也不要谈。

片段三：影片中宴会结束后，杰克临走时塞了一张纸条给露丝约她在楼梯见面。依约而来的露丝紧张不安，只听杰克愉快地问道：“想不想参加一场真正的派对？”来到三等舱的露丝被四周喧闹的氛围所感染，各种民族乐器演奏声中充满了浓郁的乡村风情，人们热情洋溢，无拘无束。舞蹈、音乐都散发着奔放的吉卜赛风格，人们欢笑、拥抱、游戏，就连醉汉撞翻桌子发出玻璃碎裂的声响也成为一件再普通不过的事情。

由于船上的气氛比较轻松，这种氛围里，可以结交很多临时的朋友，也可以同他们一起进餐，一起在甲板上散步甚至跳舞、唱歌、娱乐，但是不要过分亲密，一定要保持合理的距离。

下船之前，应与同舱其他乘客道别，也要跟船员、客舱服务人员等互相作别，向他们表示感谢并说声“辛苦了”，同时可祝大家彼此平安，后会有期。

2. 如何拒绝搭讪

对于异性的搭讪，应当大大方方地进行回应，当对方向你表示友好、热情时，不必受宠若惊、妄加猜测，自己也不可热情过度。如果对方纠缠或是邀请你到他所在的客舱做客而你不想接受时，尽量委婉拒绝，如“不好意思，我还有事”或者“朋友在等我”等。尤其是在夜晚、凌晨、午休时，尽量拒绝对方的邀请。

第四节　搭乘飞机

早在两千多年前，庄子就用他丰富的想象力构想出“抟扶摇而上者九万里”的“大鹏”。“大鹏”在古代只存在于人们的美好想象中，但是现代社会却真真切切地存在着“大鹏”，那就是飞机。地球上最远的两点之间不超过 2 万公里，现代化喷气客机在 20 小时之内即可飞完全程。

所以在现有的交通工具中，飞机往往是涉外访问中使用最频繁的交通工具。在乘坐飞机时，应遵守乘机礼仪，做一个文明的乘机人是每位乘客应尽的义务。

一、登机前的准备

（一）订购机票

订购机票的方式如图 5－17 所示。

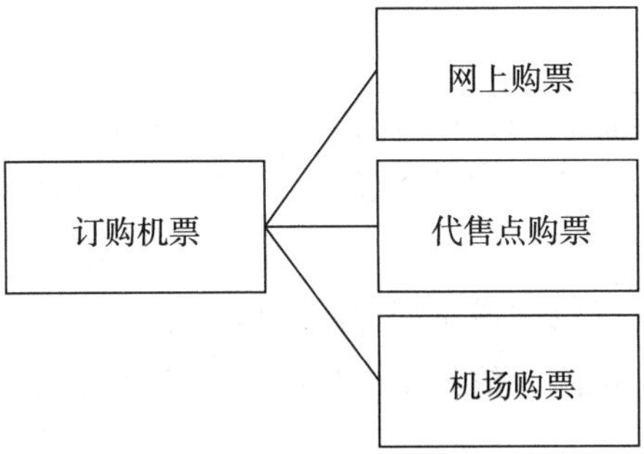

图 5－17　订购机票的方式

1. 网上购票

如今在网络上订购机票是最便捷的方法，可以通过权威机票订购网站（如各航空官网等）进行订购。网上购票应查看或询问网站服务商是否具有合法工商注册资格及中国航空运输协会认证资格。如果机票是特价票应注意查看是否可以改期或者签转，避免造成不必要的损失。

订购流程如图 5－18 所示。

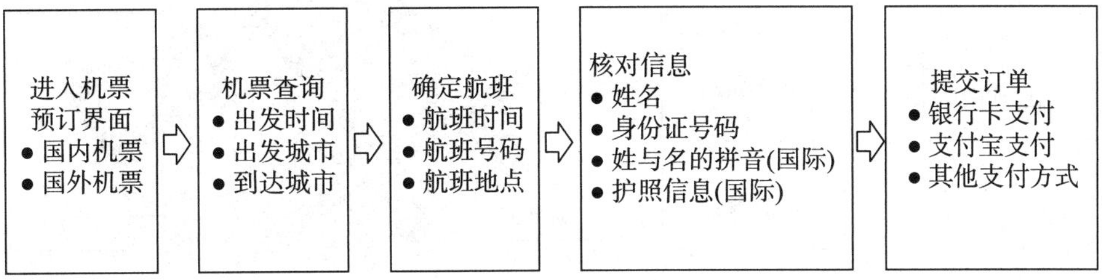

图 5－18　机票订购流程

2. 代售点购票

代售点购买机票也非常便捷，只要报出姓名、身份证号码、日期、地点、护照信息，代售员就能帮你办妥。

3. 机场购票

机场订购当场就能拿票，但是去到机场再买票可能会发生合适时间的航班已经卖完的情况，建议使用前两种购票方式。

（二）购买保险

1. 航空意外险

可自愿向航空公司购买此险，购买此险不免除或减少航空公司应当承担的赔偿限额。有年份期限的航空意外险可以直接到保险公司购买。

2. 客票险

客票含有旅客法定责任险。当乘坐飞机时发生意外，造成人身伤亡或行李物品的损失均属法定责任险。

3. 行李险

如果旅客的托运行李价值较高，在办理行李托运时可以自愿购买商业保险。若旅客购买了商业保险，行李赔偿时并不因此免除航空公司的赔偿责任。

4. 航空延误险

航班延误险是指投保人根据航班延误保险合同规定，向保险人支付保险费，当合同约定的航班延误情况发生时，保险人依约给付保险金的商业保险行为。航空延误险属于商业保险。

（三）准备行李

1. 选择合适箱包

在箱包选择的时候，要根据自身情况选择箱包的种类，应选择质量优良的产品，不宜贪图便宜购买质量不好的箱包，这可能会给旅途带来不愉快。箱包的选择如图 5－19 所示。

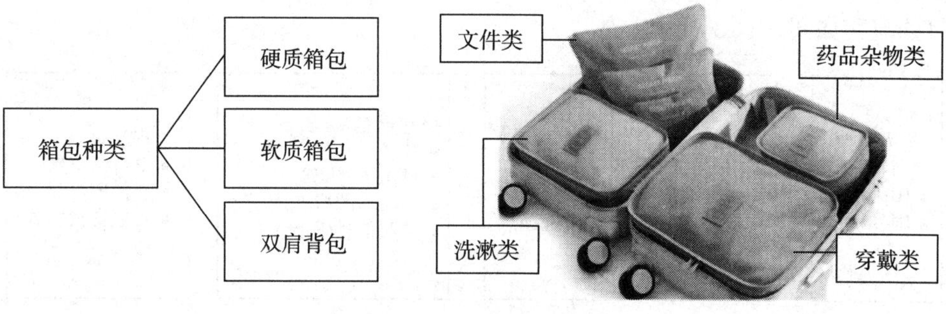

图 5－19　箱包的选择

2. 打包行李

行李准备需根据个人实际情况增减。行李尽量精简，能为旅途提供便利。文件类的物品尽量全部携带，以备不时之需；洗漱类和药品杂物类根据个人情况携带；穿戴类需要提前查询到达地点的天气情况，根据天气情况准备穿戴物品。详细内容见表 5－1。

表 5-1　　行李的携带

行李种类	详细内容
文件类	护照原件（复印件 2～3 张）、身份证原件（复印件 2～3 张）、机票（复印件 2 张）、酒店确认单（复印 2 份）、机票、信用卡、现金、黄皮书（即《国际预防接种证书》）、国际驾照、近期 1 寸和 2 寸照片（3 张以上）、日程安排表等。
洗漱类	毛巾、牙膏、牙刷、梳子、剃须刀、化妆品、生理用品、防晒霜、洗涤用品、指甲刀、卫生纸巾、小剪子、洗浴用品等。
药品杂物类	创可贴、行李锁、电池（所携带电子产品的）、电子词典、充电器、充电宝、水杯、电源转换器、必备药品（用于感冒、腹泻、晕眩、消炎等）、手机（提前开启国际漫游）、地图、雨具、笔、记事本、名片、笔记本电脑、相机、U 盘、耳机、吹风机等。
穿戴类	西装（1 套）、衬衣（2～3 件）、领带（2 条）、T 恤（2～3 件）、毛衣、裤子（2 条）、裙子（过膝）、外套（避寒）、泳装（保守款式）、内衣（3 件）、袜子（3～4 件）、睡衣、围巾、帽子、眼镜、防紫外线墨镜、手套等。

小贴士

禁带、限带物品一览表

<table>
<tr><td>禁带物品</td><td colspan="2">枪支（含各种仿真玩具枪、微型发射器及各种类型的攻击性武器）、弹药、军械、警械、爆炸物品、易燃易爆物品、剧毒物品、放射性物品、腐蚀性物品、危险溶液及其他禁运物品。</td></tr>
<tr><td>出入境禁带物品</td><td colspan="2">新鲜、脱水或罐装的肉类、肉制品；植物种子、蔬菜、水果及土壤、多肉植物；昆虫及其他对植物有害之虫类；非罐装或腌熏的鱼类；野生动物及标本，如燕窝、海参；等等。</td></tr>
<tr><td rowspan="2">限带物品</td><td>不可随身携带，可托运</td><td>必须随身携带的限带物品</td></tr>
<tr><td>除管制刀具以外的如水果刀、剃须刀等生活用刀；手术刀等专业刀具；化妆品：每种化妆品限带一件，盛放化妆品的容器的大小不得超过 100 毫升；液体饮品：如矿泉水、茶水、碳酸饮料、牛奶、酸奶、果汁等；洗漱化妆用品：如牙膏、洗发水、沐浴露、润肤露、剃须泡沫；凝胶用品：如定型水、啫喱水等；药品：如眼药水、口服或外用药液、喷剂等；液态食品：如甜面酱、瓶装罐装罐头等食品；气雾剂：如喷雾液等。</td><td>旅客为个人自用内含锂电池的便携式电子装置（照相机、手机、手提电脑、便携式摄像机等）可作为手提行李携带登机，并且锂电池的额定能量值不得超过 100Wh（瓦特小时）。经航空公司批准的 100～160Wh 的备用锂电池只能携带两个。每名旅客不得携带超过两个充电宝（不超过 160Wh）。超过 160Wh 的锂电池严禁携带。</td></tr>
</table>

3. 行李托运

很多航空公司关于行李托运的规定都不甚相同，带了超重物品要额外收费。最好在出发前了解航空公司的托运规定，以免耽误时间。详情见表 5-2。

表 5-2　　国内航空托运行李重量表

航空公司	舱型		
	经济舱	公务舱	头等舱
中国东方航空	23kg	32kg	32kg
中国国航	23kg	32kg	32kg
中国南方航空	23kg	32kg	32kg
海南航空	23kg	32kg	32kg
国泰航空	23kg	32kg	32kg
祥鹏航空	20kg	30kg	40kg
澳门航空	20kg	30kg	/
深圳航空	20kg	30kg	40kg
港龙航空	20kg	30kg	40kg
长荣航空	23kg	25kg	30kg
厦门航空	20kg	30kg	40kg
中华航空	20kg	30kg	40kg
奥凯航空	20kg	30kg	40kg
天津航空	20kg	30kg	40kg
山东航空	20kg	30kg	40kg
华夏航空	20kg	30kg	40kg
首都航空	20kg	30kg	40kg
上海航空	20kg	30kg	40kg
吉祥航空	20kg	30kg	40kg
四川航空	23kg	23kg	/

二、登机程序

(一) 领取机票和托运行李

订购机票后，可以在当天出行时直接去机场所属航空柜台取票和办理行李托运。乘坐国际航班要至少提前两个半小时到达机场，乘坐国内航班至少提前一个半小时到达机场，一般机场都是登机前 40 分钟不再安检，在此之前取票和托运行李要自己把握好时间。

(二) 通过安检

通过安检的流程如图 5-20 所示。

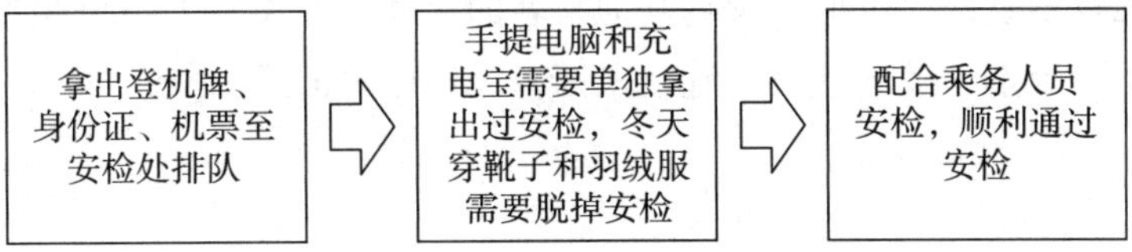

图 5-20　通过安检的流程

三、飞机上的要求

（一）严格要求自己

登上飞机后，须认真阅读放在座位口袋前的安全注意事项，切勿随意触碰飞机上的按钮。在飞机起飞和降落前，飞机上的广播会提醒乘客系好安全带，收好小桌板，调直座椅，打开遮光板。飞机在空中平稳飞行后，方可调整桌椅，关闭遮光板，打开小桌板，但安全带需要全程系好。如遇飞机颠簸，切记不要随便走动和站立。

小案例

2015 年 1 月 12 日，从拉萨飞往重庆的空客 319 型 PM6272 航班抵达江北机场，落地滑行完毕后，机组尚未开启舱门，一位中年男子突然打开机上的应急出口门，飞机左大翼的滑梯被释放。随后这名乘客被公安机关带走，虽然不清楚他打开安全门的目的何在，但据了解，该男子可能要支付至少 10 万元为自己任性的行为买单。事发后，网友贴出各种机型应急设施的价格，其中最便宜的是 A320 的翼上应急出口，开启一次仅需 7 万，而最贵的是 A380，至少要准备 30 万元才能任性打开一次。

（二）尊重乘务人员

登机后对乘务人员的问好应予以微笑回应，不要对乘务人员提出不可理喻的要求或打骂、侮辱乘务人员。

小案例

2014 年 12 月 11 日，泰国 FD9101 航班上有两名游客在飞机上侮辱空姐，致飞机中途返回曼谷机场。据悉，当天 FD9101 航班起飞后，两乘客座位不在一起，最终虽调到一起，但过程很不愉快。当空姐开始提供晚餐时，女乘客拿出泡面向空姐要开水，之后，女乘客拿泡好的方便面直接泼向泰籍空姐，附近的乘客身上也被泼上了水。此后，男乘客扬言要炸飞机，女乘客声称要跳飞机，空姐当时就吓哭了。

（三）尊重其他乘客

对自己身边的乘客可以微笑致意打招呼，与乘客交谈时不要影响到他人休息。不要一直凝视自己不认识的乘客，以免让人产生不适感。

在飞机上不要大声喧哗，大声谈笑打闹，个人的媒体设备不要公放，以免影响其他乘客休息。座椅靠背不要调得过低，影响其他乘客的活动。在飞机上不要脱衣脱鞋，腿脚乱放。在飞机上不要吸烟、随地吐痰、乱吐东西，应使用清洁袋。

小案例

2015年10月19日晚，从柬埔寨吴哥国际机场飞往成都的航班K6989延误了1个小时，原因是三名中国游客在飞机上发生纠纷，被请下飞机。该航班机长表示，这3名中国游客若不下机，航班就不起飞。原因是女游客施某登机入座后将座椅靠背放至最低准备休息，导致后排乘客、同一旅游团的高某无法舒适入座。后者用手提醒对方时不小心碰到其头发，双方遂发生口角，导致各自的亲友加入到辱骂和推搡的纠纷中。空乘人员、旅游团领队和其他乘客均无法劝阻，一度引起秩序混乱。法籍机长称三名游客的行为影响到了航班安全，对他人造成了影响，若不拒绝其三人登机，航班将不予起飞。

四、接机和送机

（一）接机

1. 确定接机规模和抵达时间

接机前要先根据来访者的身份和目的，一般采用对等原则确定接机规模。提前了解来访客人的人数，确定车型；根据来访客人的身份确定接待人员，如果语言不同要提前联系好翻译人员。

接机人员必须提前掌握来宾到达时间，在来宾到达前到机场等候以示重视。同时也要关注来宾所坐航班的消息变动，若因故航班延误要做好预备方案。如果是国际航班，可能存在时差，要提前了解时差，做好接机准备。

2. 做好接机的相关程序

在机场接来访客人时，有两种迎接方法：一是主陪人在下榻的宾馆等候，副陪到机场迎接；二是主陪人亲自到机场迎接。具体方式如表5-3所示。

表5-3　接机的方式

	接机
熟人	主人直接上前握手，互致问候。
首次来访	主动打听，以便顺利接到客人。主人先主动介绍，并逐一表示欢迎。
团体客人	事先准备接机牌或横幅，以便客人从远处就可以看见。

（1）陪车座次与顺序。陪车座次与顺序见本章乘车礼仪。

（2）拉近主客距离。在接机返回的路上，主方可以简要地给客人介绍这次的行程概要、本地的风情民俗等，不要让客人在车上感到尴尬，但注意不要提到关于政治、宗教、隐私等敏感话题。如果客人感到疲惫想要休息，也不要一直和客人攀谈。

（二）送机

送机步骤主要分为。

1. 主方提前抵达

主方的送行人员应提前抵达机场，并在机场恭候宾客。客人若是乘坐国际航班，一定要至少提前三个小时到达机场，办理登记手续、安全检查、过海关都需要一定时间。

2. 宾客逐一告别

主人先与主宾握手道别，再逐一和其他人员道别。

3. 走前再次道别

主方陪伴客方办好登机手续，再在客人临上飞机前握手道别一次，以示尊敬。最后一定要等客人走出视线之外再离开。

第五节 出入国境

据记载，秦在统一之前，就对到秦国游说的游士实行严格的通行凭证制度，如果丢失了通行凭证（即“亡符”），要罚一身衣甲之钱。由此可见，春秋战国时期便已出现了对居民出入国境的限制。在信息、交通高度发达的现代社会，出入国境对于普通公民来说变得更加寻常，理清出入国境的程序和了解相关的通行凭证也就变得尤为重要了。

一、护照与签证

（一）护照的定义

护照是一个国家的公民出入本国国境和到国外旅行或居留时，由本国发给的一种证明该公民国籍和身份的合法证件。

各国颁发的护照种类不尽相同。中国的护照分为外交护照、公务护照和普通护照。公务护照持有者和外交护照持有者有很大的自由旅行权、免签证和落地签证待遇，其护照通常由单位统一保管。

（二）普通护照的办理程序

（1）需网上预约申请的地区要提前在网上进行预约申请，并在预约时间内到出入境办证大厅进行办理。

（2）申请人需要准备的材料：

1）填写完整的《中国公民因私出国申请审批表》（可以在各省公安厅出入境网下载申请表，也可以在办证大厅现场领取填写）。

2）身份证明：身份证、户口簿原件及复印件。（在居民身份证领取、换领、补领期间，可以提交临时居民身份证和户口簿及复印件。）

3）单位意见：国家工作人员（登记备案人员）提交本人所属工作单位或者上级主管单位出具的同意出境的证明。

4）监护人材料：未满十六周岁的公民，应当由其监护人陪同，并提交其监护人出具的同意出境的意见、监护人的居民身份证或者户口簿复印件。

（3）携带上述材料去户籍所在地的公安局出入境管理处，依程序拍照，并将材料递交工作人员审核，领取《因私出国（境）证件申请回执》单，核对回执单内容确认无误后签名、缴费。

（4）一般在收到申请材料之日起十五日内办结，如需加急办理则需提供相应的加急证明材料。

普通护照的办理程序，如图 5－21 所示。

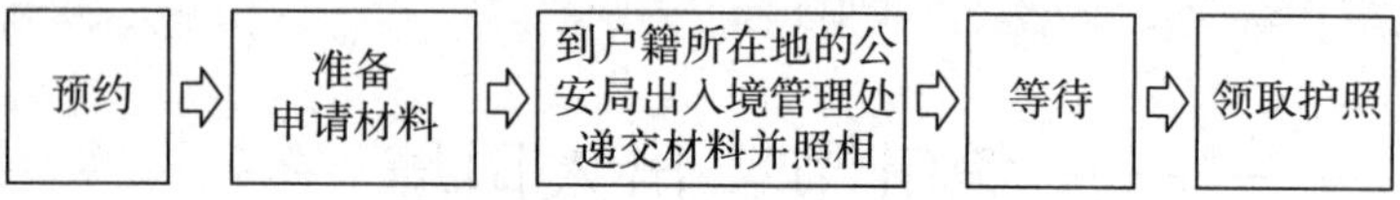

图 5－21　普通护照办理程序

（三）签证的定义及分类

签证，是一个国家的主权机关在本国或外国公民所持的护照或其他旅行证件上的签注、盖印，以表示允许其出入本国国境或者经过国境的手续。如图 5－22 所示。

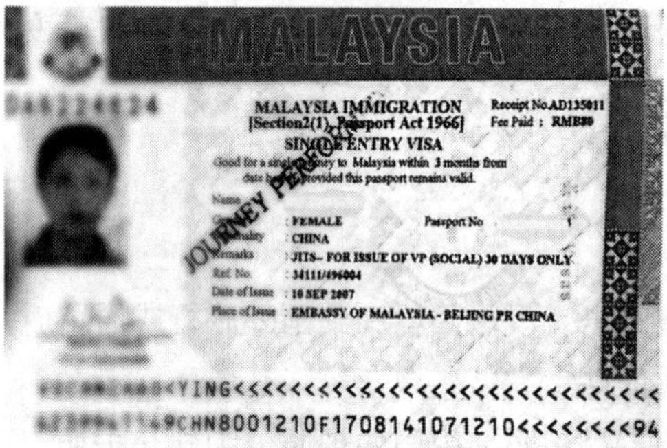

图 5－22　签证

通常，按照国家间的亲密程度和经贸往来关系，两个国家间的出入境旅行待遇可分为以下级别：

（1）免签证，即从一个国家到另外一个国家不需要签证，可停留 7 天至 6 个月不等。既有单方面免签，也有双边免签。

（2）落地签证，即持普通护照的中国公民在抵达入境口岸时办理落地签证。

（3）大使馆签证，即从一个国家到另外一个国家需要签证，又因国家之间的外交关系和民间交流形势分为签证容易类、签证政策收紧类等，部分国家还会要求与申请者进行面谈，比如英美国家的面签。

印章示例如图 5－23 所示。

签证印章　　　　　　　　边检印章

图 5－23　印章示例图

小贴士

免签、落地签、面签国家一览表

（截止至 2015 年 10 月）

类型	国家（地区）
对持普通护照的中国公民免签（双边）	圣马力诺、塞舌尔、毛里求斯、巴哈马、斐济、格林纳达
对持普通护照的中国公民免签（单方面）	萨摩亚、海地、牙买加、多米尼克、安提瓜和巴布达、印度尼西亚、韩国济州岛地区、美属北马里亚纳群岛联邦（塞班岛）、英属特克斯和凯科斯群岛、英属南乔治亚和南桑威奇群岛
持普通护照的中国公民抵达入境口岸时办理落地签证（单方面允许）	马尔代夫、文莱、科摩罗、帕劳、缅甸、东帝汶、巴林、约旦、阿联酋、老挝、黎巴嫩、尼泊尔、斯里兰卡、泰国、土库曼斯坦、伊朗、越南、埃及、多哥、佛得角、几内亚比绍、科特迪瓦、马达加斯加、马拉维、塞拉利昂、坦桑尼亚、乌干达、圭亚那、英属圣赫勒拿、图瓦卢、瓦努阿图、柬埔寨、孟加拉国、毛里塔尼亚
持普通护照的中国公民需要办理签证	亚洲：菲律宾、马来西亚、日本、韩国、新加坡、伊朗、印度、巴基斯坦、卢森堡、哈萨克斯坦、乌兹别克、以色列 欧洲：比利时、德国、法国、意大利、英国、波兰、捷克、俄罗斯、丹麦、奥地利、荷兰、瑞士、芬兰、瑞典、挪威、土耳其、西班牙、罗马尼亚、爱尔兰、乌克兰、斯洛伐克、匈牙利、希腊、保加利亚、塞尔维亚、葡萄牙 非洲：南非 大洋洲：澳大利亚、新西兰 北美洲：加拿大、墨西哥、古巴、美国 南美洲：智利、阿根廷、秘鲁、巴西、乌拉圭、委内瑞拉

（四）签证的办理程序

（1）申请人需要准备的材料：

1）签证申请表（可在网上下载）。

2）护照。

3）与申请事由相关的各种证件，如有关自己出生、婚姻状况、学历、工作经历等的证明。

（2）申请人前往该申请国驻中国领事馆递交材料及缴纳费用。有的国家规定，申请者必须面谈通过后才递交材料。

（3）大使馆或者领事馆将填妥的各种签证申请表格和必要的证明材料，呈报国内主管部门审查批准或备案。

（4）国家的主管部门进行必要的审核后，将审批意见通知驻该国使领馆。如果同意，即发给签证。如果拒绝，也会通知申请者。

签证的办理程序如图 5－24 所示。

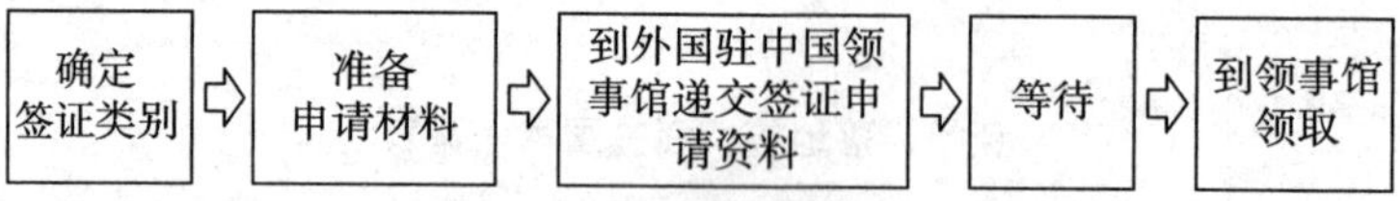

图 5－24　签证办理程序

二、出境前的准备

出境前的准备一般包括订购机票、购买保险、准备行李等环节，由于在第四节《乘坐飞机礼仪》中已进行过介绍，这里不再赘述。如图 5－25 所示。

图 5－25　出境前的准备

三、出境检查

出境检查分为边防检查、安全检查和海关检查，如图 5－26 所示。

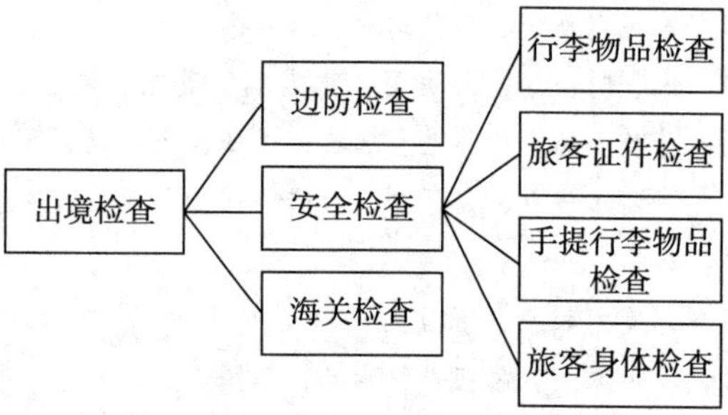

图 5－26　出境检查

（一）边防检查

边防检查是出境检查的第一道程序。边防检查的内容主要是检查护照与出境登记卡两项。

（1）在边防检查大厅领取并填写《出境登记卡》，其内容包括：姓名、性别、证件号码（护照号或港澳通行证号）、出生日期、国籍、航班号、前往何地、国内住址、出境事由、签名、出境日期等事项。

（2）准备好护照、签证、登机牌、出境或入境登记卡后，依次排队等候检查。

（3）边防检查人员对持照人的证件进行核查后在护照上加盖验讫章，并将出境登记卡留存于边防检查站。

（4）上述手续完毕后，将护照当面交给持照人。

（二）安全检查

安全检查一般采取四种方式进行：电视检测仪、探测检查门、手提式金属探测器和人工检查。安全检查既要检查旅客本人，也要检查旅客随身携带的所有物品，其大致流程如下：

（1）行李物品检查：旅客进入机场大厅时首先将需要办理托运的行李物品放入电视检测机的传送带上，工作人员通过荧光屏检查。

（2）旅客证件检查：旅客办理完毕行李托运和登机手续后，将护照、机票、登机牌等交检查员核验并在登机牌上加盖安全检查印章。

（3）手提行李物品检查：将随身携带的手提行李物品放在电视监测机的传送带上，由检查人员通过荧光屏检查。如发现有异物，须由检查人员开包检查。

（4）旅客身体检查：旅客通过特设的探测门，进行身体检查。如发出报警声，还需用探测器再查。

（三）海关检查

正常情况下，各国海关对外国旅客或非本地居民的例行检查，一般采取下列四种形式：

（1）免检。一些国家的海关注明“无需报关”，或者其海关根本无人办公。

（2）口头申报。旅客不必填写海关申报单，海关人员只是对其进行口头询问，亦不对其进行开箱检查。

（3）填写海关申报单。通过海关时，既要提交海关申报单，亦须回答海关人员的口头询问，但一般不对其进行开箱检查。

（4）填写海关申报单，并进行开箱检查。通常而言，前三种情形较为常见，最后这种做法比较少见。

四、入境手续

（一）边防检查

在办理入境手续进行边防检查时，首先要把自己的护照、入境登记卡、黄皮书、境外邀请函、入学通知书等文件准备好，并按顺序排队等候。

检察官在检验无误后，收下入境登记卡，并在护照上加盖入境章。

（二）提取行李

办理完入境手续后，即可到行李大厅，在行李输送带上自行提取行李物品。

（三）海关检查

提取行李后，进行海关检查。在进行海关检查时，有些国家不需要填写海关登记卡，有些国家则需要填写海关登记卡。海关登记卡的内容一般比较简单，主要包括姓名，护照号码，乘坐的飞机航班号，是否携带武器、贵重物品、毒品和违禁品。填好后，出关时交给海关就可以通过了。必要时，还需配合海关打开行李或搜身检查。之后沿“红色通道”或“绿色通道”走出海关。

入境手续如图 5－27 所示。

边防检查 ⇨ 提取行李 ⇨ 海关检查

图 5－27　入境手续

第六节　入乡随俗

中国自古被称为“衣冠上国，礼仪之邦”，《礼记》中也提到：“凡人之所以为人者，礼义也。”怎样做个文明的中国人，给外国友人树立中国礼仪之邦的形象呢？这需要从衣食住行方方面面来规范自己出境后的行为。

一、衣

小案例

据英国《每日邮报》2014 年 5 月 28 日报道，卡塔尔日前出版名为《表达尊重》的宣传手册，称为保护当地文化与价值观，要求外国游客尊重卡塔尔的着装习俗，女性不可在公共场所穿迷你裙、吊带衫、紧身裤，男性不能穿短裤和背心等。

该手册由卡塔尔伊斯兰文化中心推出，主要针对的是 2022 年将赴卡塔尔观看世界杯比赛的游客。手册中写道：“如果你在卡塔尔，你就是我们中的一员。请在公共场合谨慎着装。”

手册中明确列出各类着装要求，并配上相关卡通图片，以便游客更好地理解哪些衣服“不合时宜”。手册中写道：“女性不宜穿过短或过紧的衣物，如迷你裙、吊带衫、无袖连衣裙等；而男性则不宜穿短裤与背心。”此外，手册还特别注明：“紧身裤不算裤子，不适合在公共场合穿。”

（一）中外不同

有些人误以为出国就要穿得很正式，以显得自己很文明，于是西装革履地出国旅游。其实，在国外只有正式场合才穿西装，非正式场合穿休闲装即可。

通常情况下，在国内穿着、使用假冒名牌的衣服、背包并无大碍，但是在知识产权保护非常严格的欧洲，携带山寨名牌的物品可能会被没收和罚款。

小案例

国家旅游局曾发布提示，部分欧洲国家制定了针对入境游客穿着、携带假冒名牌的处罚办法和法规，为了避免不必要的麻烦，中国游客赴欧洲旅游不要穿着、携带或者购买假冒名牌物品。

早在1994年，法国就颁布禁令，授权海关人员对可疑物品进行检查和鉴别，如确认为假冒商品可以立即没收，若情节严重的可以对穿着、携带者处以罚款。这一禁令不仅适用于假冒产品走私，也适用于各国游客私人行李中携带的假冒名牌商品。2005年2月，一名中国游客用了假的LV提包，被法国海关人员扣留。

在朝鲜，禁止穿牛仔裤或者带英文字母的衣服，违反规定将被逮捕。在将牛奉为神灵的印度，不要穿着牛皮制品。去印度教的寺庙参观，不能穿着牛皮鞋、牛皮衣服、牛皮手套等牛皮制品，这是绝对不允许进入庙门的。

（二）穿着得体

在欧洲，穿睡衣出门是不礼貌的行为。在西班牙，不允许在街上穿泳衣，会被罚款。在迪拜，阿联酋的斋月期间应该穿得朴实，避免穿着暴露和紧身的衣服。女性的胸、膝盖和肩膀都应该遮住以示尊重，但公共海滩和酒店泳池和往常一样，在这些地方可以穿泳装。

在柬埔寨或泰国等佛教国家，去参拜寺庙时，一定要穿着整齐，绝对不允许穿着无袖T恤、背心、吊带、破洞裤、拖鞋等，女性禁止在佛像面前裸露身体皮肤。在伊斯兰教国家，女性忌穿无袖的衣服。在天主教国家，参观教堂的时候要穿着得体，最好穿着正装以示尊重，禁止穿着无袖背心、拖鞋等。

（三）颜色禁忌

各国对于衣服的颜色禁忌不同，如墨西哥人认为紫色是不吉利的棺材色，穿紫色衣服拜访墨西哥人是一大禁忌；蒙古人最厌恶黑色，将黑色视为不祥的颜色；在柬埔寨文化里，白色象征着死亡，不能穿着白色的裤子或当地的白色纱笼；在伊斯兰教国家，黄色象征着死亡，不要穿着黄色的衣服；除了伊斯兰教国家，在马来西亚黄色也代表死亡，最好不要穿；印度人喜欢鲜艳的颜色，黑色、白色、灰色在印度不受欢迎。我们在出国前要提前了解不同国家的穿衣禁忌，避免发生尴尬的事情。

二、食

小案例

1999年，BBC曾报道称伦敦惊现大量诡异的河蟹，繁殖很快，毁坏河床。与中国人喜爱吃蟹不同，英国人对这种“长相丑陋的生物”并没有食欲。年复一年，泰晤士河中的大闸蟹呈爆炸式增长，对环境的破坏力日益显现，并令当地的传统渔业受到重创。大闸蟹在破坏生态平衡之余，还爱好在河岸上打洞，有时打洞的范围能深入河岸数米之远，令河岸与岸边建筑都岌岌可危。

英国人采取的方法是：号召国人吃掉它。2009 年，英国《独立报》有个专栏记者主动成为了第一个吃大闸蟹的英国人，并在报纸上发了个长篇食评，阐述大闸蟹的美味。另一家媒体也紧接着做出报道，号召英国人都来“吃螃蟹”，结果这篇文章的评论数为零。英国人称大闸蟹为“面目狰狞的怪物”，始终无法接受。

（一）食物种类的禁忌

中国的饮食文化名扬四海，菜品丰富多彩，所取食材亦范围广泛。习惯了本国饮食习俗的中国人，在出国境之后，需要注意不同地区饮食文化的差异，了解所到之地的食物种类禁忌，尊重地方特色，以避免尴尬。

（1）外国人一般不吃动物的内脏、蹄爪、翅膀等物。

（2）在伊斯兰教国家，不能吃猪肉，也不吃甲鱼、螃蟹等外表不洁净之物。

（3）印度人不吃牛肉，因为牛在他们心目中是非常神圣的动物。

（4）日本人不喜欢别人在街道等公共区域食用有气味的食物，气味浓烈的食物需在饭店里食用，因为他们认为食物的气味会影响到别人。故日本卖的便当一般都是冷食，在日本买便当的时候不要叫店员加热。

（5）俄罗斯人中午过后不吃鸡蛋，且认为晚上吃鸡蛋对睡眠不好。

小贴士

西方人绝对不会接受的亚洲美食

1. 水果之王——榴莲。很多亚洲人都很爱榴莲，但其浓烈的气味却让西方人退避三舍。

2. 纳豆。常常出现在日本人早餐的饭桌上，但味道和口感被西方认为完全不输给榴莲。

3. 麝香猫咖啡。虽然是全球最昂贵的咖啡之一，但其以印尼椰子猫的粪便为原料，这种生产原料让许多西方人听了就不想喝了。

4. 龟苓膏。中国的传统药品，浓郁的中药味道让欧美人难以下咽。

5. 鸡爪。除亚洲国家和墨西哥、南非、秘鲁外，全球大多数国家的人都不会食用。

6. 燕窝。欧美人只要听到这是燕子的唾液，就无法接受了。

7. 鸭仔蛋。在中国南方和东南亚常见的一道菜，将快孵化的鸭蛋用开水煮熟，再敲开蛋壳食用。因为可以看见小鸭的骨骼和羽毛，不只是欧美人，许多亚洲人也无法接受。

8. 皮蛋。西方人常常会被它黑黑的外表吓一跳。

9. 蛇酒。在日本冲绳等地区很常见的酒品，可让男性变得更加精力旺盛，但其外表就令欧美人觉得可怕。

10. 跳舞章鱼。韩国特色的盖饭，上面放一只经过处理的昏倒的大章鱼，淋上酱油后，章鱼就像触电一样跳起舞来。这个韩国人口中的美味料理，吓坏了不少西方观光客。

（二）外国餐厅举止之忌

中国人在餐厅吃饭时觉得越热闹越好，而外国人在餐厅吃饭时认为保持安静是对他人的礼貌。这种差异来源于不同的社会文化：中国文化主张集体主义和团结，注重与他人和睦相处，故中国人在餐厅就餐时喜欢向对方劝酒、夹菜，彼此大声畅谈，从而营造愉快的气氛；西方文化强调个人主义与个人发展，不会干涉或强迫别人，聚餐喝酒时全凭自由自愿。

在外国餐厅用餐时应注意：

（1）吃饭时应保持安静，说话声音不宜过大，以对方能听到而又不影响他人为宜，更不要把中国的行酒令、猜拳等行为搬到外国餐厅。

（2）在外国餐厅吃饭时需要给领位员、侍者小费。如果中途去卫生间，也需要给保洁人员小费，以示尊重。

（3）不可在吃面时发出很大的声音。在中国、日本等国家，人们吃面时会习惯性地发出“稀里呼噜”的声音，关于其原因，一种说法是人们认为吃面时发出声音，面条的味道会更好；另一种说法是吃面发出很大的声音是表示面条好吃，甚至还有人认为“吃完面条，连汤底都喝掉，然后倒扣面碗是对面条的最高赞誉”。但这种举止在西方国家却被认为是不礼貌的。

（4）在日本，不可以剩下饭菜。在中国，吃饭剩下一点才是礼貌，而日本人吃饭则要吃干净，无丝毫浪费。在日本餐厅就餐后剩下饭菜，一则会被认为是不尊重厨师、种植食材之人的辛勤劳动；二则会被当做对厨师手艺的不满，厨师很可能会因此受到责骂。

（5）不可拿起餐具吃饭。在中国某些城市，人们有端起饭碗吃饭的习惯，但外国人却对这样的景象很是惊讶。

（6）不要过分劝酒和为对方斟酒。中西方的饮酒文化有很大差异，中国人喝酒一般是在欢乐的聚会中喝，喝的是气氛与交流；外国人喝酒是独饮，重视的是酒自身，力求充分享受酒的美味。

案例

某公司宴请外国来宾，在用餐之前与外宾有这样一番对话：

A：Would you like some wine?

B：I could have some wine，but not much.

A：White wine or Red wine?

B：Both OK!

A：服务员，来瓶白酒！

白酒上来后，外宾一看，“No，no，no！52%，that is not wine！It is spirit！”

双方十分尴尬，最后没有喝酒，改喝果汁。

【评析】案例中的误会，是由于对“白酒”一词的翻译不够准确。中国白酒一般酒精浓度较高，其英文翻译应为 spirit（烈酒），而非 wine（白葡萄酒）。在与外国人就餐时，切勿将白酒译为 wine，以免引起不必要的误会。

三、住

（一）入住酒店

境外出行前，一般需要通过旅行社或者旅游网提前订好合适的酒店。除此之外，还应知晓一些酒店住宿的注意事项，国外的住宿情况有很多与国内有一定的差异，必须提前了解和准备。

1. 预订酒店

预订酒店的流程见图 5-28。

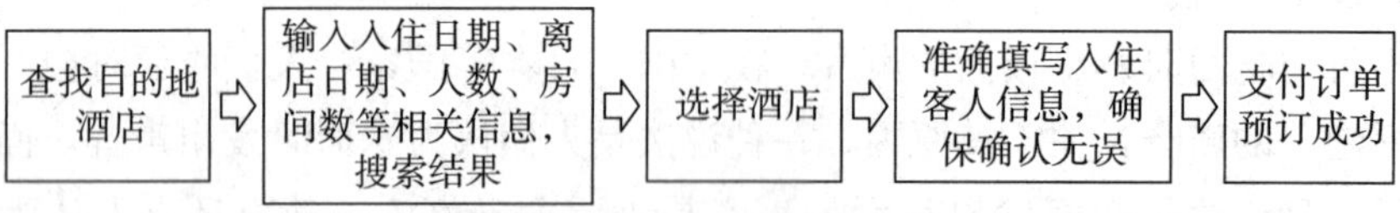

图 5-28　预订酒店

网上预订是现在最普遍使用的预定国外酒店的方式，既方便又快捷。网上预订酒店需要了解酒店预订的方式、种类和预订的渠道等，应结合自身情况做出合理的选择。

2. 入住须知

（1）和国内一样，进入国外的各大酒店后，也需在前台大厅等候分配房间。如果对当地的环境并不熟悉，建议不要擅自活动。入住酒店以后首先要问清楚自己所住酒店的名字、地址以及电话，以备不时之需。此外，还需要知道同行人的房间号，这样如果在住宿过程中有紧急情况，就可以及时和他们联系。

（2）进入房间后，最好先检查一下室内各个设施是否能够正常使用；如果有不能正常使用的设备，需要及时向酒店的工作人员反映。注意保护酒店内的设备设施，酒店的设备设施损坏赔偿费用一般比较昂贵。

（3）注意个人财务安全。妥善保管自己的财务，贵重物品也可交由前台放置保险箱内保管。离开房间时勿将个人钱财放于枕头下或者枕头内，会被房间服务员认为是您所支付的小费而拿走。

（4）大多数境外的酒店房间内不可以吸烟，个别酒店已全面禁烟。吸烟者需要在入住前问清在哪里可以吸烟；在非吸烟房吸烟所造成的损失将全部由吸烟人承担。

（5）国外的很多酒店都会提供早餐，不过最好问清楚早餐的供应时间、地点。

（6）和国内的酒店不同，大多数国外的酒店并没有提供热水的服务。如果习惯饮用热水，就需要自己来烧，建议可提前携带一个旅行专用的电热水壶。欧洲很多酒店内的冷水一般可以直接饮用（视具体情况选择饮用）。

（7）淋浴器是大多数酒店的浴室设备，这个和国内的酒店没有很大的不同。在洗澡时一定要将浴帘拉齐，它不仅有遮挡作用，还有隔水的作用。有的酒店浴室内还有一根绳子，切记勿随意乱拉，那是为防止心脏病人突然发病的报警装置。在欧洲国家，淋浴时请拉好浴帘并关好门，避免水浸湿室内地毯等，否则酒店可能要求赔偿。在日本的一些温泉酒店，泡温泉时不能穿游泳衣，应先淋浴再进入温泉池，在温泉池内搓澡被认为是极其不礼貌的行为。

（8）欧洲国家多使用的是双孔插头，其他西方国家的多孔插座也与国内不同，他们不会为游客提供转换插头，这些都需要自己准备。

（9）国外很多酒店内部的商品都需要另外付费，因此在酒店内使用各种商品时最好提前看好商品的价格及用途，以避免不必要的损失。比如西方很多酒店不提供拖鞋、毛巾、一次性牙具等，要自己提前备好。国外一些酒店冰箱内的饮料、酒水、零食等为自动计费，一经取出即无法放回原位，电脑自动计费。所以若无需要，请不要把饮料从冰箱固定位置取出。

（10）酒店提供免费和收费电视，观看电视前一定要看清楚并查阅费用说明再做决定，以免承担高昂的电视费用。同时，酒店客房内的电话拨打外线均需收费，尽量不要使用酒店内部的电话，建议在当地购买电话卡使用。

3. 注重礼仪

除了家人以外，西方国家的人是不习惯和成年同性共住一室的，他们认为只有同性恋者才会这么做。除此之外，在酒店内的公共场合穿着睡衣或者赤膊等都是不被允许的。在酒店里碰到有外国人主动和自己打招呼要礼貌回应。

4. 离开酒店

离开酒店前要提前了解一下退房的时间，依据国际惯例，酒店的入住时间一般都为下午 14：00 以后，退房时间为中午 12：00 以前，超时需要加收费用。退房时，只需要将房间钥匙交到服务台即可。如果在酒店使用了付费产品，还需将这些费用一并交到服务台结账。在退房之前一定要仔细检查，以免遗忘物品，尤其是各种贵重物品。

（二）小费

1. 小费的由来

小费（To Insure Prompt Service）是顾客感谢服务人员的一种报酬形式，它起源于 18 世纪英国伦敦，当时顾客将零钱放入酒店饭桌中间写着“保证迅速服务”的碗中，将会得到侍者优质而快速的服务。把上面几个英文单词的首字母组合起来就成了 TIPS，译为小费。小费的金额以总支出的 5%～25%为宜。中世纪末期，德国的酒店主通常都要向客人索取小费，时称（给侍者的）“饮酒钱”；中国古代也早已有给“赏钱”的习惯，赏赐对象有店小二、奴仆、书童、小厮、跟脚等。如今，小费的使用范围也已扩展到世界各地。

2. 支付方式及具体做法

小费的支付方式主要有三种，见图 5 - 29。

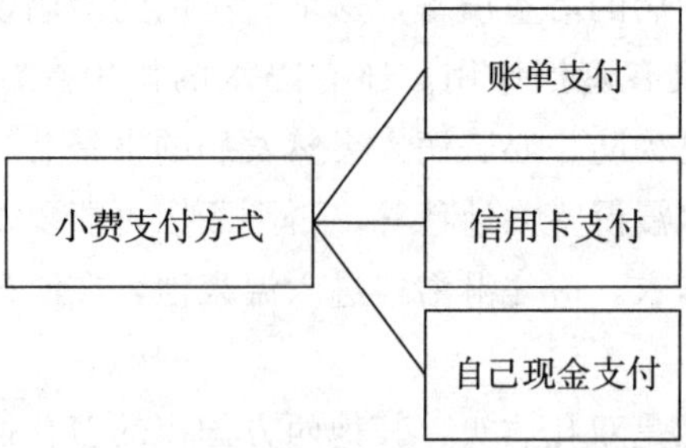

图 5 - 29　小费支付方式

在欧美国家，几乎所有的饭店都会收 10%～15%的“服务费”（即小费），账单支付的方式各地也不一样。有的让顾客自己在账单上填写服务费的百分比数目（一般为 10%～15%），然后侍者凭顾客在账单上的签字，从收款处取出钱作为服务费。目前，更多饭店、餐厅等采取直接在账单上列明加收 10%～15%的服务费，那就不必再另外填写小费，只要看清楚消费总额栏上的总金额，确认没有问题后，在账单上签名即可，这种账单支付也是代扣小费的表现。

信用卡支付小费在国外非常普遍，可以在签账单的小费栏“TIPS”写下金额，如果不想给小费，就在小费栏上填上“一”或“0”，然后将消费额与小费相加并填在总额栏上，再签上自己的名字便完成交易。

在国外，住宿的酒店规格越高，小费种类就越多。除了账单上的服务费外，还有其他的额外服务也要付小费。比如当司机、门童、行李员、餐厅侍者、客房服务员为自己提供服务后，要给予小费以示尊重。通常，这类不在账单上的小费需要用现金单独支付给服务提供者。具体做法见表 5 - 4。

表 5 - 4　需支付现金小费的情况

小费支付对象	需支付现金小费
接送司机	主要取决于他们为你拿了多少行李，根据行李的件数可适当增加小费数目，一般为 1～2 美元。
门童	如果他们只是对你微笑及为你开门，你完全不用给他们小费。但是，如果他们为你提供了其他服务，比如把你的行李从出租车拿到大厅前台，你就需要给他们 2～5 美元。
行李员	一般情况下，每件行李的小费为 1～5 美元。如果行李很重或者你需要行李员把行李送到楼上，那么就该给更多的小费；如果你叫对方操作电视、介绍房间的特色等，也应该付给小费。另外，帮忙叫计程车通常也会给 1～2 美元。

续前表

小费支付对象	需支付现金小费
房间服务员	如果你在房间叫餐的价格不含房间服务费，应给服务员餐费 15%的小费；如果已经包含房间服务费，则可不给或者根据自身习惯适当给予。如果你向酒店的房间服务人员询问到最近的咖啡馆的路线，完全不用给小费；但是如果让他们为你预订电影票或者晚餐，就需要给 5～10 美元的小费。而且，根据他们所订票的抢手程度、餐厅的规格等可相应多给一些。 房间服务员很容易被遗忘，因为大多数他们工作的时间客人都不在。有些酒店开始采取主动提醒的策略，比如美国酒店及住宿协会（AHLA）出版了一本小费指南，告诉客人必须在离开房间前在信封里放 1～5 美元的小费，如果是比较好的酒店，小费的费用就会更高。
餐厅侍者	餐厅侍者的服务费通常是顾客总消费的 12.5%。虽然现在越来越多的餐厅将服务费纳入餐点费用里，但那些不包含服务费的餐厅，小费的幅度大概为总消费额的 10%～15%，如果有特殊服务，则会到 20%左右。这个规则也适用于房间服务以及酒保。
酒店前台工作人员	一般情况下无须给他们小费，但是如果他们为你预订了一家高级餐厅的晚餐，你应该拿出 5～10 美元的小费来表示感谢。
酒店取车员	如果要求酒店取车员为你停车或者取车，那么你就需要给 2～5 美元的小费。

小贴士

1. 什么情况应该给小费

(1) 若服务人员的服务费已经包含在住宿费中，从下榻的第二夜起，还是应该给他小费。

(2) 如果有事委托服务人员办理，基本小费是 5 美元；如果对服务非常满意，可以相应地多付小费。

(3) 打包一般不需要小费，但一些特殊的打包服务，比如限制品和一些比较大的订单最好付 10%的小费。外卖特别是比萨和中餐，也要支付消费金额 10%～20%的小费。

(4) 到餐厅、酒吧和咖啡厅消费，应视其等级来调整小费的数量。一般来说，到高级餐厅应支付的小费是消费额的 10%～15%。乘坐计程车的小费一般是车费的 15%，但通常只付 1 美元即可，乘巴士的小费一般是车费的 10%～15%。

2. 什么时候不必给小费

(1) 如果对服务不满意，小费金额可以减半。惯例的做法是：在纸币的上面并排放两个一分钱的硬币，表示你是因为不满服务才故意给比较低的小费。如果服务人员冒犯了你，而你不想给任何小费，那么你仍然可以只放两个一分钱的硬币，告诉他你并不是忘记了给小费。

(2) 对故意献殷勤，以期望你多给小费的服务人员，只需开始时给他 1 美元小费，然后口头感谢即可。

(3) 如果旅行团的服务人员来索要为你搬运行李的小费，只需对他说“谢谢”，因为你的团费中已经包括了搬运行李的小费。

(4) 在餐厅等地的小费盘中看到大面额钞票时，千万不要因为爱面子而摆阔气，因为小费盘中的钱可能是故意给客人看的。

(5) 在亚洲不少国家，如日本、韩国等，小费是包含在其他费用中的。有时，即使是额外的小费也不会被接受。

3. 支付小费的意义和原则

在多数欧美国家，付小费是很普遍的行为，我们应当入乡随俗，这是有风度的表现。之所以国内大部分人对于付小费的行为不太理解，主要是由于我们没有付小费的习惯，而国内的账单里，小费的部分早就预先算进去了。

小贴士

付小费不仅是大多欧美国家一项重要的传统，还因为这些国家服务业人员的基本工资非常低，在很多地区甚至低于当地法定的最低工资水平。因此，他们需要靠小费填补最低工资差额，并且用来交税，小费成为他们的主要收入来源。可以说，小费就是服务人员收入中赖以生存的重要组成部分。

这里值得注意的是：

(1) 如果你想对服务生表达自己的特别感谢或期待得到更好的服务的愿望，可以多给小费，一次性给 10 美元甚至 20 美元小费会使人印象深刻。这样，服务人员对你的一些强人所难的要求也可能接受。

(2) 男女同行时，由男性出面付钱，即使是付小费也一样，这在某些国家是一种基本礼貌。

(3) 给服务人员的小费以纸钞为佳，不要把小面额硬币当小费处理掉。同样是 1 美元，如果拿一大把硬币给对方，则是表示“你的服务很差劲”，会伤害对方的自尊心。

(4) 给小费要遵循适度原则。给得过多，超过了一般标准或拿着钞票随便乱给，会被看成是故意炫耀；给得太少又会被看成是小气和吝啬，一些游客甚至由于给少了小费而得到低劣的服务。

(5) 给小费的时机也很重要。假如你在临别时才给，是不能补偿之前出现的种种不快的；反之，如果你刚一到达就给服务人员递去小费，以此表示自己的一点心意和对他工作的鼓励是比较合适的。此外，对进房间清扫卫生的服务人员，可用礼貌的眼色、手势或简明语言表示一下小费所放的位置，让对方领会其意为佳。

(6) 国外有很多场合付小费是私下进行的。一般将小费放在茶盘、酒杯底下；或在感谢招待服务人员时直接塞在其手里；或在付款时，只将找回的整款拿走，零钱就算作小费；或者多付钱，余钱不拿走。对代表官方的接待人员，因其不收小费，可酌情赠送小纪念品。

四、行

小案例

一组中国女孩在清莱白庙拍摄的汉服写真红遍了泰国。而当白庙主人察霖猜看到其中一张侧卧的照片时，他表示出非常地不满，称这样的动作、姿态并不适合在白庙里拍。察霖猜还称，虽然允许来庙中拍照，但是也要考虑合适性。

（一）寺庙——不可随意拍照的神圣之地

在东南亚国家的佛教寺庙游览时，尽量不要穿着暴露，不穿露脚趾的鞋或者拖鞋，更不可与佛相照相。在缅甸，人们笃信佛教，参拜寺院宝塔必须脱鞋赤脚进入，表示对佛祖的尊敬。

许多佛教的寺院中都禁止人们对佛像照相，不少佛教的石窟、佛龛等也都有同样的规定，对一些开过光的佛像尤其如此。这主要是出于文物保护与佛教感应两方面的考虑。

一方面，为了保护文物。照相机的闪光灯会对壁画和塑像上的油彩产生很大的损害，加快它们的脱落。一些拥有悠久历史的寺院或佛像洞窟都会使用冷光源，并禁止摄影和使用强烈的闪光灯。

另一方面，佛教讲究的是领悟，即信徒与佛像之间的感应。佛像被认为是神圣而有灵性的。对于信徒来说，照相机的闪光灯很可能会惊扰到佛像，使佛像不安，影响感应，进而影响修行。除此之外，不对佛像照相也是对佛像尊重的一种表现。身处寺院之中，应该好好地欣赏壁画或佛像的艺术价值，或者思考佛法，而非只顾着对佛像进行拍照。

（二）头部——切勿触摸的身体部位

(1) 在中国，我们和孩子拍照时常常用摸头以示亲密，但这在国外是不礼貌的。

(2) 在印尼，人们认为头部是人体最高的部分，也是人体中最神圣无比的部分，尤其是孩子的头，被视为神明停留之处。所以，在任何情况之下都不允许触摸。

(3) 印度也忌讳摸别人的头顶。即使大人对小孩抚爱，也严禁摸小孩头顶。他们认为这样是受到了轻视和失体面的表现。

(4) 泰国人也非常重视头部，认为头颅是神圣不可侵犯的。如果用手触摸泰国人的头，被认为是极大的侮辱。如果用手打了小孩的头，小孩被认为一定会生病。

（三）肖像权——值得注意的中西差异

西方人对自己的肖像权非常在乎，尤其是对孩子。在大部分西方国家，没有家长的允许，是不能轻易给孩子照相的。例如，当学校有任何表演时，无论是观众席中的孩子还是在舞台上表演的孩子，都有可能被摄像师收进镜头。每当这时，学校总会提前发出一张表格让家长填写。如果你不愿意让自己的孩子进入镜头，你可以大方提出要求。这种表格在大部分西方国家都很常见。

在西方，人们认为社会是一个契约社会，人与人之间的关系是一种契约关系。在拍照的过程中，拍照的人与被拍的人构成了一定的契约关系。因此，作为契约关系的一般形式，填写书面表是理所应当的。拍照的人在契约中可以享受自己拍照的权利，被拍照的人也有权提出自己的权利和拍照的人必须遵守的义务。因为在任何一种契约关系中，权利与义务都是对等的。

（四）使用右手——宗教文化的缩影

在印度和中东的一些国家，吃饭或接拿食物只能用右手，不能用左手，因为左手一般用来洗澡，上厕所，被认为是不洁净的，用它来接拿食物是对主人的不敬。

在印度，几乎人人都知道“修行”二字，印度吃素的人也比其他国家多许多。释迦牟尼曾说过：睡觉朝右侧属佛，平卧属阿修罗，朝左侧属魔。真正的修行人都明白，右面属于正面的佛的方向，左面属于否定的魔的方向，就是打坐中的境界也分左与右。印度人认为左手不洁就来自于他们的宗教文化。

（五）左侧通行——部分国家的交通习惯

在英国、爱尔兰、印度、巴基斯坦、印尼、泰国、澳大利亚、新西兰等国家，汽车和行人都是靠左走的。已发现的最早的古罗马时期的车辙印就是左侧通行。当时的骑士们骑马佩戴武器，所以骑马走左侧用并右手持武器显然是最佳选择，否则右手持短剑走在右侧就失去了意义。

到了十八世纪，法国出现了双马的邮政马车，分发邮件和货物不可避免地发生了逆行，后来发现双马车的驾驶员坐在左边靠右通行比较方便，所以邮政马车在当时是右侧通行，而贵族们还是沿用左侧通行。

法国大革命以后，大家认为左侧通行是贵族特权，于是法国废除了左侧通行的规定，并且通过战争征服的方式将右侧通行强加给了西班牙、荷兰、意大利、德意志，尤其是俄罗斯。而未被征服的，如英国、瑞典、葡萄牙等国家仍然继续沿用左侧通行的习惯。

小贴士

出入境禁止携带的物品：我国的相关法律法规明令禁止携带、邮寄肉类及其制品、水生动物产品、动物源性奶及其制品、燕窝（罐头装除外）、新鲜水果和蔬菜、植物种苗等动植物及动植物产品入境。同时，美国、加拿大、日本、韩国、澳大利亚、新西兰、欧洲等也普遍禁止携带和邮寄上述物品入境。对于违规携带的物品将予以没收销毁，携带数量大、情节严重的旅客，甚至面临刑事指控或被拘役的风险。

本章思考题

1. 古代和现代的方位观分别是什么？它们的起源分别是什么？

2. 双排六人座轿车上，主人驾驶轿车和专职司机驾驶轿时的尊卑次序有何不同？

3. 小李第一次乘船旅行，异常兴奋，他奋力挤到其他乘客前面准备登船。上船后，他找到自己所在的客舱，将随身物品随意地放在座位上，就开始和周围的乘客攀谈起来。恰巧遇到一个和他一样喜欢动漫的同龄人，俩人聊得十分愉快。快到午休时间，小李用完餐后暂时中止了话题，让其他乘客能安静休息。他走出舱外，想去其他客舱看看有什么不同。之后，小李又一个人到甲板上散步，被经过的船员看到告诉他："今天的风浪有些大，你要赶紧回到自己的客舱待着！"小李有些不解，心想：为什么不允许随意散步呢？

在上述情景中，小李乘船时哪些行为是正确的？哪些行为是不恰当的？请指出并说明理由。

4. ××公司的小王接到公司的出差任务，需要从A市乘坐飞机到B市出差。这是他第一次乘坐飞机，但是因为工作繁忙，他没有查询关于乘坐飞机的注意事项。在距离飞机起飞的1小时前才到达机场，匆匆忙忙地办理托运和领取登机牌，差点没赶上飞机。过安检时，他的充电宝因额定能量超过160Wh被安检没收。过完安检，小王距离登机只剩下20分钟了，机场广播通知小王尽快登机，小王心想：还没到登记时间，听说机场免税店很实惠，便去逛免税店。小王不顾机场广播的提醒，还是慢悠悠地逛完免税店才来到登机口。因为充电宝被没收了，手机电量剩余不多，他非常不爽，对于空乘人员的友善问好，也是黑着一张脸。到了飞机上，为了舒服，他把鞋子和袜子脱了，把脚挂在小桌板上睡觉，旁边的乘客对小王的行为嗤之以鼻……

小王在乘坐飞机时出现多少处礼仪错误？正确的乘飞机礼仪应该是怎么样的？

5. 普通公民办理因私护照的流程是什么？

6. 付小费有哪些注意事项？

第六章 文书礼仪

朝廷宪章，军旅誓诰，敷显仁义，发明功德，牧民建国，施用多途。

——《颜氏家训》

语言作为人类传递信息、交流情感和思想的工具，随着人类社会的发展不断发展。随着人类的交流不断深入，产生了语言的视觉符号系统，即文字。文字是书写文书的前提条件。文字最早的记录是通过实物记事和画图记事，但没有统一的文字符号。秦始皇统一六国后，规定“书同文”，统一使用小篆，文字的书写才得到了规范。记录的工具主要有甲骨、铜器、简牍等，东汉时期造纸术的改良，进一步便利了文字的记载。由于记载载体的限制，人们在记录的过程中往往会要求语言具有高度的概括性和规范性，即语言的书面化。随着国家的出现，统治者为了治理国家事务和统治百姓，必然要求一种能够代表其意志并具有权威性的辅助工具，文书便应运而生。文书的规范化是与社会的发展相适应的。

文字产生之后，国家行使其统治权力、社会组织行使其管理和支配权，都必须以文书为载体和重要依据。

第一节 文书的概述

“书”是用来记事的文体。圣人贤人的言辞在竹简、帛绸上记下来通通都叫“书”，所以“书”作为一种文体，主要是记录言语的。扬雄说："语言是从心里发出来的声音；书写是从心里发出来的文字；声音文字表现出来，君子和小人就看出来了。"所以说，"书"就是发布的意思。发布一个人的言语，并记录在简牍上，这是借取《夬》卦卦象的形式，重在明白决断，这说明文书的本质就是记录言语。

一、文书的定义和分类

（一）文书的定义

文书是人们在社会生活与活动中形成和使用的书面文字记录材料的总称，它既是信息记录的载体，又是我们沟通交流的工具。

1. 广义的文书

广义的文书，包括党政机关、人民团体、社会组织、个人家庭、企事业单位、私人活动中所应用的一切文字材料，包括私人文书和公务文书。

2. 狭义的文书

狭义的文书专指公务文书，简要地说，是机关、团体、企事业单位在公务活动中，由法定作者按照规范体式制发的一种具有法定效力的书面材料，简称公文。目前指的是《党政机关公文处理工作条例》规定的 15 种公文。

文书在日常生活和公务活动中的使用十分普遍，是一个整体概念。此外，文书也可作为一种职业或职务名称，专指从事文书工作的人。

（二）文书的分类

从形成和使用文书的主体来看，主要有两个方面：一是个人，二是社会组织。个人形成和使用的文书主要是私人文书，私人文书是个人或者家庭在其活动中形成和使用的文书，如书信、日期、自传、遗嘱、家谱、著作手稿、房契、地契等。社会组织形成和使用的文书按其作用可分为公务文书、事务文书、商务文书、礼仪文书和其他类型的文书。

公务文书主要是指《党政机关公文处理工作条例》规定的 15 个文种，即决议、决定、命令、公报、公告、通告、意见、通知、通报、报告、请示、批复、议案、函、纪要。

事务文书主要是指各企业单位内外联系而使用的文书，如条据、传真、规章制度、备忘录、简报、计划、总结等企业单位之间事务往来所产生的文书。

商务文书主要是指各企事业单位、个人、团体之间经济往来产生的文书，如订货单、商品说明书等。

礼仪文书主要是指为了礼仪目的或在礼仪场合使用的文书。如贺卡、请柬、名片、祝贺信、慰问信、感谢信、喜报、祝酒词、祝寿词、礼笺、对联等。

二、文书的产生及规范化发展

文书礼仪的概念是在现代社会才被提出的，但是，早在先秦时期，随着阶级社会的出现和社会经济的发展，以及语言的使用越来越规范，文书礼仪就已经出现，并随着社会生产水平的不断提高和人类交往的深入，文书礼仪也逐渐发展成熟。

（一）文书的产生

“书者，古之号令也”，文书最初的作用是统治阶级维护统治的工具。统治阶级在面对日益复杂的社会事务时，需要找到一种理想的能克服时空限制的工具，来管理和处理日常事务，以表达其意志，文书便是最好的工具。《尚书》是我国最早的一部有关文书记录的书，其中的“誓”篇可看作是我国较早文书规范的种类。

（二）文书的初步规范化

受生产力水平的限制，神在当时人们的心中是至高无上、无所不能的。文书的首要作用是与天神沟通。甲骨卜辞文书便是商朝人与神沟通的工具，是商朝特殊的政务文书，具有比较严格的书写格式。首先，甲骨卜辞有完整的内容结构。一块完整的甲骨卜辞由叙辞、命辞、占辞和验辞组成。叙辞是指占卜的时间和贞人；命辞是指此次占卜所问的内容；占辞是指天子看了卜兆后所下的判断；验辞是指若干天后所问内容的结果。其次，甲骨卜辞有严格的文例，即卜辞在甲骨上所刻写的位置、形式和行款走向等。龟甲卜辞文例是：沿中缝而刻辞者向外，在右右行，在左左行；沿首尾之两边者而刻辞者向内，在右左行，在左右行。如图 6 - 1 所示。

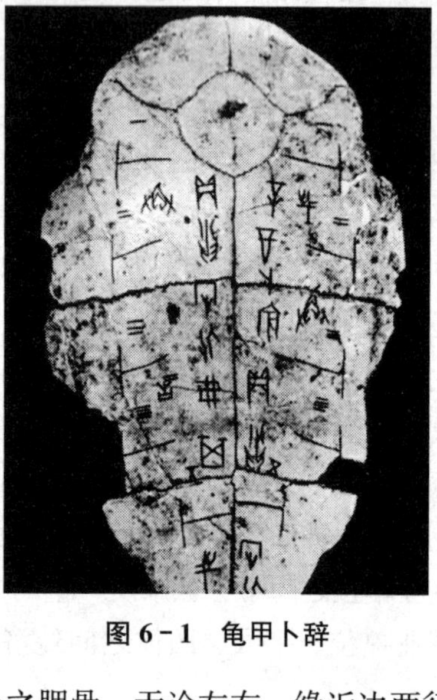

图 6 - 1　龟甲卜辞

兽骨卜辞文例是：凡完全之胛骨，无论左右，缘近边两行之刻辞，在左方，皆为下行而左，间有下行及左行者。在右方，皆为下行而右，亦间有下行及右行者。左胛骨中部如有刻辞，则下行而右，右胛骨中部如有刻辞，则下行而左，但亦有下行而右者。见图 6 - 2。

而用于处理一般的人事文书则是“誓”“诰”等王命文书，主要用于分封诸侯、授封官员和动员军队战斗。

图 6-2　兽骨卜辞

到了西周时期，统治者鉴于夏商的“亡朝教训”，日渐意识到人力的重要性，并建立了一套更为完备的政治制度，通过等级分封制度统治天下甲骨卜辞文书的地位有所下降。在周天子对诸侯及王官的任命、授封、训诫、赏赐等活动中，产生了大量的王命文书。西周的王命文书从拟制到下发，形成了一套固定的典礼仪式，并逐步完备，成为了西周礼制的重要组成部分。至此，文书礼仪形成。此期的王命文书主要有“命”“诰”和“誓”。

“命”主要用来授官赐爵，其内容结构一般是开头首先称呼受命者的名字，接下来追述功劳、任命官职、列举赏赐，最后是训诫勉励。颁发命书还要遵守一套隆重的礼仪制度，受文者要在特定的地点经过一套程序才能接命书，如我们经常在影视屏幕上看到的“接旨”。可见当时的文书使用已经初步规范化、制度化。“诰”主要用来训诫和勉励臣子，有时也和“命”合在一起使用，文首一般会称呼受书者的私名。“命”与“诰”在西周已经没有夏商严格，诸侯任命、赏赐和训勉臣属也可以使用。“誓”是征伐敌人的誓师宣言书，属于军事文书。其结构内容一般包括三部分，首先是鼓舞士气，其次是师出有名，列举敌人罪名，最后是严明军纪，提出作战的希望和要求。

除了以上三种重要的文书，西周还有许多其他的文书种类，如“盟”书、“祷”书等。相比夏商时期，西周时期的文书使用更为规范、严格。

（三）文书规范的发展及成熟

公元前 221 年，秦灭六国，建立了中国历史上第一个中央集权的封建君主专制国家，中国的文书在这一时期发生了重大的变化，是中国历史文书发展的一个转折时期，文书转向“尊君抑臣”。这一时期对文书使用规范有以下变化和发展。

1. 规定君臣专用的文书种类

秦始皇改“命”为“制”，改“令”为“诏”，将“制”和“诏”定为皇帝专用的文种。“制书，帝者制度也”，“制”是皇帝用于下达重大制度的命令；“诏”，是皇帝用于下达一般性的命令，属于下行文。太子和王后的命令则称为“令”。

改“书”为“奏”，“奏，进也”，“上书谓之奏”，“奏”即是秦代臣子用于上书言事的文书。“奏”有固定的格式和专用语言，开首为“某官臣某（自己的名字）昧死言”，收尾为“稽首以闻”。“议”也是臣下上皇帝的书，是臣子围绕某一事件或政策各抒己见或达成共识而上呈皇帝的文书，与今天的“意见”类似。“奏”和“议”都是下行文。

秦代对于官府往来的文书没有严格的等级制度规定，多数使用“书”“传”等文种。但从至今可考的资料可知，秦代官府之间的往来文书已经有了固定的结构形式和专用语言。与现代不同的是，其首先是署文日期，格式为年月朔日干支日；其次是发文者的官职及官员名字、表示行文关系的专用语、收文者的官职及官员名字，上行文则没有收文者；然后是正文内容，紧接着是结束语，再次用“/”隔开正文；最后是负责撰写文书的官吏签名，格式是“某笔”。其中表示行文关系的专用语是：上行文用“敢言之”；平行文用“敢告”；下行文用“告、谓、下”等。表示结束的专用语有：“敢言之”“如律令”等。

2. 规定君臣的印章

秦始皇为强化皇权，加强中央集权，规定皇帝专用的印章为“玺”，用玉所制，群臣不得使用玉章。秦代皇帝印玺有“六玺”之分。“皇帝行印”用于一般的诏令文书；“皇帝之玺”用于赏赐诸侯王的文书；“皇帝信玺”用于挥师起兵的文书；“天子行玺”用于征招大臣的文书；“天子之玺”用于封赐外国的文书；“天子信玺”用于祭祀的文书；“传国玉玺”用于传位下一代君主的文书。秦对文书的印章使用更为严格规范。

3. 确立文书抬头和避讳制度

文书抬头是指在文书行文时，如果遇到“皇帝”或与皇帝相关的，或其他受世人尊敬的字眼时，换行写，并独占一行，或者是空格书写。其中换行书写称为平抬，空格书写称为空抬。秦汉以后，文书抬头制度越来越严格，抬头字眼和样式也越来越繁复。

文书避讳是指在行文当中如遇到君主、长者和尊者的名字不能直接写出来而用改字、空字或缺笔等方法来规避。

文书抬头和避讳制度都始于秦始皇时期，开始并不严格，从汉以后，这两种制度随着中央集权制度的不断强化而愈益严厉，在一定程度上规范了文书的发展。

唐宋时期，社会经济高度发达，政治开明，文学繁荣，文书也发生了很大的变化，这一时期也是文书发展的另一个转折期，文书种类增多，多达十五种文体，对文书使用的规范约束也日益重要。随着造纸技术的提升，唐宋时期对文书的用纸也有明显的规定。如唐代黄纸一律为皇室专用，征召的敕书用白麻纸，而宋代对用纸制度的要求更为细致，文武官员的用纸就有绫纸五种十二等。关于文书的拟制和誊写制度也有明文规定，限制了该写什么，不该写什么，如何开头，如何结尾等。行文原则要求遵循一文一事制度；纠错要贴黄纸，然后改写，即“贴黄制度”。对文书的体式也有很严格的要求，根据尊卑、亲疏、长幼不同，文中的用语也要有区分，如上书皇帝，要用非常谦逊的语气，表现自己卑微的身份。关于文书的处理，从起草、拟制、签发、封装、编号、发文登记到收文登记、催办等，唐宋已经有一套完整的处理程序。

在君主专制和中央集权制的封建社会，统治者主要是通过文书使用的礼节来表示敬肃，来区分尊贵地位的差别与顺序。

辛亥革命结束了封建专制统治，废除了封建文书制度，颁布了新的公文程式。这一新的公文程式，使得中国从先秦到清等级森严的文书礼仪向民主平等发展。按照民主平等的原则，统一签署制度，要求总统所发的文书，也要签名。这一举措表明在民国时期文书的规范不仅能约束官员及平民百姓，对最高权位者也同样有效。不仅如此，此时的文书划分为私人文书和公务文书，文书约束范围变广。至此，文书的规范化发展成熟，在全社会形成一种文书上的礼节规范。

新中国成立后，为统一党政机关公文处理工作，我国先后六次颁布调整公文处理办法。最近的是 2012 年 4 月，中共中央办公厅、国务院办公厅联合印发了《党政机关公文处理工作条例》，使公文使用更为规范。

从文书使用的发展历程可以看出，文书使用规范的发展和变化是与社会发展和变化相适应的。人类社会的发展需要文书作为交流工具，而文书的规范使用会更好地促进沟通交流，塑造良好的形象。

三、文书的特点

文书是人类社会实践活动的产物，随着社会的不断发展，形成了以下一些特点。

（一）规范性

文书的规范性是在长时间的社会实践中总结而来的。严格意义上来说，文书的书写并没有明文的格式规定，人们对于这种格式的遵守来自于约定俗成。首先是体式的摸索，其次是习惯的养成，最后是规范化的定局。如在写信的时候要先有问候语，后有祝愿语。社交性质的名片，一般先写单位名称及职称，再写姓名，然后写地址、联系方式等。有为人熟知的写作格式为基本框架，文书的写作就不能随心所欲，但这并不意味着墨守成规，拘泥于既有的格式。一份出色的文书既需要执笔者对各种规范程式了如指掌，又要紧跟时代脉搏，合时宜地举一反三。

（二）针对性

目的的实用性必然要求内容为其服务。文书写作之前，必须明确收文对象，俗话说“知己知彼，百战百胜”，准确把握对方的详细信息，比如身份、兴趣爱好等，不仅能扬其长，做到投其所好，拉近关系，还能避其短，发挥文书的沟通作用，这一点在公务文书中尤为重要。

（三）时效性

每种事物都有其产生发展的时间、场所、条件等，文书也是社会各种场合的衍生物。例如，在重大庆典之时，通过写请柬、邀请信对外发出诚挚的邀请，双方得到增进感情的机会；在宾客来临之际，为了表示热情就有了讲话稿、欢迎辞的诞生。礼尚往来，宾客以贺词表达谢意和对主人喜事的祝贺。一切文书的写作行为，都有相应的社会实际应用的需要。然而这种需要，是有时间限制的，如请柬、邀请信必须在庆典召开之前发出，讲话稿、欢迎辞必须在宾客来临之后。所以，满足需要的文书，也就具有了期限性。

四、文书的作用及意义

文书作为我们语言的外在表示，起着沟通交流，传递信息的作用，一份好的文书，往往能给我们带来意想不到的效果。

（一）沟通协调

沟通协调是文书写作的重要目的和作用。人们要运用交际、协调手段，建立广泛的社会联系。个人之间，机关、企事业单位及社会团体之间时常发生各种交往，需要使用书面形式进行沟通、联络。例如，上级下达指示就要用通知，下级向上级汇报工作、反映情况、回复上级机关询问时要用报告，下级机关向上级机关请求指示、批准则要用请示；迎来送往、欢送告别、喜庆场合要用欢迎辞、答谢辞等。因此，文书是礼仪活动和社会交往中传播信息、交流感情、相互联络的重要传播媒介。

（二）经济效益

机关、企事业单位及社会团体之间经常需要发公文，尤其是企业之间。现如今，全球化加速，企业之间的交流合作都需要文书。一份好的文书可以提升企业形象，代表着一个企业的人文素养，为企业赢来与其他公司合作的机会，带来经济效益。如签订合同时，合同里不能有漏洞，好的合同既能提升公司形象又能保护公司利益。

（三）形象效益

单位或个人要在公众心目中树立良好的形象，扩大知名度、提高美誉度，就必须大力开展与此相关的一系列活动。文书写作正是开展活动的重要形式或手段之一。规范地使用公文文种能展现机关、企事业单位及社会团体的良好形象。错误地使用公文文种不仅使公民感到迷惑，造成文种使用的混乱，更有损形象。因此，正确使用文书能创造良好的形象效益。

（四）信息传播

信息是文书写作的基础，传播是上情下达、下情上达、共享信息的桥梁。而文书正是承担这种“桥梁”作用的重要形式。党政机关等通过上行文、下行文、平行文来实现信息交流；主人可以通过请柬、邀请函对外发出邀请，通过讲话稿、欢迎词可以向宾客表示欢迎。因此，文书有实现信息传播的作用。

第二节　文书写作的基本步骤及规范

俗话说：“茶有茶道，吃有吃道”，文书写作也有门道，了解文书写作的基本步骤和规范，有助于我们提高写作的速度和质量。

一、文书写作的基本步骤

文书写作的基本步骤大致可以分为三步：第一步是酝酿阶段，第二步是草拟阶段，最后一步是修改定稿。

（一）文书写作的酝酿阶段

“凡事预则立，不预则废”，文书在写作之前要有一个完整的、可靠的规划和准备。文书写作之前准备是否充分，直接影响着文书写作进度的快慢和质量的高低。因此，在文书写作之前要明确文书的立意，即为什么而写；把握选材，确定写什么；谋篇布局，明白怎么书写。

1. 文书写作的立意

文书写作前立意，即行文写作前要明确主题。主题在文书中起主导、统率作用，就像一根线，将文中的零零散散的材料、结构的安排、丰富生动的语言用词串接起来，形成一篇完整的、合格的文书。文书写作的立意主要有以下要求：

（1）主题的单一性。

简单地说，就是坚持一文一事原则，一篇文章，有且只有一个主题，但这不意味着人们必须严格而机械地遵守此原则，而应该灵活把握，得体运用。

（2）目的的突出性。

文书是应实际问题的解决需要而生的，具有极强的针对性，这就要求用简练的语言将全文目的明确化，不产生歧义或理解的偏差，达到解决问题的目的。

（3）态度的明确性。

文书写作的所表现出来的观点、态度必须明确，不管是亮出想法，还是提出措施，都要简洁明了，让读者能一目了然，切不可像文学作品那样，含蓄委婉、间接抒意，导致文意模棱两可，让人摸不着头脑。

（4）立意的创新性。

现代文书的写作也越来越重视标新立异，在较好地把握文书规范的基础上，适当地讲究文章主题的新颖是值得鼓励和赞赏的。

2. 文书写作的选材

“巧妇难为无米之炊”，有无丰富的写作材料和参考资料，对于文书写作的成败，起着十分重要的作用。搜集材料既要全又要能突出文书的中心主题，文书写作的选材具有以下特点：

（1）全面性。全方位地掌握了解资料后，思想观点就会更加客观，方法步骤就会切实可行，写作起来便游刃有余，写出的文书也就丰满充实。文书写作选材要点面结合，有正有反，新旧交替，反映上下。

（2）真实性。文书写作在选材上要遵守真实原则，没有相对真实的内容，剩下的就只有空洞的格式，失去了文书存在的意义。有相对真实，就会有绝对真实，绝对真实是指文书写作过程中，对内容不进行适当地删减，完全地裸露。例如，写企业间的商业机密、个人的隐私问题等不利于发挥文书沟通交流作用的内容。所以写作人员，应灵活地掌控真实度。

（3）针对性。在确定文书写作目的之后，人们往往会搜集与之相关的各类资料，例如，为领导草拟发言稿，就得掌握领导的性格、身份地位、文化程度、平时的语言习惯等，围绕领导做全方位地了解，才能抓住领导的主要特点，写出一份令领导满意的演讲稿。而更专业的人员通常会将这种行为习惯化，或者称为职业化，平常就会注意积攒这类隐形材料，养兵千日，用在一时。但这并不意味着领导就是我们的实验品，可以被我们任意地解剖、捕捉他们的一点一滴，从生活环境到工作环境，从公事到私事，这反而失去了文书写作的针对性，我们要做的是锁住重点，剥茧抽丝。

（4）时代性。现代社会节奏的加快不仅体现在人与人之间的竞争、行业之间的竞争和国家之间的竞争，还体现在观念的更新、各类政策的改变。只有与时代接轨，紧跟时代脉搏，才能保正不被时代淘汰。在文书写作的选材过程中，需要严格审核时效适用度。例如，写一份企业的商业计划书，就需要考察文书中所涉及的相关企业，国家经济、政治、法律政策是否已经更改，国家是否出台新的有助于本企业发展的政策，本企业是否与其他企业保持良好的合作关系等。我们无法预知这个社会的更新换代，但是我们可以多方面、多渠道地跟上步伐，不断更新知识库，让文书的选材更具时代气息。

3. 文书写作的谋篇布局

文书写作的谋篇布局就像房子的设计图，决定了文书的整体结构和外形。谋篇布局，就是围绕文书写作主题，把有关的内容组织成篇的过程，即确定要怎么写。文书写作的谋篇布局主要有以下三个方面的内容：

（1）确定文书写作的格式。要根据文书写作的主旨和目的，确定文书的发文对象，选择适当的文种，如平级或不相隶属机关的发文要选择“函”这一文种。

（2）确定文书写作的结构。即要为文书写作搭建框架、撰写提纲。写作提纲至少要解决如下问题：一是要进一步确定中心论点和写作思路；二是要确定总体结构、段落层次，解决好先写什么、后写什么的问题；三是要选择主要材料和骨干事例，根据文章的总体结构进行合理安排；四是要初步拟出文章的大小标题；五是要基本确定文章的开头、结尾和论证方式，即如何开篇，如何收尾，如何转承启合、衔接过渡等。

（3）确定文书写作的重点。写作前要根据文章的主旨目的，确定哪一部分应详写，哪一部分应略写，突出写作的重点。

（二）文书写作的草拟阶段

在准备充分后，初稿写作要一气呵成。但是，除私人文书外，其他文书的写作在草拟初稿时切忌离题。特别是公务文书中，起草者忌加入自己的主观意图和思想。文书是“代言”而不是“自言”，是代表组织发号施令、指导工作、沟通交流、传递信息的工具。

（三）文书写作的修改定稿

文书的修改，要遵循整体到局部的原则。首先是审外观，看是否有行文的必要，文种使用正确与否，结构是否完整，格式是否准确；然后是审内部，内部审核既要站在行文者的角度看待问题，又要从受文者的角度看待问题，双向考虑。

1. 站在行文者的角度检验文书写作的准确性

先检查公文的主旨、材料是否明确，然后从字、词、句、段逐一进行检查修改。

（1）主旨的明确性。首先检查主旨是否正确，是否符合党和国家的有关法规、方针政策等；然后再看主旨是否表达清楚，大小标题是否概括准确，是否直接、简洁、鲜明地反映主旨，内容表述是否集中、紧扣主旨等。

（2）选材的典型性。根据写作目的和主旨的需要，对初稿选用的材料要认真核实；对虚假材料要坚决舍弃；对空乏的材料要适当补充。

（3）语言的规范性。初稿形成后，要逐字逐句推敲语言，删繁就简；要考虑不同文种的语体特色；另外，还要检查标点符号使用是否恰当，有无错别字等。

2. 站在受文者的角度检查文书的可行性

从受文者的角度出发时，要对公文内容的正确性、可行性和指导性进行检查。检查政策界限是否明确；措施办法是否可行；提出措施、方法的理由是否充分，它与客观条件是否符合，在行文范围内是否有普遍指导意义；检查文件的内容与中央、上级发布的方针、政策、规定等是否保持一致，与同级平行机关的有关规定、办法有无抵触，与过去本单位制定的有关政策规定是否有矛盾。如有不一致的地方，要根据情况进行修改或适当处理。另外，还要查看文稿本身的标题和内容、观点和材料之间有无自相矛盾、互相抵触的地方。

二、文书写作的结构规范

（一）标题

标题是文章的眼睛，应用文的标题往往涉及文章主旨，应当简洁、直接、准确地揭示出行文的目的。

1. 标题的分类

公务文书标题由“发文机关＋关于＋事由＋文种”构成，如《××学校关于开展植树活动的通知》。

事务性文书标题没有公务性文书的标题要求严格，可省去发文机关，仅由“关于＋事由＋文种”构成，如《关于宏远公司 2017 年度主要工作计划》，或仅由纯文种构成，如《合同》等。

2. 标题的要求

在标题的选取中，要遵循两个要求：一是简洁明了，标题必须要直接揭示文章的主旨，使人一目了然；二是遵循规范，标题中必须有文种的出现，形式通常为公文式标题或公文式标题的变体。

（二）开端

一般的文书开端可以使用以下方式。

1. 概述式

概括有关材料或背景，常以“鉴于”“最近”“近来”用于报告、总结、调查报告、会议纪要中。例如："近来我局在构建中国新经济平台大讨论活动中，学习和贯彻落实会议精神，保证日常工作运转前提下，积极组织全体工作人员学习、讨论……"

2. 目的式

阐述发文的意义和宗旨，常以"为了""根据"用于决定、通告、通知、计划中。例如："为切实加强安全生产工作，尽快实现我县安全生产形式的根本好转，根据《×××省人民政府关于切实加强安全生产工作的决定》……"

3. 开门见山式

开门见山直入主题，常用于意向书中。例如："经双方讨论，拟合作举办一期编辑、校对技术短期培训班。"

4. 引述来文式

引述来文的标题与发文字号。常用于函、批复、回复性公文中。例如："你会《关于申请成立××市劳动力市场工会分市场的函》(×工函〔2005〕81号）已收悉。"

5. 无开头式

常用于公告、命令、通告中。例如："第×届××市人民代表大会第×次会议，于××××年××月××日选出……"

（三）主体

主体是文书礼仪的核心部分，行文的意图、目的、主旨都集中在这一部分，文章的主体可以是一段式，也可以是多段式，在主体中要清晰地表明自己的意图及想向对方传达的信息，不同的文种有不同的主体形式。

（四）结尾

结尾要有落款，通常由发文单位名称、印章、日期三部分组成。

三、盖章的使用

（一）印章的分类

公章一般理解为：政府机构、社团、企事业单位等使用的章。

1. 圆形公章

政府机构必须使用圆形公章。圆形公章的直径大小与级别对应，级别越高直径越大，级别低的，不允许使用直径大的公章。

企事业单位也可使用圆形公章，公章直径与单位的级别挂钩。

2. 其他形状的公章

除政府机构外，其他单位不限制使用公章的形状和油墨的颜色，由单位自行决定。

国内的发票章、合同章、个体工商户的章等多为椭圆形章；机构内部检验章、分类章等多为菱形章；银行用章很广泛，业务公章和受理章是圆形章，业务章有三角形章和方形章。国际上，多数国家或地区习惯用椭圆形公章，蓝色油墨。但一般情况下，外国使用印章比较少，多以个人签名当做印章，个人签名具有法律效应，签字人对其行为负责。

（二）公文加盖印章的三种规范

1. 单一发文印章

单一机关制发的公文在落款处不署发文机关的名称，只标识成文时间。成文时间右空4字；加盖印章应上距正文2mm～4mm，端正、居中下压成文时间，印章用红色。

当印章下弧无文字时，采用下套方式，即仅以下弧压在成文时间上。

当印章下弧有文字时，采用中套方式，即印章中心线压在成文时间上。

2. 联合行文印章

当联合行文需加盖两个印章时，应将成文时间拉开，左右各空7字；主办机关印章在前；两个印章均压成文时间，印章用红色。只能采用同种加盖印章方式，以保证印章排列整齐。两印章间互不相交或相切，相距不超过3mm。

当联合行文需加盖3个以上印章时，为防止出现空白印章，应将各发文机关名称（可用简称）排在发文时间和正文之间。主办机关印章在前，每排最多3个印章，两端不得超过版心；最后一排余一个或两个印章，均居中排布；印章之间互不相交或相切；在最后一排印章之下右空2字标识成文时间。

3. 特殊情况说明

当公文排版后所剩空白处不能容下印章位置时，应采取调整行距、字距的措施加以解决，务使印章与正文同处一面，不得采取标识“此页无正文”的方法解决。

（三）使用印章的规范

1. 从文种方面

（1）加盖印章。加盖机关印章既是公文生效的标志，也是鉴定公文真伪的重要依据。公文除“会议纪要”和以电报形式发出的以外，应当加盖印章。

（2）不加印章。以下四类可不加印章。

1）属公文特定格式的“会议纪要”，不加盖机关印章。

2）命令（令）、议案须由领导人签署（或加盖领导人签名章），不加盖机关印章。

3）法定会议通过的决议类公文，不加盖机关印章。

4）联合上报的公文，协办机关可以不盖章。

2. 从格式方面

（1）加盖印章。成文日期右空4字，编排时加盖印章。

（2）不加印章。单一机关行文时，在正文（或附件说明）下空一行，右空2字编排，发文机关署名。在发文机关署名下一行编排成文日期，首字比发文机关署名右移2字。若成文日期长于发文机关署名，应该使成文日期右空编排，并相应增加发文机关署名右空字数。

联合机关行文时，应先编排主办机关署名，其余发文机关署名依次向下排（以最长的名称为中心）。

（3）印章的启用。为安全起见，取公章应该实行双人同行制。取回公章后，立即交办办公室负责人拆封检查，指定专人保管。启用新刻制的公章时，要将印模和启用日期报告给上级主管部门，并向有关单位发“启用印章通知文”，以便告知。

（四）电子印章

电子印章是按照传统印章的形式、大小，通过软件技术、图像处理技术、数字加密技术等高新技术手段，把纸质印章进行数字化处理。

1. 电子印章的产生和发展

电子印章在《中华人民共和国电子签名法》颁布与实施之前就已经出现了，20 世纪 90 年代中后期随着信息化办公模式的出现和成熟，电子文书相应产生，并逐渐得到广泛应用。中国于 2005 年 4 月 1 日正式实施《中华人民共和国电子签名法》，使得电子印章技术及其产品的研究与应用有了较快的发展。

2. 电子印章的用途

电子印章主要用于对文件、表格、图像、合同等电子文档进行盖章，和使用纸质印章一样。其广泛运用于网上银行、证券、保险、电子商务，以及 B2B、B2C 安全管理业务和电子政务等各种领域的盖章。

3. 电子印章的优点

（1）便捷性。电子印章基于计算机及网络技术，可以方便快捷、远程异地传输签章文件，极大地提高了工作效率。

（2）安全性。运用先进的数字签名技术，不可篡改签章文件内容、不可仿制印章印文，安全性高，使签章文件具有唯一性，最大限度地杜绝了伪造文件等违法行为。

（3）可靠性。计算机对电子印章的信息进行数据存储、处理、检索，实现对签章过程的全程监管，具有不可抵赖性。

4. 电子印章的特点

（1）电子印章运用数字签名技术防伪，难以假冒，安全性更高；

（2）实物和电子印章是一一对应的关系；

（3）电子印章是唯一的、不可复制的，它的应用和使用可以核实；

（4）电子印章应用广泛，具有兼容性；

（5）电子印章是传统印章延伸到电子网络上的合法工具，具有法律效应。

第三节　常见文书的写作规范

一、感谢信

（一）适用范围

感谢信是组织或个人为感谢另一个组织或个人给予的关心、帮助和支持而专用的信函。一般而言，收到礼品、受邀出席宴会、得到帮助和关照都要写专门的感谢信。一封恰如其分的感谢信，往往能表现出一个人的修养。

感谢信按感谢的对象可分为：给个人的感谢信，给集体的感谢信；按其存在形式可分为：公开张贴性的感谢信，私下寄往单位或个人的感谢信。

（二）使用规范

感谢信的格式包括标题、称谓、正文、结尾和落款五部分。

标题有三种写法：直接由文种构成，如《感谢信》；或由“事由＋文种”构成，如《给××部队的感谢信》；或是公文式标题，公文式标题适用于比较正式的场合，如《××致××人民政府的感谢信》。

如果写给个人的感谢信，称谓后应加“先生”“同志”或“女士”，后加冒号。如，“××先生：”。

正文开篇简要叙述情况，表明感谢缘由，然后既要高度地又要适度地评价和颂扬对方的良好行为及品质，最后表达深深的谢意。

案例

致××××部队的感谢信

××××部队：

×月，我县遭遇了特大洪涝灾害，许多地区被淹，人民生命和财产受到严重威胁。贵部队的全体战士本着“为人民服务”的宗旨，坚持艰苦奋斗、迎难而上、克服困难，连夜奔赴我县抗洪救险。经过十几个日夜的奋斗，终于成功地抵制了洪涝的威胁，使我县免于遭受更大的损失。为此特向贵部队表示深深的谢意。

我县决心向你们学习积极进取、艰苦奋斗的精神，重建家园，恢复生产，构建美好生活。

××县人民政府

20××年×月×日

【评析】格式符合一般书信格式的要求。正文开头交代清楚时间、事件、人物、地点、原因和结果，赞颂对方难能可贵的精神，并简明扼要地说明对方的帮助对“我”产生的客观影响，最后在表达感激之情后表明向对方学习高贵品质。

二、慰问信

（一）适用范围

慰问信是以组织或个人的名义向有关集体或个人表示慰藉、问候，以表达组织或个人对有关集体或个人的关怀而专用的信函。慰问信是一种精神关怀的方式，给予人们信心和力量。

慰问信可以分为给意外损失者的慰问信，如《××政府致××灾区的慰问信》；或给为组织做出巨大贡献者的慰问信，如《××致××边防部队的慰问信》；或是对有关人员的节日慰问，如《中秋节慰问信》。我们要根据受文对象，书写恰当的慰问内容。

（二）使用规范

慰问信与感谢信的格式要求相似，通常由标题、称谓、正文、结尾、落款五部分构成。

慰问信的正文又由开头、主体和尾部构成。

开头主要介绍发文目的，交代发文者代表何人何组织向何集体或个人表达慰问。常用的开头如“值此 2016 新年到来之际，谨代表全省人民向你们致以节日的问候和诚挚的慰问！”

主体主要是叙述慰问的缘由，不同的慰问对象有不同的慰问缘由。慰问受难者时，简述对方所遭受的困难，表达对对方的安慰及同情；慰问做出巨大贡献者时，简述对方的先进事迹，赞颂对方高尚的精神；慰问节日时，简述对方的辛勤劳作，表达节日祝贺。

案例

习近平主席向全国广大教师的慰问信

全国广大教师们：

第二十九个教师节到来之际，我正在遥远的乌兹别克斯坦进行国事访问。首先，我代表党中央、国务院，向全国 1 400 万教师，致以诚挚的问候和崇高的敬意！祝大家节日快乐！

长期以来，我国广大教师认真贯彻党的教育方针，默默耕耘、无私奉献，用爱心、知识、智慧点亮学生心灵，培养了一批又一批优秀人才，为我国教育事业发展、为国家发展和民族振兴作出了突出贡献。

百年大计，教育为本。教师是立教之本、兴教之源，承担着让每个孩子健康成长、办好人民满意教育的重任。希望全国广大教师牢固树立中国特色社会主义理想信念，带头实践社会主义核心价值观，自觉增强立德树人、教书育人的荣誉感和责任感，学为人师，行为世范，做学生健康成长的指导者和引路人；牢固树立终身学习理念，加强学习，拓宽视野，更新知识，不断提高业务能力和教育教学质量，努力成为业务精湛、学生喜爱的高素质教师；牢固树立改革创新意识，踊跃投身教育创新实践，为发展具有中国特色、世界水平的现代教育作出贡献。

各级党委和政府要把加强教师队伍建设作为教育事业发展最重要的基础工作来抓，提升教师素质，改善教师待遇，关心教师健康，维护教师权益，充分信任、紧紧依靠广大教师，支持优秀人才长期从教、终身从教。

全社会要大力弘扬尊师重教的良好风尚，使教师成为最受社会尊重的职业。

祝全国广大教师身体健康、工作顺利、生活幸福！

习近平
2013 年 9 月 9 日

【评析】开篇点明慰问的背景和原因，然后叙述中国教师的实际情况，肯定教师的辛勤付出，接着结合中国教育实际形势和教育任务，对老师及党政机关部门、社会团体提出殷切的希望，表示对教师工作的扶持，最后表达祝愿。感情真挚，语言亲近自然，从实际出发，给予教师鼓励。

三、邀请函

（一）适用范围

邀请函是用于平行机关、不相隶属机关之间或个人之间以集体或个人名义邀请对方参加某项活动的一种专用的信函。

（二）使用规范

由标题、称谓、正文、敬语和落款五部分组成。

（1）标题。一般情况下，只写文种“邀请函”即可，特殊需要可以加“事由”，如《关于参加招聘会的邀请函》。

（2）称谓。即对受邀对象的称呼，可加“尊敬的”等形容词，表明对方的完整姓名、职位等头衔，顶格写，后加冒号。

（3）正文。即邀请函的主体部分，开头（称谓的下一行，空两格）对受邀方简单寒暄，然后阐述所举办活动的缘由、目的，交代活动时间、地点，并诚挚地邀请对方。这部分虽然内容较多，但应做到简洁明了，避免冗长、模糊。

（4）敬语。即末尾写“敬请参加”“请届时出席”等惯用敬语。

（5）落款。邀请方即活动主办方署名、署发函日期，为以示庄重，邀请方还应加盖公章。

案例

邀请函

尊敬的李明先生：

为了总结宏远公司上半年工作发展经验，做出下半年运行计划，我公司决定于2015年7月15日在本公司会议厅举办工作研讨会。

请届时出席。

宏远公司

2015年7月5日

【评析】正确地使用了文种，以集体名义邀请个人参加研讨会应用邀请函，标题书写正确；称谓前加尊称，并在完整名字后面加上先生后缀；正文省略了寒暄，表明所举办活动的缘由、目的，并交代活动时间、地点，简洁明了，信息交代完整；结尾敬语使用恰当，正确落款，行文流畅。

四、欢迎（送）辞

（一）适用范围

欢迎（送）辞是指在迎接或送别宾客仪式上所用的一种讲话稿，主要用于国内外单位、党政机关、部队和企事业单位等的往来交际活动中。欢迎（送）辞是表达主人情意和情感的，增进友谊，加强沟通交流的一种方式。

（二）使用规范

欢迎（送）辞是由标题、称谓、正文、结尾和落款五部分组成。

1. 标题

欢迎（送）辞的标题有四种写法：

一是直接用文种“欢迎（送）辞”，如《欢迎辞》；二是在文种前加上活动内容，如《在×××座谈会上的欢迎辞》；三是在前面加上致辞人的姓名和职务，如《××主任在××学术谈论会上的欢迎辞》；四是双标题形式的，如《看别样的风景——××校长在20××级本科生毕业典礼上的讲话》。

2. 称谓

称谓视受欢迎（送）的对象而定，不同的对象有不同的称谓。如对新生的欢迎用“亲爱的同学们”；而在企业庆典的欢迎中用“尊敬的市政府领导、各方合作伙伴代表”。

3. 正文

欢迎（送）辞的正文由开篇、主体和尾部三部分构成。

（1）开篇。欢迎辞的开篇通常要说明现场举行的是什么仪式，发言人代表何人向哪些来宾表示真挚的欢迎。

欢送辞要写明致辞人代表谁向谁表示欢送、感谢和惜别之情。如，对同事的欢送。

（2）主体。欢迎辞的主体一般要叙述宾主双方在相同的领域所持相同的观点、立场、目标、原则等内容，具体介绍来宾在某领域突出的贡献和成就，并指出来宾此次的来访对加强宾主间的合作交流的现实意义。

欢送辞在主体部分要概括回顾与受欢送者共同的经历和活动内容，回顾欢聚的美好时光，表示对彼此友谊的珍视。然后重点是积极肯定其作出的重要贡献和取得的成就，并表示希望继续加强双方的友好往来、持续合作的愿望。

（3）尾部。欢迎辞正文的最后一般表达自己对今后合作美好前景的祝愿。

欢送辞既要对受欢送者即将离去表示热烈的欢送，又要真诚地表达对受欢送者的惜别之情，并祝愿其一路平安顺利和表达对其未来的美好祝愿。

4. 结尾

欢迎（送）辞一般是在欢迎（送）宴会上的一种讲话稿，所以结尾往往会提议祝酒，如“我提议：为今天的真情团聚，为我们的友谊长存，干杯！”

如果是在某种庆典活动上的讲话，类似于大型会议的开（闭）幕辞，一般是表达美好祝愿，如“最后，让我再一次对大家的到来表示感谢，希望大家乘兴而来，满意而去。谢谢大家!”也可以仅用“谢谢”二字表示结尾。

5. 落款

落款处要署上致辞人的单位名称、身份、姓名，并署上成文时间。落款可以写在标题下一行，也可以在正文结束后。

案例

欢迎辞

尊敬的各位领导、各位贵宾、媒体记者、女士们、先生们、朋友们：

大家好！首先，我谨代表本次论坛的主办方新疆中基实业股份有限公司，对首届丝路经济带国企改革暨大健康产业论坛的召开表示热烈的祝贺！对各位嘉宾朋友的光临表示诚挚的欢迎!

秋光绚丽，金风送爽；千里逢迎，高朋满堂。在这象征成熟与丰收的季节里，能邀请到各位领导、专家和嘉宾朋友们聚集一堂，瞭望“一带一路”，纵论国企改革，共同探讨中国经济新常态下大健康产业的机遇和挑战，为兵团经济发展和新中基产业升级献计献策，我们深感荣幸，并衷心感谢!

回首过去，兵团的历史，是一部艰苦奋斗的创业史。半个多世纪以来，扶犁拓荒原，把剑镇国门，无数的心血和汗水描绘了一幅波澜壮阔的历史画卷。兵团的精神，就是英勇的“亮剑精神”。在革命的年代里，面对强敌，毫不畏惧，敢于亮剑，勇于制胜；在新的历史条件下，忠于使命，敢于担当，不畏艰难，重新争光。

和所有兵团人一样，新中基 20 年风雨兼程，励精图治，奋斗不息。立足新疆得天独厚的地域和自然优势，致力于发展番茄种植和加工这一传统的“红色产业”，助力经济发展，造福民生百姓，创造了番茄产能中国第二、世界第三的骄人业绩，成为兵团农业产业化龙头企业。“红色产业”承载着兵团人的传统与使命，光荣与梦想。

如今，在“一带一路”国家战略和国企改革的大背景下，新中基又一次迎来了崭新的发展机遇。面对大健康产业的迅速发展和未来 8 万亿元的巨大市场空间，充分利用新疆丝路经济带核心区的优势和兵团的资源优势，在大健康产业领域提前布局，抢占先机，势在必行。

“自古逢秋悲寂寥，我言秋日胜春朝。”借此难得的机会，我们真诚希望各位领导、专家学者、媒体朋友们，指点江山，激扬文字。我们相信，通过你们的把脉，借助你们的思想和智慧，为新中基的创新发展注入新的动力，新中基必将成为中国健康产业领域和资本市场上最具活力、最有价值、最富社会责任感的上市公司之一。

谢谢!

董事长：姚彬捷

2015 年 9 月 14 日

【评析】这篇发言辞属于大型会议欢迎辞。开篇表明其代表本次论坛的主办方新疆中基实业股份有限公司对嘉宾朋友的到来表示热烈欢迎和对他们的到来表示感谢。正文回顾公司20年来的发展，并表明与在座的各位相同的立场，都是为兵团争光，为促进中国健康产业而努力。正文尾部表达了对未来更深入的合作愿景的期待和美好祝愿；结尾是典型的感谢致辞。署名落款都具备，行文格式标准。通篇文字激昂，文采飞扬，语言流畅，是一篇很有文采和气势的欢迎辞。

五、开（闭）幕词

（一）适用范围

开幕词是会议开头的致词文稿，由组织召开会议机关的主要领导人向大会全体代表发表的讲话。开幕词的内容主要是阐述会议的指导思想、目的、历史背景、议题，向与会者提出开好会议的要求，或对会议的成功表示祝愿。有所侧重的开幕词，往往对会议召开的历史背景、伟大意义或会议的议题等，作重点阐发，对其他问题一带而过。

闭幕词是会议结束时由主要领导人向全体会议代表所作的总结性讲话。闭幕词的主要内容是概括会议的情况并对此作出评价，总结会议集中解决的问题和收获，向与会者提出贯彻落实大会精神的要求，并提出奋斗目标和希望。有所侧重的闭幕词，往往对会议成就、会议要求作重点讲述，对其他问题点到为止。

开（闭）幕词是会议形成的历史性文件，但并不是所有的会议都使用开幕词和闭幕词，只是那些非常郑重的有历史意义的大中型会议才使用。

（二）使用规范

开（闭）幕词的格式由标题、时间、称谓、正文四部分组成。

1. 标题

开（闭）幕词的标题，有三种写法：

由大会名称加文种组成，如《中国共产党第十二次全国代表大会开幕词》；

由致词人姓名、大会名称、文种组成，如《×××同志在大会上的开幕词》；

在文种名称上有所变通，如《在〈维也纳公约〉缔约方大会第五次会议和〈蒙特利尔议定书〉缔约方大会第十一次会议部长级会议开幕式上的致辞》。

闭幕词中偶尔也有主副标题的写法，将主要内容或主要观点概括成一句话做标题，再用“大会闭幕词”做副标题。

2. 时间

开（闭）幕词的时间加括号标写在标题下方正中位置。

3. 称谓

称谓是对与会者的统称。如党的会议，称谓比较简单，就是“同志们”三个字，后加冒号；而国际会议，要按照国际惯例来排列顺序，较常见的是“各位嘉宾，女士们，先生们”，后加冒号。一般称谓根据不同的参会对象会有所不同。

4. 正文

正文可分为开头、主体、结尾三部分。

（1）开幕词。

1）开头的内容包括：

宣布大会开幕，如“×××宣布大会正式开幕”；对大会的规模和参加大会的人员进行介绍，如“参加这次大会的代表有×××，他们分别来自……”；对大会表示祝贺，对来宾表示欢迎，如“我代表……对大会表示衷心的祝贺！对与会的各位代表和来宾表示热烈的欢迎！”

2）主体是开幕词的核心部分，主要包括以下几个方面的内容：

阐明会议的重要意义。具体涉及：会议召开的历史背景，会议将要讨论解决什么问题，这个问题具有什么现实价值，会议最终将会达到什么目的等。

说明会议的主要议程。为了明确会议的议程，可以将议程列项表达。

向与会者提出希望和要求。

3）开幕词一般用祝颂语结束全文，如“最后，祝大会取得圆满成功”。

（2）闭幕词。

1）闭幕词的开头，一般要用简洁的语言，说明经过全体代表的努力，大会圆满结束。

2）闭幕词的主体是对大会进行概括总结，列举会议完成的任务和取得的成果，并提出贯彻大会精神的要求和希望。但要有所侧重，不能过于空泛笼统。提出希望与要求的部分，要体现会议精神和宗旨。

3）闭幕词的结尾通常比较简单，最常见的说法是：“现在，我宣布，大会闭幕。”

案例

2008年北京奥运会开幕词

各位代表、各位来宾，同志们：

在全国人民以巨大的热情认真贯彻奥林匹克精神的大好形势下，一百多年的梦想终于实现。在世界各地体育事业专家、教授、学者沐浴春风、辛勤耕耘、踌躇满志地迈出新的步伐的时候，我们第29届中国北京奥运会开幕了。在此令13亿华夏儿女欢欣的美好时刻，我们向生活、工作、奋斗在世界各地的奥委会成员和所有体育工作者，表示亲切的问候，向当选并出席本次奥运会的全体代表，表示热烈的祝贺，向光临奥运这一民族盛事的国家领导及各方贵宾表示热忱的欢迎和诚挚的感谢！

出席本次奥运会的24个国家和地区的398名代表以及4 200多名运动员，来自世界各地，代表着世界几万名运动员，代表着一支属于现在、更属于未来的体育将军。今天我们大家在鸟巢欢聚一堂，共商发展和繁荣世界体育的大计。按照大会预定的议程，同志们在奥运会期间，要认真学习奥运精神，简单讲，奥运倡导的不仅仅是竞技荣誉，更为重要的是和谐发展。认真参赛，听取各国领导的讲话，深刻领会奥林匹克精神，从体育事业兴旺发达和民族振兴的高度，充分认识体育建设的重要性和迫切性，进一步明确体育工作的前进方向与美好前景，树立信心，鼓足干劲，为世界体育的发展与繁荣作贡献。我们这次代表大会还将审议通过第二十九届常务理事会的工作报告，讨论修改奥运会章程，并按照新的会章选举产生第三十届奥委会和主席团，以及宣布第三十届奥运会的主办者。我们每位代表要认真履行自己的光荣职责，完成奥运会的各项任务，促进奥运会圆满成功。

同志们，从1979年恢复席位以来到2004年，中国体育健儿已经参加6届夏季奥运会，获得了112枚金牌、96枚银牌和78枚铜牌。中国还参加了8届冬季奥运会，一共获得了4枚金牌，16枚银牌和13枚铜牌。中国运动员在奥运赛场上的出色发挥，证明了我国竞技体育的实力和水平。现在，在中华民族全面振兴、迎来光辉灿烂新纪元的历史时刻，振兴中华体育、再创世界体育辉煌的历史责任落在了我们肩上！

2008中国北京奥运，这是伟大的历史使命，是需要我们呕心沥血为之奋斗才能实现的艰巨目标！体育教练的肩膀，这头压着时代的重任，那头挑着人民的厚望。我们是极为活跃的文明创造力，体育是我们生命的活力所现。第29届中国北京奥运会也为体育运动员施展才华，提供了广大的舞台和很好的条件。在这样的舞台和很好的条件下，我们要实事求是地制定规划，满怀信心地赛出水平、赛出风格。体事恰如长江水，后浪永远推前浪。在四年后的第30届奥运会中，面对充满挑战的21世纪，我们更要紧握风云百年的奠基，以更高的成绩突破2008中国北京奥运的今天！

同志们，我们这次奥运会一定要发扬民主，加强团结，相互勉励，交流经验，明确目标，脚踏实地，鼓足干劲，把这次奥运会办成民主、团结、和平、鼓劲、繁荣的大会，办成振兴中华、再创辉煌的民族誓师盛事，办成世界奥运会史上一次具有突破性意义的盛会。

预祝大会圆满成功！谢谢大家！

【评析】2008年奥运会的开幕词，第一段简要概述了举办奥运会的历史背景和中国人民的热切期盼，并表达了对奥运会工作人员、全体人员代表和运动员的祝贺与感谢。第二段突出强调了要充分贯彻和认真学习奥运精神，各尽职责，努力完成各项任务。第三段陈述了中国激励人心的奥运历程，表达了“振兴中华体育、再创世界体育辉煌的历史责任落在了我们肩上”的历史重任！第四段表达了北京承办奥运会的实力和使命感。第五段则以昂扬积极的话语鼓励同志们脚踏实地，鼓足干劲，让北京奥运会再创辉煌！全篇语言简短有力，昂扬向上，鼓舞人心，具有很强的感染力和宣传性。

六、合同

（一）适用范围

合同是指双方或多方当事人，本着平等互利、协商一致、公平公正的原则，为实现共同的目标，依法共同签订的确立民事法律关系的文书。合同一经当事人签订，便具有法律效应。

按内容性质划分，合同主要有 15 种：即买卖合同，供用电、水、气、热力合同，赠与合同，借款合同，租赁合同，融资租赁合同，承揽合同，建筑工程合同，运输合同，技术合同，保管合同，仓储合同，委托合同，经纪合同，居间合同。

按行文形式划分，有表格式合同、条文式合同，也有条文加表格的混合式合同。在经济活动中，一般会采用条文式合同。

按表现形式划分，有书面形式合同、口头形式合同和其他形式合同。但是在经济活动中，重要的合同一般是书面形式合同。

（二）使用规范

合同的格式一般由首部、主体、尾部三部分组成。

1. 首部

首部主要由以下各项组成：

（1）标题。标题写在合同书首页上方居中位置。明确写出合同性质，如《保管合同》《购销合同》《房屋租赁合同》。

（2）编号与名称。一般写在标题的下方，八位阿拉伯数字，也可不写。

合同当事人的姓名或单位名称。要准确写出签约个人或单位的全名、全称，并在后面注明固定指代，如“甲方”“乙方”“卖方”“买方”等，但是在合同中不能用“你方”“我方”等词指代。

（3）引言。主要是写签订合同的目的或依据，常用表达句式“为了……”“根据……”。也可以直接开篇点题，单刀直入。

以上主要说的是合同书的条文格式，如果使用的是表格式的合同书，则按国家工商局或有关部门规定的表格填写相关内容。

2. 主体

主体主要是详细写明当事人约定的条款内容。

（1）标的。标的是指当事人依法签订合同履行权利与义务共同指向的对象，是合同最基本的的条款，没有标的的合同也是无效的合同。标的可以是物、货币、劳务、智力成果，也可以是某种行动，如房屋租赁合同的标的就是房屋。

（2）数量和质量要求。标的的数量和质量要求是从量和质的角度对标的进行精确度量，是确定合同内容的具体条件之一。标的的数量和质量决定了合同当事人承担和享受的责任和义务，要有精确的数字和衡量标准，如房屋的面积范围。

（3）价格或者报酬。这是合同当事人依法对标的议定的价格。要写明标的的总价、单价、货币计算标准，付款的方式、日期和支付的币类等。

（4）合同履行的期限、地点和方式。履行期限就是合同的有效期，用年、月、日书写齐全；地点是完成合同标的的地点；方式是合同当事人履行义务的方法，如在一方当事人付款后，另一方当事人如期交付房屋。

（5）违约责任。主要指合同的当事人不按约履行义务时，所要承担的责任和法律后果。要写明承担后果的方式，如违约金、赔偿金或其他的法律形式。这是解决合同当事人矛盾的依据。

除以上必备的条款外，还有经当事人协定的其他条款，如不可抗力条款，即如果发生了客观意外事故导致一方当事人不能履约或履约困难时，可根据这一点部分或全部免于承担责任。应明确意外事故的范围、种类和后果等；还有解决争议的办法，即在履行合同发生争议时解决问题的方式和程序。

3. 尾部

尾部包括合同的结尾和落款：

合同的结尾主要写明合同的文本保存，一般格式是："本合同正本一式两份，甲方、乙方各执一份；合同副本××份，送×××单位备案。"

落款部分是合同特定的内容和格式，要依次写上当事人的名称、签章、法定通讯地址、法人代表、银行账号、邮政编码、电话、传真、签约日期及地点等当事人详细的资料。

如有附件或附表，在落款后注出，并要在正文的"其他条款"之后写明"合同的附件、附表均为本合同的组成部分，且具有同等的法律效应"。

以上主要是国内的合同，但随着全球化的发展，各大企业也走向国际化，因此，对外贸易合同也是必不可少的。对外的贸易合同主要包括标的物和品质条款、数量条款、包装条款、价格条款、装运条款、检验条款、索赔条款、不可抗力条款、保险条款、支付条款、仲裁条款等基本的内容。

案例

××商铺租赁合同

承租方：××有限责任公司（甲方）

出租方：××房地产开发股份有限公司（乙方）

根据《中华人民共和国合同法》及有关规定，为明确甲方和乙方的权利和义务关系，经双方协商一致，签订本合同。

第一条　××商铺地址：××省××市××街××号

第二条　租赁期限

租赁期共____年零____月，出租方式从____年____月____日起将出租商铺交付甲方使用，至____年____月____日收回。

甲方有以下情形之一的，乙方可以单方面终止合同、收回商铺：

1. 甲方擅自将商铺转租、转让、或转借的；

2. 甲方利用承租商铺进行非法活动，损害公共利益的；

3. 甲方拖欠租金累计达____个月的。

租赁合同如因期满而终止时，如甲方到期确实无法找到商铺时，乙方应当酌情延长租赁期限。

合同期满后，如乙方继续出租商铺，甲方享有优先租赁权。

合同期满后，甲方逾期不搬迁，乙方有权向人民法院起诉和申请执行，乙方因此而受的损失由甲方承担。

第三条　租金和租金的交纳期限

租金每月________元人民币，甲方每月的最后一周内交纳租金，汇入乙方提供的银行账户。水电费另算，甲方自行交纳至________业务部。

第四条　租赁期间的商铺装修和修缮

乙方有义务对商铺及电路设备等每隔____月进行检查维修，甲方要积极配合乙方修缮商铺，此部分支出由乙方承担。

甲方可按需要对商铺进行装修美化，但不能改变商铺的建筑构造，如甲方确实需要拆卸、整改商铺部分建筑构造，需与乙方协商，获乙方许可。甲方自行承担装修费用。

第五条　变更情况处理

1. 如果乙方将房产所有权转移给第三方时，合同对第三方同样有效。

2. 乙方在卖商铺时，须在 2 个月前通知甲方，同等条件下，甲方应该享有优先购买权。

第六条　违约责任

1. 乙方未按合同规定交付甲方合乎要求的商铺时，负责赔款________元。

2. 乙方未按合同规定按时交付商铺于甲方时，负责赔偿违约金________元。

3. 乙方未按合同要求定时修缮商铺和电路设备时，负责赔偿违约金________元；如因此造成甲方人身伤害及财物损失，乙方按受害程度负责赔偿。

4. 甲方如故意逾期交纳租金，除及时补交当月租金外，还应负责支付违约金________元。

5. 甲方违反合同，擅自将商铺转租他人经营，负责支付违约金________元，因此造成商铺损失，应负责赔偿。

6. 甲方因整改商铺建筑构造进行装修，造成商铺损毁，应支付违约金________元，并负责赔偿乙方损失。

第七条　免责条件

1. 商铺如因不可抗力的原因导致损毁和造成甲方损失，甲乙双方互不承担责任。

2. 甲方如因特殊情况不能如期交纳租金，并提前一周与乙方协商补交日期，甲方不需承担责任。

第八条　争议的解决方式

双方在履行合同期间发生争议，首先双方协商解决；协商不成，提请仲裁；仲裁不成，可向人民法院起诉。

本合同自签订日期起生效，一式两份，甲乙双方各一份。

甲方：××有限责任公司（盖章）　　　　公司地址：________________

代理人：××

账号：________

签约时间：____年___月___日

有效期至：____年___月___日

乙方：××房地产开发股份有限公司（盖章）

公司地址：________

代理人：××

账号：________

签约时间：____年___月___日

有效期至：____年___月___日

【评析】该合同是租赁合同，整体结构符合合同的要求。首部、主体、尾部齐全，采用条文式，格式标准，但是内容上不够紧密。就主体部分而言，没有写明租赁商铺的质与量，没有注明租金的计算方式。合同内容较为模糊，没有明确的规定，在发生争议时，难以解决；就其尾部的内容而言，双方信息不够完整。当签订合同的当事人是法人时，应写清法人代表的姓名及公司的具体联系方式。合同一旦生效便具有法律效应，规定了当事人的权利与义务，双方要对合同负责。

七、通知

（一）适用范围

通知是指运用广泛的知照性公文，发布法规、规章，转发上级机关、同级机关和不相隶属机关的公文，批转下级机关的公文，要求下级机关办理某项事务等。

通知的使用范围很广泛，传达领导意见、下达指令、布置工作、传达有关事项、决定事项、任免职务都可以使用通知这一文种。通知既可以是平行文，也可以是下行文。

通知这一文种大体可以分为五类，分别是发布性通知、指示性通知、知照性通知、会议通知、事务性通知。

（二）使用规范

通知的格式主要由标题、发文机关、正文（附件说明）、落款、日期等组成。

1. 发布性通知

（1）标题：由发文机关＋关于＋发布（印发、转发、批转）……的通知组成。

（2）正文。主要由以下三部分组成：

1）对印发、批转、转发的文件提出意见，表明态度，如“同意”“原则同意”“认真贯彻实行”“望遵照执行”“参照执行”等。

2）写明所印发、批转文件的目的、意义。

3）提出希望要求。

2. 指示性通知

（1）标题：由发文机关＋关于＋事由＋的＋文种组成，不可省去发文机关名称。

（2）正文：由缘由、执行事项、执行要求三部分组成。缘由要简洁明了，说理充分；执行事项要具体明确，条理清晰，详略得当；执行要求则主要是对执行事项的检查、落实提出要求。

3. 知照性通知

（1）标题：由发文机关＋关于＋事由＋的＋文种组成。

（2）正文：正文主要是根据通知的内容交代清楚知照事项，一般包括形成该事项的过程、原因、根据、事项的具体内容（性质、状态）。

4. 会议通知

（1）标题：由发文机关＋关于＋事由＋的＋文种组成。

（2）正文：通常由发文缘由、具体任务、执行要求等组成，会议通知的内容一般应写明召开会议的原因、目的、名称、通知对象、会议的时间、地点、需准备的材料等，多用信函式格式。

5. 事务性通知

（1）标题：由发文机关＋关于＋事由＋文种组成。

（2）正文：主要知照有关单位需要周知而不需要直接执行或办理事项的通知（直叙其事，不提要求），具有交流情况、通报情况的作用。用于成立、调整或撤销机构、启用或废止合章、变更机构名称、调整组织成员、出版发行物、变更地址与电话号码等。

通知这一文种在使用中应注意内容准确，措施具体，讲求实效和时效，语言简洁明了等规范。

案例

国务院办公厅关于2016年部分
节假日安排的通知

各省、自治区、直辖市人民政府，国务院各部委、各直属机构：

经国务院批准，现将2016年元旦、春节、清明节、劳动节、端午节、中秋节和国庆节放假调休日期的具体安排通知如下。

一、元旦：1月1日放假，与周末连休。

二、春节：2月7日至13日放假调休，共7天。2月6日（星期六）、2月14日（星期日）上班。

三、清明节：4月4日放假，与周末连休。

四、劳动节：5月1日放假，5月2日（星期一）补休。

五、端午节：6月9日至11日放假调休，共3天。6月12日（星期日）上班。

六、中秋节：9月15日至17日放假调休，共3天。9月18日（星期日）上班。

七、国庆节：10月1日至7日放假调休，共7天。10月8日（星期六）、10月9日（星期日）上班。

节假日期间，各地区、各部门要妥善安排好值班和安全、保卫等工作，遇有重大突发事件，要按规定及时报告并妥善处置，确保人民群众祥和平安度过节日假期。

国务院办公厅

2015 年 12 月 10 日

【评析】此项通知有主送机关，正文由通知缘由、通知事项和执行要求三部分组成。结构层次清晰，语言简洁。

第四节 公文处理的常见错误

一、常见公文处理的错误

（1）不遵从一文一事原则，一份公文中夹杂着很多事情，如在报告中顺带请示内容。

（2）文种使用不当。机关、单位间的关系无非领导被领导、隶属关系、不相隶属关系，这种关系反映到公文中就是行文关系。在行文关系上首要选择的就是适当的文种。否则会导致渠道不同、工作混乱。

1）请示与报告混用。请示有两种类型，一种是申报性请示，另一种是求助性请示。请示理由往往有汇报的特点或在报告中带着请示事项。

所以，有些人常将请示的理由与情况汇报的报告混为一体，造成文件主旨不明。请示与报告的区别如表 6 - 1 所示。

表 6 - 1　　请示与报告的区别

文种	主旨	是否回复	标题写法
请示	请示的主旨是向上级请求指示批准，反映情况的内容只是作为请示事项的理由。	请示要求上级回复	有时请示的标题写法是加上“呈请”“提请”等字样，以显示“请示”的特色。
报告	报告的主旨是汇报情况。	报告不需要上级回复	报告不能把标题写成“关于……的请示报告”的形式。

2）通知与通报混用。通知与通报都是上级机关对下级机关的行文，而且在传送信息、沟通情况、提出要求等方面有相似之处，因此，常会有把通知与通报混用的情况出现。通知的文旨在于上级要求下级执行办理的具体要求，而通报的文旨在于以好的、坏的典型事例或重要情况来教育有关人员，起指导、启发和警戒及沟通重要情况的作用。

3）通知与函混用。通知与函的共同点和不同点如表 6 - 2 所示。

表 6-2 通知与函的共同点和不同点

文种	共同点	不同点
通知	告知性	只限于上级机关对所隶属的下级机关使用（行政上没有隶属关系，业务上有领导、指导关系的也可以用通知），只作为下行文。
函		是在不相隶属的单位之间使用，作为平行文。

4）批复与复函混用。批复、复函同属于答复性文件，所以也容易混用。事实上二者有严格的区别。批复只能用于答复下级单位的请示事项，而复函只能用于答复不相隶属单位的商洽和询问。如果对不相隶属单位的要求、询问使用批复答复，那就会越出自己的职权范围，而对下级单位的请示用复函，就又放弃了自己应有的职权。

5）多头主送，多项请示。有些请示将主送机关写成几个，甚至更多，以为这样可以多争取上级的支持，容易解决问题；有些请示“一文数事”，把许多需要解决的问题都写在一份请示中，以为这样可以节省时间，多解决些问题。

实际上这是不合规定的做法。由于没有明确的主办机关，结果往往是各个主送机关的领导只表态不决定。请示的内容太杂，反而没有了主要的请示事项，文书常常被退回重新行文。因此拟制、发送文书一定要严格按照《国家行政机关公文处理办法》照章办理，毫不含糊。

（3）不按业务归口原则请示或商洽工作，文件不送领导者个人。

一些下级机关为业务问题向上行文时，不按业务归口原则行文，以为只要找政府机关就能迅速解决问题。实际上这些请示送政府机关后，仍然要转到各业务主管部门研究，由业务主管部门提出意见，或做出处理决定。这种不合规范的行文，不仅未能达到请示单位的目的、愿望，反而形成大量公文倒流现象，严重影响工作效率。

所以行文规定请示未经领导人交办不能直接报送领导者个人，因为其弊端大体上有三点：一是未经文秘部门签收、登记，公文成为“帐外公文”，其流向、处理情况不得而知，查无踪迹。二是领导人收到这类公文，办理很为难：若批准却没有部门的审批意见，只能凭经验、感觉办事，缺乏决策的科学性；不批也有可能影响报送单位的工作；加之领导个人行止不定，可能贻误时机，而且领导批示也不能作为处理重大问题的依据。三是现实中一些单位拿着直送领导的批示件当“尚方宝剑”，到有关部门要钱要物，借领导批示向对方施加压力，容易引起矛盾，所以领导一般不受理这类直报的请示，而退给文秘部门统一签收、登记、分办，这便形成了公文“倒流”，造成了不必要的紊乱。

案例

关于请求增拨办税大厅基建经费的请示报告

××省人民政府、××省长：

2010 年 11 月，我局派出调查组到柳州市国税局学习考察其办税大厅的建设情况。调查组认为，办税大厅功能较齐全，适应税收征管模式的改革，方便纳税人缴纳税款。为此我局于2001年决定建办税大厅，并得到省人民政府的支持，在×府〔2010〕××号文“关于拨款修建办税大厅的批复”中，拨给我局一百五十万元，此项资金已专款专用。但由于建筑材料涨价，原预算资金缺口较大，恳请省人民政府拨给不足部分，否则势必影响办税大厅的竣工及我省税收任务的完成。

特此请示报告

××省地方税务局（印章）

二零一零年十月十日

【评析】这份请示的主要错处：

（1）标题中“请求”与“请示报告”重用，应该改为“关于增拨办税大厅基建经费的请示”。

（2）违反请示不准以机关名义送领导个人的行文规则，指名道姓地指出主送××省长个人。

（3）请示原由冗长。如果请示缘由时间久远，为尊重受文者，交代背景很有必要。但为避免文字冗长，可改用附件交代背景。

（4）请示事项不详，应将“预算资金缺口”“拨给不足部分”等模糊表述改为具体经费数额。建议改用附件《预算资金缺口明细表》列出具体内容和经费。

（5）文中经费数字应该统一采用阿拉伯数码表示。

（6）结语用语不得体。如“否则势必影响办税大厅的竣工及我省税收任务的完成”，会导致相关责任不清；结语“特此请示报告”应改为“当否，请批复”。

（7）文中引用公文应该按照规定改为先引标题，后引发文字号，并在标题上使用书名号取代引号，如“××省人民政府《关于拨款修建办税大厅的批复》（×府〔2001〕号）”。

（8）“二零一零年十月十日”属于汉字数字大小写混用；行政公文成文时间的数字应改为小写汉字“二〇一〇年十月十日”。

（9）落款位置不当。

二、文书写作常见错误

（1）该用“通报”而使用“公告”，通报的范围仅限于公司或单位内部，有重大影响的、级别较高的才能使用“公告”。

（2）行文关系错误。要分清各机关单位之间的联系，如非隶属机关单位的“请示”要用“函”这一文种。

（3）在行文前立意的时候，忽略领导及来文的要求，擅自做主，选择立意。

（4）在写作中，使用不规范字体和字体颜色、纸张。

（5）没有做到审时度势，对文书的对象和文种的选择不作区分，写作的时候使用框架模式，生搬硬套。

(6) 语言使用不得体，没有做到简明扼要，所有文种都是一种语气。比如说命令和演讲稿，两种完全适用于不同场合的文种，切忌盲目写作。

(7) 与时代脱轨，跟不上时代脉搏，写出来的内容（政治或经济政策等）早已不适用当时的社会环境，不具备时效性。

(8) 标点符号问题。

1) 序列和层次，标准是“一、”“（一）”“1.”“（1）”；

2) 公文标题中含有两个以上标题时，一般只用两个书名号，从外到内，第一个用双书名号，第二个用单书名号，第三个以后可不用书名号。

(9) 用词不当。

1) 词语使用不当，如“反映”成了“流言”，“发布”成了“散布”；

2) 量词使用不当，要使用法定计量单位，不能使用尺、里、寸；

3) 礼貌用语使用不当，如在“请示”结尾处，使用“请即批复”等；

4) 错别字。

(10) 表彰性通报无名单。

(11) 用语或叙事违反公文要则，如简练、明确等要素。

(12) 一些公文要有联系人、电话等。

(13) 签发人标注中的常见错误。

1) 上行文未标注签发人姓名；

2) 下行文标注签发人姓名；

3) 签发人标注位置远离发文字号（正确格式为两者之间空两个字）；

4) 签发人标注的字体字号与发文字号的字体字号不一致；

5) 签发人与签发者姓名之间未加冒号。

(14) 附件。

1) 该标明附件说明却未标出；

2) 附件说明要在印章前；

3) 有两个以上的附件要用“1.”这样的第三级序号标出，回行后与冒号后的内容对齐；

4) 附件名称后不用标点，也不使用书名号。

(15) 署名。

1) 标题上的发文机关与签署（盖章）的发文机关不对应；

2) 乱加字，如“×年×月×日发”中的“发”；

3) 发文机关、日期位置上下颠倒；

4) 印章没有盖、盖错地方或盖反。

(16) 成文日期标识中的常见错误。

1) 将打印日期作为成文日期；

2) 将拟稿日期作为成文日期；

3）混用汉字与阿拉伯数字，或直接用阿拉伯数字，如“2015 年元月 5 日”或“2015.1.5”，日期要使用阿拉伯数字；

4）标识不全，只署月日不署年份，如“6 月 20 日”，正式公文成文时期必须将年月日标示完整；

5）将月日写成“分子式”，如把 1 月 1 日写成“1/元”或“1/1”；

6）位置不当或与发文机关不协调，如成文日期第一个字向左越过发文机关第一个字或直接向左靠齐。正确位置一般是成文日期第一个字与发文机关第三个字（或中间）对齐，向右排印。当发文机关最后一个字比正文缩四个字排印时，成文日期的最后一个字比正文缩两个字。

（17）抄送。

1）请示未获批准抄送下级；

2）抄送两字不能顶格，左空一格书写，相对的主题词顶格。

本章思考题

1. 文书写作中如何立意？在立意中要注意哪些问题？

2. 慰问信有什么特点？在写作中要遵循哪些礼仪？

3. 通知事项是通知正文的主体内容，包括具体事情和具体要求等。这部分常见的结构形式是怎样的？请举例说明。

4. 某学院要于 2016 年 1 月学期结束前，外出举办年终总结及二级教职工代表大会，初步设想在临潼解放军新疆疗养院举行。时间为 2016 年 1 月 21 日～22 日。参会人数为该院全体教职工（该院有教职工 70 余名，估计能保证 60 人左右参会），要求新疗提供住宿条件、会议条件等信息。

在询价时新疗承诺，将尽量为该院提供其疗养院别墅区复式住宅楼（2 000 元/栋，可住宿 8 人，至少保证 5 栋，其余教师也将安排在别墅区单层平房内入住，每房可住宿 4 人，为保证休息尽量安排 2 人，计费标准 800 元/人）；另外，新疗将于 22 日上午提供 100 人会议室一间，费用为 800 元/天，按实际用时收取，供该院开年终会议之用。

问：该宾馆服务合同应如何草拟订立？应注意哪些方面？

5. 修改案例：

关于转发集团公司工会《关于开展
“我喜爱的一本书”读书征文活动的通知》的通知

公司各部门、分厂，各分会：

一直以来，公司持续不断推进学习型企业建设，各部门和分厂都主动为员工购买了大量的书籍，创造了良好的学习环境，营造了浓厚的学习氛围，搭建了员工个人综合素质能力提升的平台。

近期，集团公司工会发文《关于开展“我喜爱的一本书”读书征文活动的通知》，为响应集团公司号召，现将文件予以转发。请各单位按照文件要求，独立思考，认真撰写征文，于11月30日前，将单位征文电子版报送工会办公室。届时，公司会进行评选，择优报送集团公司参加评比。

工会办公室

2015年11月24日

第七章

谈话礼仪

斩衰，唯而不对；齐衰，对而不言；大功，言而不议；小功、缌麻，议而不及乐。此哀之发于言语者也。

——《礼记·间传》

这段话所说的是服不同等级的丧，对言语的不同要求，即服“斩衰”丧期时，只发出应答的声音而不回答对方；服“齐衰”丧期时，只回答而不主动说话；服“大功”丧期时，可以主动说话而不议论；服“小功”“缌麻”丧期时可以议论但不能说快乐的事。也就是说，服丧期间言语必须体现出哀伤。可见，古人已经注意到谈话要合乎时机，不同场合有着不同的谈话要求。

在《礼记·表记》中记载“情欲信、辞欲巧”，指的便是谈话要情理信实，辞令要考究；孔子在《论语·颜渊》中提到“克己复礼”“非礼勿言”，并以其来教育其弟子注意自己的言行；同时曾子认为，注重言辞是君子重视仁德修养的一方面，他提出“出辞气，斯远鄙倍矣”（《论证·泰伯》），《礼记·坊记》中也提到“君子约言，小人先言”，其意思便是君子约束自己的言行，少说多做，小人没做就先说出口。可见，古人也是十分重视谈话的礼仪。

谈话是一门语言艺术，是我们阐释想法、表达思想最为有效的方式。谈话作为一种表达方式，会随着时间、场合、对象的不同而表达出各种各样的信息和丰富多彩的思想感情，具有很强的主观性和随意性。由此可见，掌握正确的谈话方式和技巧在社交礼仪中有着极其重要的作用。本章将从谈话的语言、神情、原则、方式等方面展开叙述，为读者提供谈话礼仪的知识。

第一节　谈话的原则和内容

《周易·系辞上》有言：“鼓天下之动者存乎辞”。这说明了话语具有强大的影响力。《荀子·正名》篇强调：“说行则天下正……故期、命、辩、说是也者，用之大文，而王业之始也”，可见谈话对于国家、个人的重要性。当今社会，随着交际内容、形式的变化和发展，谈话日益成为人们沟通的重要窗口。谈话的原则和内容往往成为一段谈话是否能够顺利开启和展开的决定性因素。

一、谈话的原则

不以规矩，无以成方圆。谈话的原则贯穿谈话始终，是人与人之间交流的金钥匙，也是谈话礼仪的基本要求。因此在谈话中，双方要遵循一定的基本原则，包括真诚、平等、简洁、得体和包容原则。

（一）真诚

《孟子·离娄上》说：“诚者，天之道也；思诚者，人之道也。”即“诚”是天的根本属性，努力求诚以达到合乎诚的境界则是为人之道。儒家认为“巧言令色，鲜矣仁。”（《论语·学而》）花言巧语无法赢得别人的信任与尊重，谈话双方的言语表达必须建立在诚信的基础上，只有坦诚相待才能获得支持与认同。

真诚的谈话也是打开国际合作的窗口。联合国秘书长潘基文在2014年访华中说：“亚洲地区确有历史恩怨、领土争端和海洋问题，但只要各方真诚对话，解决一切问题皆有可能。”倘若各方不本着真诚的原则，矛盾和冲突就无法得以调节，更不可能开启对话，达成共识，亚洲地区的和平就难以得到维护。由此可见，国家之间的对话也离不开真诚的原则。

（二）平等

韩愈在《原人》中提到“是故圣人一视而同仁，笃近而举远”，一视同仁体现在谈话中就是平等。这是一个追求平等与公平的时代，和谐融洽的交谈一定是建立在平等的基础之上的。谈话礼仪中的平等包括人格上的平等和话语权的平等。

1. 人格上的平等

人格是个人在一定社会中的地位和作用的统一，是个人作为人的尊严、价值和品格的总和。无论任何场合、任何地点，每个人的人格都是平等的。在谈话中，人格平等是对双方最基本的要求。2012年，北京某公司总经理锡某经常对其助理韩某进行言语打击和人格侮辱，经常使用“你给我滚”“你去死”“你脑子里面装的屎”等辱骂性的语言，韩某不堪其侮辱，最终跳楼自杀。

2. 话语权的平等

伏尔泰说：“我不同意你说的每一个字，但我誓死捍卫你说话的权利。”我们这里的话语权是指日常交谈中说话和发言的资格和权利，即不带有政治色彩的谈话。谈话双方不能因为社会地位的高下而剥夺任何一方的话语权，要避免出现一味地赘述或冷场现象，尽量平衡双方的发言时间和机会，进而实现话语权的平等。即使在交谈过程中双方意见出现分歧，也要耐心地聆听完对方的意见，不能因为分歧而终止对方的话语权。

（三）简洁

简洁，即简明扼要。有一个弟子问墨子："话说得多，是件好事吗?"墨子回答说："青蛙一天到晚总是叫个不停，就是叫得口干舌燥，人们也不会去理它，人们好像没听见似的。而公鸡在清晨的一声啼鸣，天下都为之而动。话不在多，关键是要说得合乎时宜!"有的人长篇大论、引经据典，却始终无法让听者听懂自己想表达的意思；有的人发散思维，把自己的意思浓缩成简短的几句话甚至是一句话，恰如其分地表达出其关键的意思，这种谈话方式反而令人印象深刻。因此我们说，语言在精而不在多。最会谈话的人永远是言简意赅的人，他们所说的往往是最有效的话，而效果不佳的谈话常常因为过于复杂——想得复杂、说得复杂，让人一头雾水，造成理解上的误会和沟通上的困难。

要想真正把自己的话说得高效，就必须让自己的语言简洁明了，能很快让对方明白你所说的意思。首先，在讲话之前，一定要明确就什么问题而讲，为了解决什么问题而讲，然后要明白解决这一问题有什么要求，等等。其次，在确定了主题后，就要围绕主题选材，与主题无关的词汇、语句，即使再优美、再精彩，也要坚决舍弃，一些常识性或即时性的意思大家都懂，就没必要在谈话中重复。如果讲一些似是而非、可有可无或漫无边际的陈言套话，除了令人生厌外，还会窒息对方的思想。

简明扼要的谈话不仅可以节省时间，还会使听者感觉到你的自信心。当你使用很多不必要的词语时，就显得你对自己说的话没有把握。

（四）得体

《礼记·哀公问》云："言不过辞，动不过则"，是说君子讲话不能讲过激的言辞，做事不能越过规则。我国宋朝学者杨时说："言不贵文，贵于当而已"，是说谈话并不贵于辞藻华丽，而是重于语言的得当。语言交际中，得体的表达不仅能够准确传达信息，排除因表达而造成的倾听障碍，还容易得到对方的认可和重视。

所谓得体，是指语言表达要符合合适的语言环境。而语言环境不仅包括交际的场合、谈话者的文化背景，还包括谈话者的地位、谈话的目的。

1. 在不同的交际场合

谈话者在进行口语表达时要根据不同的交际环境选择不同的表达方式。所谓的交际场合，是指谈话发生的时间、地点，也指谈话时的气氛。如果在婚礼中，新郎因为兴奋紧张而难以表达时，婚礼司仪说："第一次没经验，下次就好了"，这就是一个不合格的司仪，他没有注意此时说话的场合是婚礼。

《三国演义》中，有这样一则发人深省的故事：官渡之战前，许攸投奔曹操，献了许多妙计，为曹操击败袁绍，夺得河北之地立下了赫赫功劳。但是，在曹军占领冀州城后，进行欢庆时，许攸却当着曹操众多部下的面，直呼曹操小名，说道："阿瞒，不是我献计，你能得到这座城池吗?"曹操部将许褚大怒，拔刀杀了许攸。

许攸因为一句话而死于非命，教训不可谓不深刻。许攸不懂得说话一定要看场合的道理，在庄重的场合，当着曹操众多部下的面，目中无人，逞一时口舌之快，一点不顾忌曹操的面子，触怒了曹操部下，终于惹来杀身之祸。所以，许攸被杀正是因为在庄重的场合说了随便的话。

2. 根据谈话者的不同身份

在语言交际中，要认清自己的位置，明确对方谈话的目的，注意谈话双方的身份、地位，这就是所谓"知己知彼，百战不殆"。一个人的言谈不仅要体现自己的身份、地位、文化涵养，更要根据对方的身份选择合适的语言。在外交场合中，谈话者往往代表着一个国家，因此外交场合的谈话更要严谨、庄重，对于尚未解决的事宜，要委婉用语，如说"不能漠然视之""我方将进行干预"之类的话时，切忌不分场合，信口雌黄。在《红楼梦》第五十五回里，平儿对凤姐说"你太把人看糊涂了！我才已经行在先了，这会子才嘱咐我!"主子王熙凤立即指责说："这不是你又急了，满口里'你'呀'我'呀起来了!"平儿和凤姐是主仆的身份，而平儿说话没有注意主子的身份，是不得体的。

3. 针对谈话的不同目的

不管是什么形式的谈话，谈话者双方都是带有一定的目的性的，为了能够达到谈话的目的，谈话者可以选择合适的内容作为切入点，营造合适的谈话氛围。委婉的言辞可能是为了联络关系，慷慨激昂的陈词可能是为了维护我方的观点，从而达到我方目的。例如，在处理钓鱼岛的问题上，我国外交方面会采取严肃的态度宣誓主权，如"我们强调，钓鱼岛及其附属岛屿自古就是中国领土，要求日本巡逻船更不得采取任何危及中国渔船和人员安全的行为。"而在同友国的外交活动中，我方则会采用委婉的言辞，达到巩固双方关系的目的。

（五）包容

《论语》有言："君子和而不同"。在交谈中，双方应该寻求共同点，通过积极沟通、耐心引导达成共识。在语言交谈中也要做到"求同存异"，也就是说，当交谈双方出现意见分歧时，应恰当地表明自己的不同意见，切忌对对方进行说教。谈话双方都有自己的交际方式和交际目的，当双方的目的一致时，谈话容易在愉快的氛围下进行，这时的谈话者只需要注意谈话过程中的态度及谈话方式是否让对方满意便可；当谈话双方持有不同观点或者目的相斥时，双方容易发生争执，这时谈话者应该以包容的态度寻求共同点。寻求表达一致性的话题，无疑是走向最佳表达效果的有效途径。

二、谈话的内容

谈话的内容包括宜谈论的话题和不宜谈论的话题。话题的选择决定谈话能否顺利进行，不同的话题可以对谈话起到不同的作用。

（一）宜谈论的话题

1. 谈话的主题

谈话的主题是双方根据交谈目的所设定的谈话的核心内容，是谈话内容的主要组成部分。谈话应该围绕主旨展开，有目的地进行，不能脱离主题。谈话双方要在交谈之前清晰地整理交谈的主要内容，做到交谈过程中紧扣话题中心，层层深入，合理有序地进行交流。所谓谈话主题就是交谈者的交谈目的，谈话者或是为了某一待定事宜交谈，或是为了表达某一观点，又或是为了联络感情，谈话者紧密围绕着既定的主题进行交流。若主题是商定事宜时，就要尽量压缩寒暄性的话；若主题只是为了联络感情，就要避免谈及严肃的话题。需要注意的是，在交谈中可能会出现“跑题”现象，因此另一方必须巧妙地把主题“拉”回来。例如，某位记者在访谈一位中学生的学习情况时，学生饶有兴趣地说起他家里养了十几头奶牛，他将来的理想就是养更多的奶牛。趁学生稍微停顿，这位记者问道：“家里养这么多奶牛，还有很多家务要做，这对你的学习成绩有什么影响么？”于是他就自然地回到学习的问题上来了。

2. 幽默风趣的话题

《汉书・东方朔传》记载：“其言专商鞅、韩非之语也，指意放荡，颇复诙谐。”唐代诗人杜甫《社日》诗之一：“尚想东方朔，诙谐割肉归。”林语堂也说过：“最上乘的幽默，自然是表示‘心灵的光辉与智慧的丰富’……各种风调之中，幽默最富于感情。”

国务院总理李克强在发表中印关系演讲时，现场音响发出“嘟嘟”声，面对这尴尬的一幕，他轻松笑言：“这是前奏，将表明我下面有郑重地表态。”台下的氛围顿时变得轻松愉快。

幽默是一门学问，要求谈话者具有敏捷的思维和较强的随机应变能力。幽默轻松的话题是推动谈话顺利进行的润滑剂，适度的幽默感能够缓解紧张的局面，谈话者应该努力营造一种积极、融洽、有趣的氛围。

3. 格调高雅的话题

韦庄在《送李秀才归荆溪》中写道：“人言格调胜玄度”。谈话彰显着交谈者的文化素质和个人修养，文雅别致的话题可以提升谈话的高度，使谈话内容更加高雅，但切记不能卖弄文采，过分堆砌辞藻。我国许多国家领导人在一些公众场合的谈话中多次恰到好处地引用中国古典诗词、成语典故，为谈话增色添彩，既生动形象，又高雅别致。

4. 对方感兴趣的话题

兴趣是一个人力求认识、掌握某种事物，并经常参加该种活动的心理倾向，往往能够推动谈话发展到高潮。因此，谈话时要寻找对方的兴趣点，例如，对一位潜心于学问的学者就不能谈论“股票”“生意经”等话题。不同的兴趣有不同的“兴奋点”，可以激发出话题焦点的“火花”，进而产生思想感情的共鸣。

（二）不宜谈论的话题

1. 不非议国家、政党，不宜谈论民族、宗教的敏感话题

在人际交往中，交谈双方在政治见解、社会地位、政治背景、宗教信仰等方面存在诸

多的差异，所以在日常交际中要尽量避免谈及民族宗教等敏感话题，如宗教信仰问题、民族矛盾问题等，这样能够减少因为政教立场的不同而导致的意见分歧。

2. 不宜涉及国家与行业机密

主要表现在接待外来人员参观、访问、贸易洽谈、谈判中，要注意行业的机密，避免谈及行业中核心政策、专业技术的话题。在人际交谈过程中，要加强保密意识，切忌受到对方误导，或故意炫耀自己的见识而导致不经意地泄密。20 世纪 90 年代，西方某国官媒在我国尚未公开军事消息的情况下，连续 1 个月在其重要版面刊登了有关我国重要领导人前往某地的视察行程和工作内容，以及我国军队演习的消息，此系严重泄露的重要政治、军事机密案。经过侦查，侦查人员将目标放在一个叫詹红玉的我党某重要干部家的保姆身上。据詹交代，她结交了该国官媒驻京特派记者。为博该记者欢心，进而得到出国留学的机会，詹红玉经常将在雇主家中听到的谈话告诉给这个记者，后来发展到向其提供国内资料，最终导致案发。

3. 不谈论谈话者双方的隐私，不在背后非议第三者

尊重个人隐私是对别人最基本的尊重，而非议他人是对别人人格的侮辱。谈话中不该涉及的他人隐私，包括收入支出、年龄大小、恋爱婚姻、身体状况、家庭住址、个人经历和信仰政见等。例如，某公司职员小张去同事小李家做客时，无意间听到小李父母的谈话，得知小李在中学时曾经患过肝炎休学一年。后来小张在公司里与其他同事聊天时，将小李这一秘密告诉同事，大家知道后议论纷纷，不少同事还因此疏远小李，这给小李带来了特别大的困扰和痛苦。由此可见，出言需谨慎，谈话不要涉及隐私。

三、语言的选择

正式的谈话应选择以主方语种为主，如果是中文，要使用普通话。例如，在国与国间的外交对话中，若我国政要在接待外国友人时，交谈语言就应以中文为主；若我方政要到别国进行访谈时，交谈语言则应以对方国的官方语言为主。而在正式交际场合中，使用普通话进行交流既能体现对对方的尊重，也能优化语言环境，避免方言闹出的笑话。例如，某次火锅宴招待上，主人举起筷子在滚烫冒烟的火锅里一边搅拌，一边笑容可掬地说：“大家别客气，滚了（煮开），吃了再滚（煮开）。”

日常交谈中，语言的选择可视具体情况而定。例如，美国国务卿克里出身于一个“波士顿婆罗门”家庭。他之前的讲话口音都是纯粹的“波士顿婆罗门”腔调，从政后，渐渐抛弃了“波士顿婆罗门”口音，而学了一口美国普罗大众的通用美腔。再如，习近平总书记在 2015 年访问延安时，曾用陕北方言向乡亲们介绍彭丽媛说：“这是我的婆姨（陕北方言，意为妻子）。”这一举很好地拉近了他与乡亲们的距离，亲切温暖。因此，日常交谈中语言的选择是灵活的，可以根据具体情况和需要来定夺。

第二节 谈话的方式

《春秋谷梁传》有言："人之所以为人者，言也。人而不能言，何以为人。"意为：人之所以可以称为一个人，是因为（他）能够说话；一个人不会说话，如何能称之为人呢？也就是说，人要会表达自己的意思。由此可见，在日常生活中的谈话中，运用得体的讲话方式来向对方表达清楚自己的意思是十分必要的。

一、谈话的仪态、语速与语气

在日常的交流中，双方的谈话除了通过最直接的语言进行表达外，还离不开得体的仪态等进行辅助，而且有些内容并不能完全通过语言得到很好的表达，所以在谈话的过程中，仪态等内容十分重要。

（一）仪态

汉代班固《白虎通义》的《姓名》篇中有记载："人所以相拜者何，所以表情见意，屈节卑体尊事之者也。"表情，是表现在面部或姿态上的思想感情。表情是人的主观体验的外部表现形式，谈话时人的仪态主要有三种方式：面部表情、语音语调和身体姿态。

1. 面部表情

面部表情是一种十分重要的非语言交往手段，是指通过面部肌肉的变化来表现各种情绪的状态，具体可分为八类：感兴趣—兴奋、高兴—喜欢、惊奇—惊讶、伤心—痛苦等。

微笑是社交场合中最富有吸引力、最恰到好处的面部表情。微笑表达了友善、诚信、谦恭、和蔼、融洽等美好的感情，能够使人相悦、相亲、相近，是礼貌的表示，所以，在谈话过程中保持微笑是基础，同时也是十分必要的。

日常的交往或是谈话中，合适的表情能够更好、更准确地表达说话者想要传达的信息，除微笑外，上述其他表情应在实际运用中酌情使用。

2. 语音语调

我国宋代大文豪苏轼曾有文曰："言有浮于其意，而意有不尽于其言。"说明语言所能够表达的内容十分有限，而言之外的意就需要用其他方式进行传达。语言本身可以直接表达人的基本意思，配合以恰当的声调就可以更加丰富、生动、完整、准确地表达人的情感状态。

在我们和别人的交谈中，我们不仅要听对方说了些什么，还要听他说话声音的高低、强弱、起伏、节奏、转折等语调变化，从而体会其"言外之意"。当然，我们在说话过程中也要注意语音语调的变化，借以更好地表达我们想要表达的意思。

3. 身体姿态

身体姿态在一定程度上可以解释为身体语言，即肢体语言。在说话的时候配以适当的身体语言，可以使言谈更加生动，但是肢体语言的运用应该注意不要夸张，在什么样的场合用什么样的肢体形态十分重要，应具体把握。

在生活中，我们需要知道，不同的肢体语言在不同的地方可以传达出不同的意思，例如，盯着别人的眼睛看，在一些国家是表示对对方感兴趣，但在另一些国家，是被认为无理的，对别人不尊重；做 OK 的手势，在美国表示同意，在日本表示钱，在法国，这个手势被认为是 0，而在巴西和德国，这个手势很粗鲁；在很多国家，点头是肯定，摇头是否定，但是在保加利亚、伊朗和希腊的一些地方，却是点头否定，摇头肯定；举大拇指在中国表示“好、了不起”，有赞赏、夸奖之意，而在意大利、希腊，拇指向上则表示“够了”，向下表示“厌恶”“坏蛋”等。所以在交流谈话中，适当准确地使用肢体语言有助于双方的相互交流和理解，但是一定要充分考虑到各方面因素，以免引起不必要的误会，阻碍谈话的顺利进行。

（二）语速

《邓析子·转辞》篇中：“一声而非，驷马勿追；一言而急，驷马不及。”强调了语速的控制在交谈中的重要性。在与他人的交谈中，我们需要使用恰当的语速以达到使对方准确清楚地理解话语的意思，因此，如何准确把握讲话的语速是我们所需要注意的问题。

语速，是人类社会特有的语言表达定义，是指人们在使用具有传播或沟通意义的词汇表达或传播信息时，单位时间内所包括的词汇容量。语速与语言信息接收之间互相制约，这也是在日常生活中我们常常会发现同一句话用不同的语速表达会产生不同的含义的原因，语速过快、过慢或者忽快忽慢，都会影响表达效果。由此可见，在和他人交谈的过程中，应将语速加以控制，使之保持匀速，快慢适中。

1. 影响语速的因素

（1）性格：每个人的性格都会有所不同，随之会影响到日常的行为表现，说话语速就是其中的一个表现。性格温和的人在谈话过程中语速会十分缓和，不自觉地放慢语速。相反的，性格比较急躁的人在谈话中可能会过于冲动，语速加快，从而影响谈话的进行。在这两种性格中，语速过快与过慢都有碍于谈话的进行。

（2）文化程度：在生活中，我们会遇到形形色色的人，他们学历不同，文化程度也不同，在与不同文化程度的人进行交谈时，经常可以发现，学历越高的人说话语速会越发沉稳、有节奏，而学历相对较低的人说话则比较急促。因此，文化程度也是影响语速的一个重要因素。

（3）年龄：生活中与不同年龄阶段的人交谈是十分普遍的，我们会发现，年轻人往往心高气傲，在谈话中心浮气躁，语速也是起伏不定。然而随着年龄的增长，阅历的增加，语速则会逐渐地放慢，语气平和，显示出长者的大气与风范。因此我们可以发现，谈话的语速与谈话者的年龄有着一定的关系。

2. 如何准确把握语速

（1）在正常谈话中，要保证语速处在不快不慢的平衡点上。中央人民广播电视台播音员的语速是每分钟控制在 120 字，一般人说话一分钟都在 180～200 字。

（2）在演讲过程中，讲话的速度一般会比平时讲话要慢，如果你平时讲话的频率是每分钟160～180字的话，那你演讲时讲话频率就应该是每分钟120～140字。如果是正式的演讲，速率不能太快，一是听众难以听懂，二是容易使人产生怀疑，误认为演讲者怯场，因为人们在胆怯时往往语速较快。当然，讲话也不能太慢，太慢就显得拖拉，给人以愚笨、迟钝、缺少教养的感觉。初次上场的演讲者，容易犯的错误是速度太快，像"放鞭炮式的噼里啪啦"，一个调子、一个速度。当提醒自己"慢"后，他们又趋于慢得平坦，没有变化。所以，演讲不能总是一个速度，要做到急缓有致。

3. 如何处理好语速

（1）快慢的处理，并没有机械的固定的格式，而应根据感情脉络的起伏，语言环境的变化，人物性格的特点进行灵活掌握。

（2）快和慢是相对而言，快速并不能太快，太快会使听众过于紧张疲劳，慢速也不可太慢，过慢会使人腻烦厌倦。

（3）快速时应字字清楚，慢速时应不拖泥带水，做到快而不乱，慢而不弛，快慢结合，从而形成语言的节奏美，增强表达效果。

（三）语气

在语言学中，语气的概念是指思想感情运动状态支配下语句的声音形式，语气表达了说话者对某一行为或事情的看法和态度。

在现实生活中，我们经常会遇到这样的一些情况，如某人在公司与上司说话阿谀奉承，对等级较低的同事却高高在上，破坏了办公室风气，引起同事的不满，影响正常工作秩序；此外，还有的人在和众多朋友聊天时对和自己关系好的人表现得更为亲近，而对其他人则较为冷淡，导致朋友间的关系并不十分融洽。

由此可见，在谈话过程中，语气一定要亲切谦和，对上不谄媚，对下不傲慢，对远不疏离，对近不亲昵，只有这样，才能更好地进行交谈。

在日常生活中，我们常用到的语气主要有以下六个方面：

（1）陈述语气。该语气适用于普通场合，说话者只是想要传达某种信息，或陈述某个事实。例如，"今天天气很好。"这句话是为了陈述天气好这一事实情况，所以多使用陈述语气。

（2）疑问语气。该语气主要是用于向他人询问信息，寻求帮助或者是确定某一事实情况等，在使用这样的语气时应该要注意礼貌。例如，"你好，你知道陕西师范大学怎么去吗?"这句话在向他人询问信息，并且有礼貌用语，在生活中十分常见。

（3）感叹语气。该语气常用于表达内心的赞美、惊讶或者是愤怒。如"你这件衣服真好看啊!""你竟然做到了!""你干什么!"这三句话都是感叹语气，但是因为场合不同，所以传达了不同的意思。但是感叹语气因为较其他语气而言比较强烈，不容易把握合适的度，所以在使用的时候尤其需要注意。

（4）商量语气。该语气比较柔和，主要用于表达自己希望做某件事情的想法并且寻求他人的帮助。例如，"您看，这篇文章这样改一下是不是会更好一些。"这句话就是典型的商量语气，用词谦和有礼，既表达了自己的想法也咨询了他人的意见，会让人有好感。

(5) 反问语气。该语气主要在已经确定某事实的基础上，用于强调自己的观点，加强语气时使用。例如，“难道这件事情不应该是这样吗?”这句话在语气上有一点生硬，会让人觉得傲慢无礼，所以这样的语气在社交场合中应减少使用。

(6) 祈使语气。该语气较为生硬，更多时候是上级对下级，长辈或前辈对晚辈使用。社交场合中应该避免祈使语气的使用，以免给人留下颐指气使、没有礼貌的印象。

二、谈话的开启、中断与转移

在和别人进行交谈的时候，选择一个合适的话题是很重要的。那么，选择什么样的话题、如何开启一个话题，以及在话题进行过程中如何礼貌地中断或者是转移话题，都是我们在谈话过程中应该注意的。

(一) 话题的开启

在和他人进行谈话之前，我们通常都会以一种礼貌的方式向对方打招呼。在我国，熟人见面往往会以“你吃饭了吗”“你这是要去哪”等作为话题开启点。然而作为一个陌生人，以这样的方式作为话题的开启显然有些失礼。

那么究竟应如何在谈话之前正确地选择话题呢?

第一，一定要掌握正确的时机。在和别人进行谈话之前一定要对谈话的对象进行一定的观察，如果对方忙着做自己的事（如打电话），就一定要等对方忙完后再交谈；如果对方心情欠佳，或者是没有流露出想要和人聊天的想法时，就应该回避或者等待对方心情稍微好一些再上前开启谈话。

第二，当遇到了合适的时机也不能急着上前交谈，也不能在开始聊天时直接表露出自己的目的，而应该选择和谈话目的相关的却不会让人产生防备感的话题。例如，在英国，若想在公共场合和他人开启一段交谈，人们通常都会以“天气”作为切入点，然后进行简短的交流。

在开启话题时，尽量不要问对方只能答复“是或不是”“好或不好”的问题，这样会使得双方的交谈难以延续下去。事实上，开启话题最好的办法是“赞誉＋问题”。对谈话对象进行适当的赞美会让对方心情愉悦，并且产生好印象。

(二) 话题的中断

话题的中断可以分为两种情况。

1. 作为话题参与者

作为话题参与者，要中断某个话题时应该以一种抱歉的、较慢的语气向其他话题参与者表示歉意，并且说出中断谈话的原因。若是对他人提出的看法有不同意见，应等对方说完再进行自己观点的阐述，切忌随意打断他人的陈述。

小案例

在宏远公司年终举办的宴会上，公司总经理碰到项目总监高叶，然后俩人闲聊了起来，随后总经理聊到自己将要举行结婚典礼并邀请高叶前去参加，顺口问道：“看您也到该结婚的年纪了，什么时候办婚礼通知大家一声啊。”高叶由于一直忙于事业致使感情问题没有得到解决，面对如此尴尬的场面，高叶转而说道：“听说咱们公司今年的业绩较去年翻了一番，总经理可谓是双喜临门啊，恭喜恭喜。”接着同事们相继过来给总经理敬酒并一一送上祝福，整个年会的气氛显得无比融洽。

2. 作为插话者

作为插话者，要中断他人的谈话，应等正在发言的人说完，并且在插话前应该向他人打招呼，别人在谈话的时候不能直接凑上去，否则会让正在进行谈话的人产生厌恶。

小贴士

在举办会议时，会议的每一个议题都是提前拟定好的，并且发言人的发言时间也是固定的，然而，在实际情况中，有的发言人也许会因为个人的原因不能严格遵守发言时间限制，以至于在发言时间结束时不能完成发言，影响下一个议题的进行。面对这样的情况，如何打断发言者的发言就是一个很重要的问题。按照惯例，在会议举办时，会场都会配有一名摇铃员，摇铃员的主要职责就是在会议进行过程中，当发言时间结束而发言者的发言仍在继续时摇铃示意时间结束，以保证议题的正常进行。

（三）话题的转移

我们在交谈中经常会发现某一话题聊了一定时间后谈话双方都对这个话题没有继续聊下去的想法，谈话陷入一种较为尴尬的情景，此时就需要一个新的话题来活跃气氛。

在转移话题之前，一定要确定大多数人对现在进行中的话题没有兴趣或是不想就这个话题进行交谈，如果有人正在发言，就等发言的人表达完自己的想法后进行话题的转移。

要转移某个话题时一定不能打断正在发言的人，否则就会显得十分无礼，也会给他人留下不好的印象；话题的转移也不能过于生硬，太过生硬会让话题发起人感到尴尬，也会让其他人觉得你是在投机取巧；转移到下一个话题的过程中，应该注意其他人是否对新的话题有兴趣。

小案例

在天地文化公司上市10周年庆典上，高原、苏明、韩梅三个不同公司的总经理助理聚在一起聊天，在聊天的过程中，话题提及了公司盈利等内容，为了避免公司财务明细泄露，高原适时地以一句：“听说最近发生了一件……”成功地将话题转移，并且开启了另一个大家都感兴趣的话题。

三、提问与回答

（一）提问的方式与技巧

提问是谈话中双方实现意见沟通的主要途径。通过相互间的提问，了解彼此想法，从而达到解决问题的最终目的。因此，在谈话过程中，适度把握相应的提问方式与技巧有利于谈话的顺利进行。

1. 征询对方意见

在向对方提问时应先征询对方的意见，如“我可以问您（你）一个问题吗”或“您（你）方便回答我几个问题吗”，在征得对方同意后进行发问。

在谈话过程中，我们经常会对对方所说的话产生疑问，这时候，如果直接提出自己的问题可能会让对方感觉无礼并且拒绝回答，在这样的情况下，想要问对方问题就应该以谦逊的态度、礼貌的语气询问、征求对方的意见，在获得对方许可后再行发问，这样才能让被提问者乐于回答并且给人留下有礼貌的良好印象。

2. 选择合适的方式

提问时通常会用到两种方式：开放式提问和封闭式提问。

（1）开放式提问，即提出为引导对方自由开口而选定的问题的方式，也称间接提问。这种提问方式多采用“什么”“哪里”“告诉”“怎样”“谈谈”等词。

开放式提问有利于对方自由回答，也有利于提问者掌握更多、更有用的信息。

小贴士

在采访中，记者向被受访者提问时多采用“您认为……怎么样?”“您对……有什么样的看法?”“那么您能告诉我您对……有什么意见吗?”一类的提问方式，这样的回答让被采访者有更多的空间来表达自己，也让采访者可以更好地了解被采访对象的想法。

（2）封闭式提问，即提出能够引导谈话的主题，是一种由提问者选定话题来限定对方回答内容的方式，也称直接提问。这种提问方式多采用“能不能”“对吗”“是不是”“会不会”“多久”等疑问词。

这种提问方式常见于辩论、谈判等气氛紧张的场合，在这样的场合下，以封闭式方式进行提问，更有利于主导谈话内容，并借此达到提问者想要达到的目的。

案例

在宏远公司举办的一次员工辩论赛中，正反两方的辩论一直是剑拔弩张，尤其在攻辩环节，双方二、三辩手准确地就对方的漏洞提出一系列犀利的问题，而他们的提问都是采用封闭式提问，让回答者不能反驳或是表达其他的观点，也使得辩论赛更为精彩。

【评析】封闭式提问有利于提问者获得一些更加具体的资料和信息，但这种方式会给对方造成压力，同时也不利于自己对信息的收集。

这两种提问方式各有不同，但是两者的界定不是绝对的，同一个问题在一种情况下是封闭的，到了另一种情况又可能是开放的，存在着相互转化的可能。所以，提问者在发问时应根据具体情况选择合适的提问方式。

3. 言语表达清楚

在提问的过程中，叙述要清楚明白，即要将自己想提问的内容准确地表达出来，否则对方无法正确理解并做出相应的回答。

案例

宏远公司举办产品发布会，邀请了很多记者，会上，某商报的记者提出问题："请问您认为贵公司的产品有什么优势?"该记者本是想针对此次发布的新产品进行发问，但是由于其表述不够准确，不能使被提问者了解其意图，因此，被提问者更多的是针对公司所有产品共有特点进行了回答，而该记者也没有得到自己想要得到的信息。相比之下，另一报社记者就更加准确地提问："请问，您认为贵公司此次发布的产品在哪些方面比其他产品更吸引消费者呢?"这样的提问方式使回答者在回答时有了明确的方向，而提问者也得到了自己想要得到的信息。

【评析】由此可见，在提问时，更加明白准确的提问不仅可以使对方正确理解并作答，而且还有利于提问者得到更多自己想要获得的信息。

4. 语气谦和、有礼

我们在生活和学习中不难发现，在与人交流尤其是向他人提出问题时，谦和有礼的提问更容易让他人接受。谦和有礼不只是对于同级或上级，更多的是在面对自己不懂的事情时，不因为对方的身份、地位或其他方面不如自己而趾高气扬。

案例

孔子是我国伟大的思想家、政治家、教育家，儒家学派的创始人。人们都尊奉他为圣人。然而孔子认为，无论什么人，包括他自己，都不是生下来就有学问的。一次，孔子去鲁国国君的祖庙参加祭祖典礼，他不时向人询问，差不多每件事都问到了。有人在背后嘲笑他，说他不懂礼仪，什么都要问。孔子听到这些议论后说："对于不懂的事，问个明白，这正是我要求知礼的表现啊。"那时，卫国有个大夫叫孔圉，虚心好学，为人正直。当时社会有个习惯，在最高统治者或其他有地位的人死后，给他另起一个称号，叫谥号。按照这个习俗，孔圉死后，授予他的谥号为"文"，所以后来人们又称他为孔文子。孔子的学生子贡有些不服气，他认为孔圉也有不足的地方，于是就去问孔子："老师，孔文子凭什么可以被称为'文'呢?"孔子回答："敏而好学，不耻下问，是以谓之'文'也。"意思是说孔圉聪敏又勤学，不以向职位比自己低、学问比自己差的人求学为耻辱，所以可以用"文"字作为他的谥号。

【评析】在向对方发问时，尤其需要注意自己的语气，要让对方感觉到提问的诚意，从而愿意认真回答。例如，有人询问某件物品在何处购买时运用"我想请问一下，×××在哪里买的？谢谢!"和"×××在哪里买的?"两种提问方式，大部分人更乐于回答第一种提问方式。这是因为第一种提问的方式语气谦和，更有礼貌。

5. 避开禁忌

在我们向谈话对象提问的过程中，为了达到获得有用信息的目的，除了以上内容十分重要外，还有以下禁忌尤其需要注意。

（1）忌反复提问。在某些社交场合中，因为环境或者是其他方面的因素的影响，很多时候在我们提出问题以后或许不能得到自己想要的回答，面对这样的情况，很多人会选择将自己提出的问题重新复述一次甚至多次。殊不知，这样的行为只会让被提问者认为提问者不礼貌或者是没有认真听，因此拒绝回答问题或者是不认真作答。

（2）忌辛辣尖锐。在电视节目中，我们常会看到这样的情节，某娱乐明星举办新闻发布会，邀请了很多记者，但是到场人员良莠不齐，其中，某些娱乐小报的记者会很直接针对该明星的绯闻进行提问，让明星十分尴尬，无法作答，使得发布会现场混乱不堪，导致发布会不能顺利进行，匆匆结束。

（3）忌一时多问。很多人在提问前会有一定的准备，但是有些时候，因为心理因素的影响，提问者可能会因为紧张而在提问时一次性抛出多个问题让回答者回答，这样不仅不能达到提问的效果，还可能让回答者在回答过程中遗漏重要信息。

（4）忌自恃身份。有的人因为社会身份尊贵或是家庭条件优越，在向比自己身份地位低或是家庭条件不如自己的人提问时会不自觉地带有一种自以为是的傲慢语气，让被提问者感觉到自己不被尊重，因此拒绝回答或是不认真回答问题。

（二）回答的方式与技巧

在谈话时避免不了对方的提问，如何更好地回答成为我们必须要考虑的问题。

1. 正面回答

针对问题，回答者应当正视问题，并根据问题的设置采用合适的回答方式，在问题不涉及隐私、机密的情况下做出正面回答，避免模棱两可、含混不清的回答。

2. 侧面回答

若提问者提出过于尖锐敏感的问题，不宜拒不作答，应采取合适的方式巧妙地避开这个问题或者以幽默诙谐的语言化解。

小案例

某明星接受访谈时被问及：“长这么帅是否有整容”时，他机智地回应：“工作太忙，没时间整容”，更主动让主持人现场进行验证。这位明星的回答并没有避开问题，反而以一种风趣幽默的语气回应记者的刁难，既未失风度，又缓和了现场尴尬的气氛。

3. 诚恳作答

在回答问题时，回答者应诚恳作答，不能不懂装懂，随意夸大事实，歪曲真实情况。

案例

在宏远公司的某次年会上，场面和谐，其乐融融。为了更好地调动大家的情绪，使整个会场的气氛达到燃点，公司总经理呼吁大家现场跳舞，同时问身边的秘书高叶："你知不知道DJ都是如何打碟的?"高叶为了赢得总经理的好感便胡乱编造了一段话回答总经理，总经理信以为真，于是真让人搬来一套设备，但是设备搬到现场之后，秘书高叶则变得十分心虚，他并没有想到总经理竟然真的会将设备搬来现场，谎言无法再继续，于是他才告诉大家他并不会实际操作，弄的现场气氛十分尴尬，总经理也表现得十分不悦。

【评析】秘书高叶为了自己的面子和领导的赏识在回答的时候选择编造假话，然而最后被拆穿，更使得自己在领导面前的信任度下降，造成了适得其反的效果。因此，在面对别人的提问时，我们应该实事求是，做到诚恳作答，才会避免出现类似的尴尬。

第三节　聆听的艺术

古语道："愚者善说，智者善听。"弗朗西斯·赫塞尔本说："沟通不仅仅是把话说出来，而是要让对方听进去。"美国俄亥俄州立大学研究发现，成人在一天时间里，有7%的时间用于交流，而在这7%的时间里，30%的时间用于说，而高达45%的时间是用于听的。我们知道，说话是为了向听者传递信息，而听话是为了能够准确地把握谈话者的意图、流露出的情绪、传播出的信息，并促使对方继续说下去。那究竟如何才能实现有效聆听呢?

要实现有效聆听，我们必须了解信息传递的过程及方式。信息的传递过程如图7-1所示：

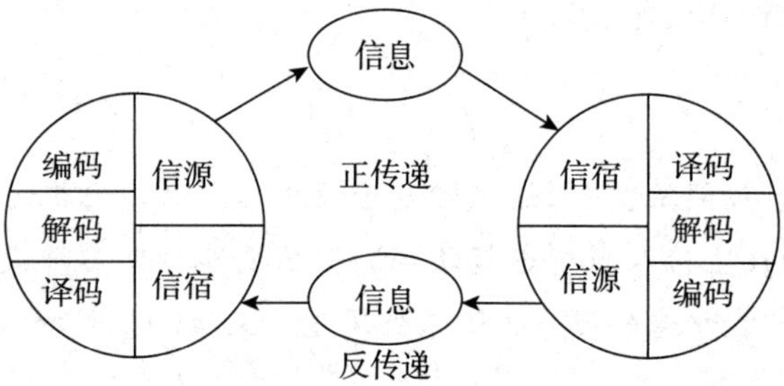

图7-1　信息的传递过程

信息传播过程简单地描述为：信源→信道→信宿。其中，"信源"是信息的发布者，例如，人们交谈时人的发声系统就是语声信源；"信宿"是信息的接收者；"信道"就是信息传递的通道，是将信号进行传输、存储和处理的媒介。此外，编码是指把信息变换成讯息的过程，这是按一定的符号、信号规则进行的；译码是对信息进行与编码过程相反的变换过程，就是把信号转换为讯息并还原为信息意义的过程。一个有效的信息沟通过程需要信源（信息发出者）、信宿（信息接收者）、信道（信息沟通渠道）及信息共同作用而成。而有效的聆听也就是信息接收者对接收到的信息进行解码的过程。

一、从信息发出者的角度看

谈话者的交谈目的是想要对方听懂并同意自己的观点，因此如何有效地传递信息给受者是谈话者应该重视的问题。有效地传递信息给受者，不仅指受者能够接收到来自施者的信息，更重要的是受者能够接收到准确的信息。谈话者要运用一定的沟通技巧，选择合理的沟通方式，才会收到预期的语言表达效果。

（一）清晰的表达

清晰的表达要求谈话者在谈话开始之前在头脑中对所讲的内容有清晰的思路，口语表达要具有逻辑性，语言内容要突出重点。讲话要从结论说起，先说中心思想，然后再往前推演，形成清晰的表达结构，并强调表达中的重点内容，这就要求表达者不仅要言之有物，更要言之有序，这样的表达能够让倾听者抓住主要内容，得到有效倾听。

（二）正确的沟通态度

在语言交际中，谈话者态度要诚恳，要注意营造和谐友好的沟通氛围，良好的沟通氛围是得到对方信任和支持的基础，如果谈话者一开始就没有端正态度，那么倾听者自然不会重视谈话内容，所谓的沟通渠道就会中断。如果领导和员工在交谈之初，领导就以不屑的态度对待员工或者对员工百般挑剔，员工自然不会有心情倾听后面的内容，就会导致领导一直在说教，而员工却因为心理压力阻碍了倾听渠道。但如果领导在谈话时注意谈话态度，对员工给予肯定，以和蔼的态度耐心地指出员工的不足，消除员工的心理恐慌，那么倾听渠道自然会畅通。

（三）有效地利用聆听者的反馈信息

谈话者要时刻注意倾听者的神态和姿态的变化。如果他始终和你保持眼神的交流，并积极地回应，说明你所交流的话题正是感兴趣的，这时话题可以继续，如果对方的眼神没有聚焦在你身上而是东张西望，或者只是用“嗯”“啊”“噢”“好好好”等词语来回应时，你就要及时地改变谈话方式或转移话题。

（四）选择合适的沟通环境

环境干扰是影响倾听的最主要的因素之一，交谈时的环境各种各样，交谈的环境质量会影响人的注意力，从而影响专心倾听。沟通环境不仅指交谈发生地点的环境，还包括沟通时的语言环境、社会环境等。比如领导在会议厅里向下属征询意见，大家会十分认真地发言，但如果交谈环境换成餐桌上，员工可能会畅所欲言地发表自己的观点，领导就会听到更多的观点，这是因交谈发生地的不同而产生不同的沟通效果。在跨国公司中，由于员工来自不同的国家，受到不同文化的影响，语言环境会出现差异，如有的人口中的“做得好”就是意味着“棒极了”，而有的人口中的“做得好”就只是“一般般，还凑合”的意思，这是因为语言环境的差异而产生的沟通障碍。

二、从信息接收者的角度看

卡耐基说：“一双灵巧的耳朵，胜过十张能说会道的嘴巴。”倾听就是听话者以积极、认真、专注的态度听取讲话者的陈述，观察讲话者的表达方式及行为举止，及时而恰当地进行信息的解码和反馈，并从中获取有效信息的过程。一个好的倾听者不仅能够发出有效的信息，而且懂得如何更好地接收信息。

（一）聆听时需要集中注意力，全神贯注

倾听他人讲话就像收听电台广播，要想取得好的收听效果，一次只能听一个台。试想你同时收听两个电台，结果是除了嘈杂声，什么也听不清。一边听人讲话，一边做其他的事情就如同同时收听两个电台，最后将是毫无收获。所以在聆听之前应该决定注意力的集中方向，如果选择听对方讲话，就应该将一切可能分散注意力的事情放到一边。

小案例

小张向一位客户推销产品，当客户正要付款时，另一位推销员和小张谈起昨天的足球赛，小张便一边说笑一边伸手接钱，不料客户突然掉头而去，连东西也不买了。原来，那位客户在付款的时候，谈起自己儿子考上了名牌大学，而小张却只顾着和同事谈论足球赛，丝毫没有认真聆听客户谈论他的儿子，这就是小张此次推销失败的原因。

（二）聆听时要做出及时、积极的回应

用心聆听不只是消极的不出声，而应该是积极主动地配合。当你同对方交谈时，要不时地对顾客的意图作出判断，并用语言或非语言形式让对方感觉到你在积极地参与谈话。眼睛是信息的窗口，可以传递情感，在沟通时聆听者要面向对方，看着对方的眼睛，与对方进行目光交流。恰当的面部表情有助于激发对方与你分享他的真实感受和想法，必要时应根据对方所说的话做出一些恰当的评述或问一个问题引导对方自己找出解决的办法。

小案例

一位老板和自己的经理共进晚餐，每次当漂亮的女服务员经过他们身边时，经理的视线就会一直追随着她，直到看不见为止。老板当时感到自己受到了莫大的侮辱，并认为，“对他来说，那位女服务员的腿显然要比我说的话更重要，他一点都没有认真听我讲话，完全漠视了我的存在!”因此，为了有效地进行谈话，与谈话者积极地回应是必要的。

（三）聆听的注意事项

《礼记·曲礼》有言：“长者不及，毋儳言，正尔容，听必恭，毋剿说，毋雷同。”孔颖达说：“长者正论甲事，未及乙事，少者不得辄以乙事杂甲事，暂然杂错师长之说。”听

长者在谈话时，长者没有同自己谈话，就不要随意插嘴。而在交流过程中的倾听，也一样适用，倾听中不要随意打断别人的谈话，也不能消极倾听。

1. 要留意谈话中的有效信息

（1）数字信息。在很多涉及商务的谈话中，往往会出现较多的数字信息，如产品的价格、数量、交易额等，倾听者要具有一定的数字敏感度，准确捕捉关键的数字信息，这事关谈话的成败。

（2）连词。当谈话者语言中出现“因此”“但是”等词语时，分别说明谈话者开始总结观点或者对于话题已有了新的看法，这时倾听者就要着重留意谈话者接下来所讲的信息。

（3）话外音。谈话者如果说“我只是和你说说的”，倾听者应该能够体会到他对你的信任；谈话者如果说“我说的确实是心里话”，表明谈话者在担心你是否真的相信他；谈话者如果说“这些都是别人告诉我的”，说明谈话者在澄清自己，表明在这件事情中自己没有责任。

2. 不要随便打断对方的谈话

认真听完对方的谈话再做出回应是对对方最基本的尊重，如果在倾听的过程中随意打断别人的谈话，就会让交流难以顺利进行，谈话者也会因为你的打断产生负面情绪，甚至会出现“忘词”现象，这样使交流信息受阻，倾听者很难听到完整信息。在谈话者没有表述完就打断谈话，也容易曲解谈话者的本意，造成误解。

3. 不要以自我为中心，给倾听者回应的机会

滔滔不绝地说话会让倾听者感到厌倦，适当给倾听者留出回应的时间和机会，可以调动倾听者的积极性，有利于发扬民主。冗长的叙说并不一定带来理想的交流效果，在交流中，给倾听者一定的机会回应你的谈话，既能交流思想，也能在回应中保证沟通渠道的畅通。

4. 回应切忌敷衍了事，避免聆听中的小动作

在对方没有完整表达自己观点或意见之前，要牢记不可做过分夸张的动作，如拍桌子、拍大腿，或做过于丰富的表情等，也不能立即回应“我知道了”“哦，我清楚了”等敷衍的话语。

此外，谈话过程中，聆听者要尽量避免一些不文雅的小动作，例如，跷二郎腿、挠耳朵、频繁看手表等。这是对谈话者不尊重、不礼貌的表现。

本章思考题

1. “沟通不仅需要嘴巴，更需要耳朵”。你如何理解这句话的含义？
2. 你认为在正式场合中的谈话需要注意什么？非正式场合的谈话与之有何区别？
3. 在一场谈话中，如何恰当地加入到别人的对话当中却又不失稳妥？
4. 推销员张某说：“李先生，通过观察贵厂的情况，我发现你们自己维修花的钱比雇用我们还要多，是这样的吧？”

顾客李某：“我也认为我们自己维修不太算，你们的维修服务确实不错，但是毕竟你们缺乏电子方面的……”

推销员张某：“对不起，请允许我插一句……不过有一点我想说明一下，任何人都不是天才，修理汽车需要特殊的设备和材料，比如真空泵、钻孔机、曲轴……”

顾客李某：“是的，不过，你误解了我们的意思，我想说的是……”

推销员张某：“我明白你的意思，就算你的部下绝顶聪明，也不能在没有专用设备的条件下干出有水平的活来……”

顾客李某：“现在等一下，张先生，等一分钟，让我只说一句话，如果你认为……”

在上述情景中，你认为推销员张某的谈话方式存在什么问题？

5. 通过本章的学习，谈谈你对于谈话礼仪的认识。

6. 分小组进行角色扮演，并模拟你感兴趣的谈话场景。

第八章
求职礼仪

良禽择木而栖，贤臣择主而事。

良马盼伯乐，伯乐觅奇才，是古今不变的规律。我国自古就十分重视人才的选拔，提出了“知人”的观念。各阶层的能人才子也想尽方法，展其绝技，或在名利场上独占一席之地，或归于贤主门下为其出谋划策。事实上，无论是选择居庙堂之高，还是处江湖之远，职业是社会分工的必然结果，谋一份差是每个社会人不可避免要面临的境况。

在就业竞争愈演愈烈的当今社会，人才评测的机制不断创新。在求职时，如何给用人单位留下好印象，如何在众人中脱颖而出？单凭知识、才干和一腔热血是不够的，一些适用的礼仪技巧同样是每位求职者的制胜法宝。

所谓求职礼仪，是公共礼仪的一种。是指求职者在求职过程中与招聘单位接触时应具有的礼貌行为和仪表形态规范。它通过求职者的应聘资料、语言、仪态举止、着装打扮等方面体现其内在素质，进而影响面试官的招聘决策。心理学家奥里·欧文斯说：“大多数人录用的是有礼节的人，而不是能干的人。”得体的礼仪在求职中的重要性不言而喻。谦谦君子总会令人过目难忘，情礼兼备者往往能在竞争中事半功倍。

第一节　求职准备

一、客观的自我评判

德国哲学家戈特弗里德·威廉·莱布尼茨曾经说过，

“世界上没有两片完全相同的树叶”，人更是如此。职业是社会分工的结果，也是个人对自己社会角色的选择。

曹魏时期的思想家刘劭认为，人分为不同的流别，大概有十二类。不同的人物流别其所擅之业亦有不同。清正守节的人，可以任用为师傅教导子嗣；擅长法令的人，可以任用为司寇来掌管刑法；擅长道术的人，可以任用为三孤来辅佐王公。三种材质兼备者，可以任用为三公以谋划国策，三种材质细微深达者可以任用为冢宰以观测天象。具有批评才能的人，可以任用来辅佐师傅行教化；具有智意的人，可以任用来辅佐冢宰观天象；擅长技巧心智者，可以任用为司空以掌管制器；儒雅贤达的人，可以任用为安定民心的官职；擅长作文立说的人，可以任用他记载国史；能言善辩的人，可以任用为外交使者；骁勇雄杰的人，可以任用为将军统帅。这就是所谓的人尽其才，人主之道得以立，臣子之道得以正，官员各定其位分，天下太平得以实现。

闻道有先后，术业有专攻。每个人所处人生阶段、受教育程度、家庭成长环境、个人经历背景等各方面的差异都会造成职业能力和求职观念的分歧，因此，充分地自我认识，客观地评价自我，是广大求职者求职过程的第一步。在求职之前，认真地对自己进行一番分析和研究，认清自己的优势和特长，审视自己的劣势和不足，从而扬长避短，这对于选择和赢得一份适合自己、能够胜任的工作是十分必要的。全面而客观的自我评析不仅体现求职者对自己职业生涯负责任的态度，有利于其在求职中掌握方向，提高成功率；更是求职者真诚地将自己推荐给招聘方的前提和尊重招聘方的体现。

自我认识是自我开发、自我经营和自我超越的基础。那么，如何充分地了解自己，从而为自己的职业选择做出指导呢?

（一）心理测评

心理测评是一种根据人们在社会生活中表现出来的认知、情感、情绪、意志等生理反应和心理过程，测量个体的职业兴趣、职业性格和职业能力的活动。目前，心理测评广泛应用于就业指导和职业评估，求职者们可以通过职业能力倾向或性格方面的测试等心理学成果的帮助，了解自己的性格类型和适宜职业。

1. 四类气质心理测试

四类气质心理测试是一种典型的职业性格测评。众所周知，不同职业对人的气质有特定的要求，如要求医务人员耐心、细致，要求飞行员机智灵敏、注意力集中等特点。心理学家把气质分为多血质、胆汁质、黏液质、抑郁质四种类型。不同气质类型的人在生活和工作中会表现出不同的心理活动和行为方式。人的气质具有相对的稳定性，但后天也可以锻炼改造，况且纯粹属于某一气质类型的人很少，大多数人都是几种气质类型兼具的混合体，因此在选择职业时要注意扬长避短。

四种典型气质的心理特征与适宜职业对照如表 8－1 所示。

表 8-1　　四类气质心理测试

分类	特点	适宜职业
多血质型	活泼好动、善于交际、思维敏捷、容易接受新鲜事物、敏感。	导游、推销员、节目主持人、演讲者、外事接待人员、演员、市场调查员、监督员等。
胆汁质型	坦率热情、精力旺盛、容易冲动、脾气暴躁、思维敏捷、准确性差、情感外露且持续时间不长。	管理工作、外交工作、驾驶员、服装纺织业、餐饮服务业、医生、律师、运动员、冒险家、新闻记者、演员、军人、公安干警等。
黏液质型	感受性低、耐受性高、不随意、外部表现少、情绪具有稳定性、反应速度不快但灵活。	外科医生、法官、管理人员、出纳员、会计、播音员、话务员、调解员、教师、人事主管等。
抑郁质型	沉静、对问题感受和体验深刻、情绪不容易表露、反应迟缓但是深刻、准确性高。	校对、打字、排版、检察员、雕刻工作、刺绣工作、保管员、机要秘书、艺术工作者、哲学家、科学家等。

2. 霍兰德职业倾向测试

霍兰德制订了由兴趣倾向问卷、个人经历问卷和人格倾向问卷三个部分组成的试题，分别对测评者的兴趣、能力和人格特点进行测评。同时，按照不同的职业特点和个性特征，将人分为六类：现实型（R）、探索型（I）、艺术型（A）、社会型（S）、管理型（E）和常规型（C）。这六种类型的人具有不同的特征，并根据测评者的人格类型与各类职业的客观需求，推荐给测评者适宜的职业。

3. MBTI 职业性格测试

MBTI 人格理论的基础是著名心理学家卡尔·荣格关于心理类型的划分。他从纷繁复杂的个性特征中，归纳提炼出 4 个关键要素——思维、情感、感觉和直觉，并进行分析判断，从而把不同个性的人区别开来。MBTI 职业性格测试是一个不断引导人们暴露、进而认清自我本来面目的测试。通过对测评结果的综合分析，可以帮助测评者发现和确定自己的职业兴趣和能力特长，使我们对与自身性格匹配的职业类别、岗位特质有更为明晰的认识，帮助我们在就业、升学、进修或职业转向时，做出最佳的选择。见表 8-2 所示：

MBTI 职业性格测试将人的性格类型分为十六种，如下表 8-2：

表 8-2　　十六种性格类型表

内倾感觉思维判断 (ISTJ)	内倾感觉情感判断 (ISFJ)	内倾直觉情感判断 (INFJ)	内倾直觉思维判断 (INTJ)
内倾感觉思维知觉 (ISTP)	内倾感觉情感知觉 (ISFP)	内倾直觉情感知觉 (INFP)	内倾直觉思维知觉 (INTP)
外倾感觉思维知觉 (ESTP)	外倾感觉情感知觉 (ESFP)	外倾直觉情感知觉 (ENFP)	外倾直觉思维知觉 (ENTP)
外倾感觉思维判断 (ESTJ)	外倾感觉情感判断 (ESFJ)	外倾直觉情感判断 (ENFJ)	外倾直觉思维判断 (ENTJ)

4. 古希腊职业性格测试迷宫

求职者甚至可以通过做一些趣味测试增强对自己的了解。如古希腊职业性格测试迷宫就是一种传播广泛的趣味职业测试，见图 8－1。它根据不同性格人的心理特征，进入迷宫后选择不同的路径从而到达不同的出口，对人适宜的职业做出五种类型的区分。

图 8－1　古希腊职业性格测试

终点为 A 的人：

你属于比较有个性的一类人，做事情富有冒险精神，讨厌一成不变的事物。你有自己的世界观，并且不容易受到别人的左右，有些固执。适合的职业：警察、教练、作家。

终点为 B 的人：

自信的你有时候也会犹豫不决，你属于比较有灵性的一类人。你对周围世界的事物有比较敏锐的洞察力，但感情比较丰富，容易受到外界的干扰。适合的职业：漫画家、会计、导演、设计师。

终点为 C 的人：

直率的你往往有些不拘小节，或者说容易忽略一些细节，对周围事物的洞察并不是十分的敏锐和细致，但总会把握大的方向，朋友们也喜欢与你交谈。适合的职业：领导、律师、指挥。

终点为 D 的人：

你对生活的态度很坦诚，并不喜欢大风大浪，属于稳中求进的一类人。你喜欢模仿胜于创新，比较注重亲情，对生活的态度比较随和，但常常会缺乏目标。适合的职业：医生、教师、歌手、记者、工人。

终点为 E 的人：

你对身边亲人和朋友的依赖性比较强，对你喜欢、熟悉的事物，经常会产生怀旧感，当遇到陌生的事物时，会有些莫名的紧张。适合的职业：演员、司机、商人、基层管理人员。

当然，性格没有好与坏，测试的目的是反映最真实的自己。如果你认为测评中的分析与你的自我认识存在差异，请记住，这些心理测评只是一种辅助或者参考，最终做出决策的还是你自己。

（二）自我分析

曾子说："吾日三省吾身：为人谋而不忠乎？与朋友交而不信乎？传不习乎？"古代君子尚且如此，今人自当见贤思齐。一个人要时常在人生的各个阶段对自己的学习和工作生活中的表现做一个自我总结，并通过总结更好地达到"知己""修己"的目的，这对于职业生涯规划和职业道路选择具有重要意义。

你有哪些优点和缺点？哪些优点有利于你所求的职位？哪些缺点是你应聘某些职位的致命伤？你有哪些经历和成就？哪些经历让招聘方感兴趣？哪些成就能让你脱颖而出？这些都是需要在求职之前，首先考虑的问题。

求职者应当认识到，招聘方在进行人员甄选时，并不能以一两次面试评测一个人所有的素质，而是有选择地去评测他最需要评测的内容。一般来说，招聘方对应聘者的衡量要素主要包含三个方面，这也为求职者在面临职场竞争时进行自我分析提供了三个方向。

第一是综合能力。应聘者是否具备从事工作所需的基本能力和素养，如个人修养与礼仪、口头表达能力、综合分析能力、人际交往能力、反应与应变能力、进取的工作态度等。这些大都能通过应聘者的形象、肢体动作、语言交流、对人的感染力等方面进行评判。这就要求应聘者明晰自己在各类能力中的优缺点，尽量展现出自己最好的一面。

第二是专业技能。应聘者是否具备工作所需的专业技能，如秘书工作者办文、办会、办事的能力，人事工作者在人力资源管理中进行资源规划和对员工进行管理培训的能力等。对应聘者掌握知识的深度和广度，将知识运用于实践能力的考察，可以通过笔试、情景化问题面试等方式进行评判。这就要求应聘者认真分析自己专业技能的层次和水平，应当用证书成绩和过往经历作为凭证。

第三是资质经验。应聘者是否具有与空缺职位相关的工作经历，是否在以往经历中不断总结经验，学习进步，这关系着应聘者能否以最快的速度投入到工作中去，并且不断地从总结和学习中产生新的思路和想法。对应聘者工作经历的了解，主要通过个人简历上的工作经历和求职者对过往经历相关问题的回答来体现。这要求应聘者对自己参加过的工作、活动等做一个总结，并对此作出客观评价，要善于总结成功经验，善于从挫折中学习，在需要时选择出适宜自己应聘岗位的那部分，展示给招聘方。尤其是初入职场的大学生，应重视自己的实习经历，这是面试官十分重视的，不能因其不丰富、不出彩而避之不谈。

（三）旁人评判

心理学家认为，在与他人交往的过程中，他人对自己的评价和态度好像是一面镜子，能让我们从"外面"来认识自我。"当局者迷，旁观者清"，有时候，自己未必是最了解自己的人，我们需要从旁人的评判中获得对自己的认识。

我们都有一个相对固定的生活圈子，不同的环境等于不同的圈子。我们周围时刻都有不同年龄、不同性别、不同职业，而又非常熟悉自己的人，他们了解你的程度和视角各不相同。平时多和他们交流，把他们对你的建议、看法综合起来，就会得到一个较为客观的评价。

父母、老师等长辈有一定的社会经验和求职经历，他们更了解社会形势及你在同龄人中的优势，听从他们的意见有时能让你事半功倍。另外，同学、朋友等同龄人，与你身处相似的人生阶段，且人数众多，社会角色各异，他们的看法会十分广泛而全面，十分具有参考价值。此外，地缘关系、业缘关系和广缘关系中的相识者，一般相交甚浅，关系并不十分紧密，他们对你的评价会更为理性、客观和直接。

兼听则明，偏信则暗。在听取旁人的意见时要全面、广泛，善于辨析旁人的评价中客观、实用的部分，以完善自己的职场自我认识和评判。

二、正确的求职认识

正确认识“求职”，首先要正确认识职业的含义。从词义的角度看，“职业”一词由“职”和“业”构成，“职”是指职位、职责，“业”是指行业、事业。职业是参与社会分工，利用专门的知识和技能，为社会创造物质财富和精神财富，获取合理报酬作为物质生活来源，并满足精神需求的工作。

（一）求职的本质是双选

有人认为“求职”是乞求职位，是用自己所有“好”的一面去表现，以期望心仪的企业提供一份“有竞争力”的职位，于是伪饰自己的能力和经历，甚至在招聘方面前卑躬屈膝；有人将职业理解为一种等级身份，于是在求职中，只着眼于那些高高在上的岗位，不愿放下姿态，最终只会因眼高手低而导致竹篮打水一场空。

真正的“求职”并非乞求，而是一个“分析、研究和实践”的过程，是负责任地对自身认知以后，将自己的特点展示给自己心仪的企业，在双方认可并适合的情况下，去寻求一份对双方有利的职位。所以，成功的求职是求职者和招聘方的双向选择。招聘方在面试我，我也在面试他。他通过我的一举一动来判断我是否胜任，我也在通过一点一滴来审视他是否值得我为他效力。当然，从企业角度来说，面对如此多的求职者，招聘方当然会抓住机会，选择能力和个性特征最适合相关岗位的人。所以在求职时，要树立信心，如果用人单位不选择我，不代表我不够优秀，而是我未找到最合适自己的职业方向，我未能完全挖掘自己的潜能。

（二）求职的重点是观念

在端正自己的求职态度后，也要不断摒弃自己对于求职的偏见，正确的求职观念对于初入职场与职场转型的人都是十分必要的。

1. 树立职业平等观

职业体现社会分工的不同，并不是社会地位的高低，不同的职业可能面临不同的工作环境、收入水平和发展前景，但都是在体现自我价值的同时，为社会发展提供推力。三百六十行，行行出状元。只要踏实肯干，任何职业都能创出一片天地。

小贴士

习近平总书记向来重视职业教育，鼓励在行行业业培养出社会精英。2014 年全国职业教育工作会议，习总书记就加快职业教育发展作出重要指示。他将职业教育放到“为实现‘两个一百年’奋斗目标和中华民族伟大复兴的中国梦提供坚实人才保障”的高度。他指出，职业教育是广大青年打开通往成功成才大门的重要途径，各级党委和政府要把加快发展现代职业教育摆在更加突出的位置，努力让每个人都有人生出彩的机会。

对于职业和职业教育，习总书记早有论述。其在《之江新语》就曾提到：人本平等，职业无贵贱。三百六十行，行行都是社会所需要的。不管他们从事的是体力劳动还是脑力劳动，是简单劳动还是复杂劳动，只要有益于人民和社会，他们的劳动同样是光荣的，同样值得尊重。特别是农民工，既是经济建设的重要力量，也是构建和谐社会的重要力量，不但可以赢得重视和尊重，而且同样可以成为劳动者中的杰出代表和社会楷模。

2. 树立多种方式就业观

随着社会的发展，社会分工更加细致，出现许多新式职业，就业渠道也不断更新。新事物产生初期也许会遭受质疑，但作为一位明智的应聘者，应该具备辨别新事物的眼力和看到新事物发展前景的眼光，勇于尝试适合自己的新式职业和新的就业渠道。

3. 树立竞争择业观

目前，严峻的就业形势已经为人们所认知，每年高校毕业生的就业人数都在刷新历史新高。优胜劣汰是人类社会不变的规律，当你渴求一个职位时，问问自己是否曾为其付出了对应的努力，是否有十足的底气、能力。面对压力，求职者应勇于迎接挑战，同时要看到自己与他人的差距，不要有妒忌、仇恨的心理。求职者除了要懂得选择适合自己的职业外，更要树立不断学习的观念，提高自身的综合能力，创造自己的职场竞争优势。

小贴士

我国高校毕业生连年增加，职场竞争压力亦逐年增长。可参照下图的数据：

近年高校毕业生人数　　单位：万人

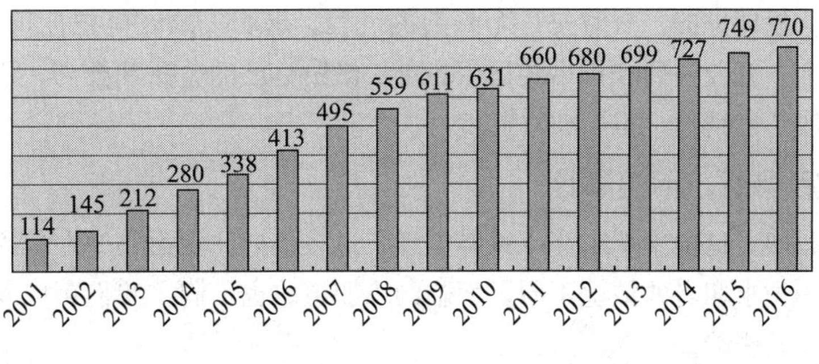

（三）求职的关键是态度

求职者应当认识到，择业是人生中的一件大事。尤其对初入职场的大学生而言，谋得一份职业是其完成与社会衔接的桥梁，也是其承担起家庭责任、满足父母希望的开始。不少大学生求职态度懈怠，做简历时不认真，其实都在无形地让你与潜在的就职机会擦肩而过。

求职者应当坚持认真负责、积极主动、全力以赴、珍惜机会的原则。即把求职当做自己的一份责任，积极主动、全身心地投入到求职的过程中去，尽自己最大的努力去为自己创造、争取每一次机会。例如，江苏省暨南京市2016届本科毕业生供需洽谈会于11月20日在南京国际博览中心举行，据调查，在场用人单位最看重的因素有以下几点：工作态度（93.9%），沟通交流能力（89.7%），专业基础知识（88.6%）。可以看出，工作态度已经渐渐取代专业知识成为用人单位最看重的一点。

案例

在2015年举办的一场安保类员工集体面试会中，有这样一则小故事：一位求职者在面试中被告知自己不符合企业要求，他立即询问自己哪里不符合要求？人事部门告之头发太长，不符合保安人员的形象要求。这名求职者一言不发，走出了职介所。没想到正当面试会快要结束时，这名求职者重新出现，顶着刚剪短的头发。企业人事部门当即录用了这名求职者。

【评析】从表面看来，这名求职者把头发剪短了，符合了招聘要求，于是获得就业机会。而在后来的沟通中，企业人事部门表示最终录用这名求职者的原因，是因为通过剪短发的事情，看到了这名求职者对于工作机会的珍惜，并且认为这种珍惜的态度会使个人在工作岗位上努力工作。所以，是对机遇的全力把握使得这位求职者赢得了职位。

三、适当的心理调节

求职是在做一个重大的决定，这个决定将影响自己相当长的一段时间甚至是一生，因此，求职前应做好相应的心理准备。

（一）直面挫折，长期备战

求职不是一投即中的，有时是一个长期的过程。求职失败时应把挫折看作锻炼意志、提高能力的机会，就业遇到挫折后要运用控制、激励自己的方法和技巧，进行心理调节与控制，尽快摆脱不良情绪，重新树立起信心。

（二）制定规划，不搞攀比

在择业过程中，这山望那山高、见异思迁、过多地把注意力集中在他人的就业取向上是错误的。每一位求职者的情况不同，面临的求职道路也不同，我们可以参考他人的成功经验，但不应受其影响。

（三）目标坚定，诚心诚意

一旦确定求职目标，就应缩小范围，专心准备应聘。不能在同一时间段目标众多，且没有明确目标，这会被用人单位认为你没有诚意。

（四）树立自信，力争上游

研究表明：自我效能感可以显著影响求职行为。自我效能感在成就动机、对求职行为的影响中充当了部分中介作用，因此在求职过程中，求职者们要增强自我效能感，不能自甘落后。在市场经济条件下，只有鼓起勇气积极地参加择业竞争，才有出路。

小贴士

在求职遇挫时，要懂得适时地调节情绪。调节与控制情绪的方法有以下几种：

一、宣泄情绪法

1. 挥泪痛哭法：哭是呼吸系统、循环系统、神经系统的不寻常运动，这种运动也会促使情绪和肌肉放松，从而使人轻松。

2. 倾诉苦衷法：此法是通过言语或文字来倾吐和发泄情绪的方法。与他人促膝而谈，倾诉衷肠，也能将内心郁积的苦闷发泄出去。

3. 模拟发泄法：此法是通过模拟一个引起不良情绪的“替代品”，并对其发泄情绪。

二、转移情绪法

1. 升华情感法：将压力转化为向上的动力。

2. 运动移情法：体育运动是转变情绪的良好方法。享受运动的乐趣，淡忘痛苦的事情，可以有效地改善情绪。

3. 文娱活动移情法：实践证明，抚琴、书法、绘画、唱歌、跳舞等文化娱乐活动，能寄托情怀，舒畅气机，改善情绪，使人乐而忘忧。

三、音乐和情法

1. 安神法：紧张焦躁时，可选用缓慢轻悠的旋律以宁心安神。

2. 开郁法：情绪郁闷不乐时，可选用节奏轻松明快的乐曲，以开胸解郁。

3. 致悲法：狂躁不已时，可选用节律低沉、凄切悲伤之曲调，以悲胜怒。

4. 激怒法：神情低沉时，可选用高亢、激昂的节律，以怒胜思。

5. 喜乐法：消沉绝望时，可选用悠扬的旋律和多变的节奏，以振奋精神。

四、全面的信息获取

就业信息是指用人单位发布的、择业者未知的、客观存在的就业资料和情报，这些信息经过加工处理后成为对择业者具有一定价值的信息。就业信息是求职的基础，是通往用人单位的桥梁，是择业抉择的重要依据，在如今信息泛滥的环境中，搜集并筛选出有效的就业信息，很大程度地影响着求职者是否可以找到适合自己的工作。

兵马未动，粮草先行，自古以来人们对准备工作都格外的重视。对于求职者而言，掌握了更多、更有效的求职信息，意味着在求职过程中掌握更多的主动权。因此在求职之前，应先全方位地搜集相关求职信息，做到有方向、有目标地应聘求职，相对于漫无目的的求职方式，这无疑会大大增加求职成功的几率。

（一）求职者搜集就业信息的主要方法

1. 全方位搜集法

全方位搜集信息是求职者从就业意向出发，将自己身边通过各种渠道收集到的就业信息统一集中起来，再按一定的标准进行整理和筛选，并依据重要程度做出一定的排列，以备使用。这种方法获取的就业信息广泛，选择的余地大，但这种无目的搜寻信息的方法往往会浪费大量的时间与精力，并且常常无法达到预期的效果，还会使部分求职者出现选择困难症，在大量没有现实意义的信息中左右为难。

2. 定方向搜集法

定方向搜集法是求职者根据自我评判的结果，按照自己事先选定的职业方向和行业范围搜集相关的就业信息。这种方法以个人的专业方向、能力倾向和兴趣特长为依据，方便求职者找到更适合自己性格特点、更能发挥专业作用的职业和单位，但这也会大大缩小求职者的选择余地。

3. 定区域搜集法

定区域搜集法是一种重地区、轻专业方向的信息收集法，求职者在选定自己今后工作的区域和城市后再搜集该区域内的求职信息。按这种方法收集信息和选择职业，也可能由于所面向地区的狭小和“地区过热”（即有较多择业者涌向该地区）等原因而造成就业困难。

求职者应当根据自己的实际情况将上述几种方法综合起来搜集信息，不要紧抓着一种方法不放，使自己陷入左右为难的境地。

（二）搜集信息的主要渠道

在一项由 7 000 人参加的网络招聘调查中，显示有 53.7％的求职者通过招聘网站获取招聘信息，从亲朋好友处获取就业信息的求职者占 32.3％，而传统的招聘渠道如报纸、杂志、电视、收音机和招聘会等用户使用比率之和只有 14％。

1. 电子媒体

信息时代，互联网以其综合信息储备量大、查询便利、无地域时间限制的优势逐渐成为求职者获取就业信息的主要方式。在互联网时代，人与人交流的时空障碍无限地缩小，无论是需要发布招聘信息的招聘单位，还是需要获取求职信息的求职者，都可以通过网络更加方便、快捷地实现自己的目标。

通过电子媒体获取就业信息的第一个途径是通过现有的各大招聘网站获取就业信息。这些网站往往就业信息比较集中，信息量储备量大，有很强大的检索功能，并且可以提供专业的就业咨询、网络求职、个人培训等服务，对于没有特定目标的求职者而言，求职网站是初步获取就业信息的最佳选择。这里对目前网络上现有的主要招聘网站加以介绍。

（1）智联招聘。智联招聘网是国内最早、最专业的人力资源服务商之一。独特的发展历史为今天智联招聘网的专业品质奠定了基石，并积累了宝贵的人力资源服务经验和优秀的客户。网站致力于向大型公司和快速发展的中小企业提供一站式专业人力资源推荐服务，综合评价高。

（2）前程无忧。前程无忧网是首个也是目前唯一在美国纳斯达克上市的中国人力资源服务企业，是中国最具影响力的人力资源服务供应商，拥有较强的人力资源整合能力。

（3）中华英才网。中华英才网是成立时间较早的招聘网站之一，知名度也比较高，是国内规模较大的综合类求职招聘平台之一，其品牌和服务已被个人求职者和企业人力资源部门普遍认可。

（4）猎聘网。猎聘网成立于2006年，是国内最大、最专业的高端人才职业发展平台。猎聘网凭借创新的产品模型及独有的服务模式，为企业、猎头和职业经理人打造了一个高端人才的互动招聘平台，是高端金领的首选应聘网站。

另外，对于一些求职目标清晰、求职方向明确的求职者而言，可以登录目标单位人力资源部的网站。单位内部人力资源网站发布的求职信息相对于发布在招聘网站上的信息而言更加全面、详细，求职者可以更加准确地了解求职信息，以便做好应聘的准备工作。

2. 招聘会

招聘会一般是由政府所辖人才机构及高校就业中心举办，主要服务于待就业群体及用人单位的专题会议。分为现场招聘和网络招聘两种，这里所说的招聘会是指现场招聘。现场招聘中，求职者可以面对面与招聘单位交流，进一步了解企业与岗位的基本情况，而用人单位也可以直接面对求职者，使得一系列选择更加清晰与便捷。

（1）参加招聘会的方式。

1）提前做好准备工作。参加招聘会最重要的准备工作有三方面：

第一是明确应聘目标。大型招聘会通常招聘单位数量众多，在参加招聘会之前，应该根据自己的专业、能力、性格、兴趣等方面确定自己求职的目标与方向，才能在应聘会上有针对性地寻找目标企业，投放简历，更高效地利用招聘会时间。

第二是准备好求职用的各种资料，包括简历、求职信等，方便在适当的时间向用人单位投简历。

第三是要有一定的心理准备。在参加应聘会之前，应该首先形成正确的就业观，做到胜不骄，败不馁。并且树立坚定的自信心，勇敢地走向社会岗位。

2）招聘会现场流程。人才市场有效的招聘时间一般在上午，对于求职者而言，应提前进入会场，以便于在招聘会开始之前大致浏览前来招聘的公司及相应岗位。

在招聘会中，要有观、听、问、递、记的过程。

观：先走马观花似的浏览一遍，然后按照自己的求职意向，锁定几个目标，并确定主次。

听：作为旁观者，要在锁定目标的展位前，听用人单位的介绍，听前来应聘者对用人单位的询问，考察用人单位的口碑。

问：选择你最感兴趣的单位，多和他们谈，要主动提问题。咨询用人单位的所有制性质、用工形式、企业发展情况、应聘岗位的人员结构、应聘岗位任务责任、培训情况以及其他相关信息。至于薪水、福利等问题，面试以后，要等到公司对你有明确定位时方可提出。

递：决定应聘时，双手递交自己的求职简历，表示诚意应聘这个岗位。

记：记录自己投递求职简历的公司名称、应聘岗位、地址、联系方式、联系人，怎么得到面试通知（时间、地点）等，避免面试后遗忘。

3）参加招聘会忌家长陪同，会显得自己胸无主见。

（2）参加招聘会的注意事项。

1）重视宣讲会。大型企业在集中招聘之前通常都会举办宣讲会，在宣讲会中，招聘单位一般都会对自己的企业做系统、全面的宣传介绍，并且会着重阐释自己的企业文化与价值观。不同企业对员工有不同的要求，例如，有些企业偏爱思想活跃的创新人才，而有些企业则更加青睐稳定踏实、安分守己的员工。只有先了解企业招聘的侧重，才能有取舍、有选择。

2）重视外在形象。作为求职者，参加招聘会时应以一个良好的形象出现在招聘会上，一般而言，参加招聘会应该遵循穿着得体干练、素雅大方，语言礼貌文明、条理清晰，谈吐自然平和、温和谦卑的原则。另外，求职者在求职过程中应该始终保持良好的精神面貌，使自己显得朝气蓬勃、充满自信。

3）重视资料准备。参加招聘会要携带多份事先准备好的求职简历、求职信以及身份证、毕业证、学位证、获奖证书的复印件等材料，以备将其投放给多家用人单位，防止因缺少资料而错过求职机会。

4）重视自身定位。在参加招聘会之前，应该重视对自身的评估工作，摒除盲目自卑与自负的心理，将应聘目标放在与自己能力、水平相似的岗位上。

5）重视与用人单位交流。在招聘会上，应该避免急于奔波于各个招聘展台前，留下求职材料后迅速离开。而应该在熟悉目标单位的招聘信息后，与工作人员进行简短得体的交谈，表现出自己的兴趣，并适时地做自我介绍，给招聘单位留下好的印象。

6）重视维权工作。社会上的大型招聘会门槛较低，审查手续并不是很严格，招聘单位良莠不齐，甚至会出现一些打着招聘旗号的骗子单位，因此在应聘过程中应格外留心需要抵押证件、缴纳费用的单位，谨防被骗。

3. 传统媒体

一些用人单位常常通过报纸、杂志、广播、电视等大众传媒介绍本单位的现状、发展前景和人才需求信息，特别是在年初、年末，各大传统媒体会集中发布各单位的招聘信息。需要特别注意的是，这种信息传播面广、竞争性强、时效快，但成功率较低，而且其内容往往比较笼统，如果选用还应作进一步的了解。

4. 社会关系

从父母、亲友以及求职者自身的社会关系中也可以获得求职信息。这种信息针对性更强，通常可以满足求职者对地域性、方向性的要求，对用人单位也可以进行更具体的了解，易于双向沟通，因而就业成功率较高。

5. 主动联系

求职者本人通过电话咨询、登门求访、信函询问等方式，或者在毕业实习、参加社会活动等实践中，对相关单位的人才需求情况进行了解，也可以获取所需要的就业信息。

6. 其他

毕业生们还可以通过关注学校内部推荐、参加商业大赛等方式获得招聘信息。

第二节　求职文书

一、个人简历

《礼记·中庸》云："凡事预则立，不预则废"。子曰："工欲善其事，必先利其器。居是邦也，事其大夫之贤者，友其士之仁者。"这些都表明了做好准备工作的重要意义。求职的准备工作，很重要的一部分就是将自己的能力、经历、求职目标以文字的方式呈现给用人单位，也就是我们所说的制作一份优秀的个人简历。

个人简历是求职者给招聘单位发的一份简要的自我介绍。一份优秀的简历，是求职者赢得工作机会的"利器"，然而要在众多简历中脱颖而出，还需要一份极具"战斗力"的简历。

一份完整的简历包含求职者的全面求职信息，是招聘方快速了解和筛选求职者的凭证，在各类求职等方式中充当着求职者踏进用人单位的第一块砖的角色。一份良好的个人简历对于获得面试机会至关重要。制作一份个人简历应注意以下几点。

（一）简历的内容要齐全

简历的内容主要包含四大模块。

1. 个人信息

此部分包含姓名、联系电话、出生日期、邮箱、政治面貌、体重、身高、籍贯、户口、希望年薪、照片等。

（1）姓名可以放到简历标题中，显得更突出，一目了然。

（2）出生日期应与身份证等证件信息相符。

（3）联系电话尽量把个人手机和固定电话都写上，在求职期间不要更换电话号码，一旦遇到手机没电、在维修等特殊情况还有固定电话可做备用。联系电话应放在醒目位置，方便用人单位与你联系。

（4）邮箱也是用人单位联系求职者的重要方式。应在简历上留下常用的个人邮箱，方便用人单位传送文件、传达消息。

（5）政治面貌。当应聘国企或事业单位时，政治面貌应写清楚；如应聘的是外企，则无关紧要。

（6）籍贯、户口。当应聘本地单位时本地户口可能会成为加分项；应聘外企时，港澳地区的籍贯或户口可能会成为加分项。

（7）身高、体重。当应聘职位对身高、体重有要求时，应如实填写。

（8）期望年薪。在期望年薪一栏不要写上具体的数字，可以按照行业情况写个笼统范围，也可写上“面议”“协商”等字眼。

（9）照片。如果用人单位没有要求放照片的，可以不附照片。使用照片时忌放艺术照、写真照和生活照，应选择清晰、大方、自然的标准证件照片。

小贴士

简历上的照片应符合以下标准：

1. 要与本人形象相符，不要看上去有较大差别，使用最近半年内的免冠照片，选择能够显示自己气质佳的照片，但不要有太大差距，这样才能真正表现自我。

2. 发型梳理整洁，看起来大方得体，避免蓬头垢面。

3. 女性可化淡妆，使人看起来比较有精神，但切忌化烟熏妆或浓妆。

4. 保持服装整洁，不要有明显皱痕，你可以选择职业服装，切忌穿太休闲的服装。

5. 充满朝气是非常重要的，保持精神焕发，不要萎靡不振。

6. 拍照时选择拍正面或者前侧面，如非用人单位要求，最好不用全身照或全侧面照。

7. 使用 1～2 寸的证件照，清晰的半身照也可以。

8. 个人简历里有一个用于贴照片的长方形框，照片尺寸可以不完全匹配这个位置。

2. 求职意向

求职意向是求职者求职的目标和期待，应写在醒目位置，方便面试人员判断该求职者是否是本单位需要的人才。求职意向包括求职目标和职业期待。

求职目标是指自己对未来职位的设想。在填写自己求职目标时，应该尽量避免使用类似“希望找到一份具有创新性、发展空间大的工作”这一类笼统的语言，这种看似无疑义的标准答案，实际上却会给人造成“不知道自己具体想要什么工作”的印象。因此，在求职目标中，求职者应该给用人单位一些具体的信息，甚至写出某个具体的岗位。

职业期待是指求职者希望从这份工作中获得什么，甚至是任职之后的个人目标。如实表现出自己的职业期待，可以向企业表明求职者并非是海投简历，而是有计划、有想法、有方向的求职，从而使自己简历通过的几率大大增加。对于没有写清楚申请职位和职位编号的简历，筛选人员是无法进行职位分类的，因此，这类毫无目的的简历很有可能在第一时间被筛掉，如果是在招聘会上现场递交的简历，可在简历的右上方写上应聘的职位，以便于招聘者进行后续分类。

3. 自我评价

简历中的自我评价，是表达对自己的了解，展现自身能力是否可以胜任所求职位的陈述。因此在个人评价中，重点应放在自身工作能力与所求职位相契合的点上，而不是面面俱到，没有重点。在自我评价中，语言应该切合实际，避免出现假大空的语言。

4. 经历资质

经历资质是所有用人单位关心和注意的地方。这一项的优劣决定着用人单位是否有兴趣把简历的剩余部分读下去。在写工作经历和社会实践时，首先要做到客观、真实，可根据自身的情况和求职意向对某一项实践经历进行详细阐释，并且在保证客观性的基础上对其进行合理优化。工作经历不要只局限于阐释工作内容本身，记录流水账，而应强调你的职责和在工作中所取得的成就，避免空话、套话。因此，简历上应该提供客观的可以证明你工作能力的事实与数据。陈述工作经历时要条理清晰，最好使用分条列项式。另外，要注意语言表达技巧，描述要严密，上下内容的衔接要合理，可采用倒叙的表达方式，重点部分可放在简历最前面。

（二）简历中的礼仪技巧

1. 体现差异

一份好的个人简历，应该突出求职者真正的闪光点。简历中的自我描述不能过于大众化，建议在写自我描述之前，先罗列出自己的工作经历，并从中总结出自己的优势与劣势，挑选出自己与他人的不同之处，尤其是自己所拥有的独特的能力或者想法，以突出自己的优势。即便是这样，简历上所有的优点也应当与所应聘的职位相符，且能引起用人单位的重视。

在制作个人简历时不可以直接套用他人模板，更不能直接使用网上下载的经典模板，这样会使用人单位怀疑求职者的诚意与创新能力，可以稍作改动，使之变成适合自己的简历。如果用人单位有指定的简历模板，则要注意按要求使用指定模板。

2. 简练突出

招聘方招聘信息发出后，通常会收到大量的简历。人事经理需花费大量的时间去寻找和分辨自己所需要的简历，过分花哨的东西反而分散其注意力。因此，简历的语言要简练精确，严谨平实。

简历内容并不是越多越好，要把简历的篇幅控制在一页之内。用统一的字体和一致的字体颜色。很多应聘者为了增加人事经理对自己的印象分而把自己所有的证书、技能和工作经验都罗列在简历上。而实际上人事经理只关心应聘者的技能经验和素质能否与本职位的要求相匹配，对于与本职位无关的因素都不关心，多写反而会引起厌烦。所以个人简历的制作，应当只写与所应聘职位相匹配的内容，多余的东西一律删除。

案例

某汉语言文学专业的毕业生在其求职简历胜任岗位一栏中写道：语文教学辅导、文员、编辑等语言、文字类工作岗位。

【评析】简历中的常见错误之一就是为扩大求职面，在适宜岗位一栏罗列过多，这会使招聘方失去对求职人真正能胜任职位的判断。

3. 实事求是

真实性是写好一份简历的基本要求。在自我评价时，不应夸大自己的能力和优点。不要使用浮夸的语言，措辞要中肯而踏实。在体现自己的能力时，应有理有据，用数据说明问题。如曾担任什么职务，考取了什么证书，获得什么奖励等。在使用简历时，应附带自己的各种证书的复印件，以证明描述的真实性。

4. 注意细节

要检查简历撰文使用的标点符号是否有误，是否有错别字、乱码、拼写错误等。应反复核实语言是否流利通畅，重点突出。排版是否有行距差异等问题。

使用个人简历时应注意以下几个问题：

（1）不要盲目投放。一些求职者把求职比喻为撞大运。见到用人单位，没经过考虑就投送了简历。不去了解用人单位的聘任条件，也不事先了解用人单位的招聘情况，就随大流地盲目投送，结果自然会造成许多求职简历被“扔进废纸篓”。

（2）附带其他资料一同使用。在向用人单位寄送简历时，应附上各类证书复印件和一封求职信，这会使用人单位认为你真实可信、诚恳用心。

（3）其他。如果在招聘会等场合向用人单位递送个人简历时，应双手递交，正面朝向对方，并说“谢谢”。如现场情况允许，应礼貌询问对方是否需要证书、复印件等其他辅助材料，再进行递交。对方询问相关情况时要仔细、礼貌地回答。对方阅读简历后认为不合适时，也应感谢对方，然后离去，不应负气离开；如果是使用邮件传递简历，应在正文处道明缘由，写明个人信息。

小案例

个人简历

职业目标

寻找一个团结合作的团队，寻找文秘方面的职位。我将充分发挥三年工作中所积累下的丰富知识和技能，我的勤奋与努力会令你刮目相看。

个人信息

姓名：×××	英文名：××××
性别：女	年龄：××
手机：1360222××××	E-mail：××××
婚姻状况：××	毕业学校：××××

工作经验

××××年×月——现在　　北京××××公司　　行政部秘书

职责：

处理行政部门各项日常工作和事务；
文件的收、发，资料档案的管理；
公司各项规章制度、通知的草拟，协助领导监督执行情况；
各类办公设备的管理和使用。

××××年×月——××××年×月　××××公司北京分公司　总经理秘书
职责：
处理办公室日常的各项工作和事务；
公司各类文件的收、发，档案等资料的管理；
协调各兄弟公司的工作，协调各部门之间的合作与沟通；
员工出勤情况的管理及档案的管理；
协助公司完成招聘工作及员工在职培训期间的准备工作；
负责经理的日常会议安排，并熟练记录会议纪要。

教育背景
××××年×月——××××年×月　××交通大学　计算机应用　硕士研究生
××××年×月——××××年×月　××师范大学　工商管理　本科

职业特长和技能
熟悉办公室工作流程，具有较强的独立处理事务的能力；
易于与人沟通，有很强的团队合作精神；
熟练操作电脑，灵活运用各类办公软件，有较强的文字处理能力；
全国计算机等级考试二级，全国速记等级考试五级；
英语熟练，有全国四级等级证书。

期望工资：××××元/月
上班时间：一个月后

（三）简历的注意事项

（1）在递交简历之前，应仔细检查自己的成文简历，杜绝出现错别字、语法错误和标点符号方面的低级错误。

（2）简历尽量使用A4标准复印纸打印，字体最好采用常用的宋体或楷体，排版应简洁明了，即便求职者希望使自己的简历更容易引起注意，也要避免标新立异，避免使用花里胡哨的艺术字体和不在同一色系的彩色字体。

（3）简历应该根据不同的求职单位突出不同的重点。在个人经历中，与所求职位无关的经历尽量不要写，但绝不能遗漏对所申请的工作有意义的经历和经验。

（4）简历长度要适度。一般来说，简历的长度最好控制在一页纸之内，最多不能超过两页。

（5）尽量提供个人简历中所提到的业绩与能力的证明资料，并以附件形式附在个人简历的后面，但为保护个人隐私，防止资料丢失，一般情况下所出示的资料应该为复印件，而不是原件。

（6）应该秉承实事求是的原则。简历并不是个人档案，因此在撰写过程中可以对部分工作经历略有保留，但绝不可以随意捏造内容。

（7）简历应该条理清晰，结构严谨。一般情况下，个人经历的顺序应该采取倒叙，并在撰写简历之前应有一个完整的提纲，避免出现混乱、重复、遗漏的现象。

（8）在条理清楚、结构严谨、内容适当的前提下，尽量增加简历的可读性，使自己的简历富有创造性。

（四）发送简历的注意事项

1. 选择时机

如果选择使用电子邮件的方式发送简历，那么为使得简历被有效地阅读，应当选择适当的发送时机，在此建议求职者遵循以下几点来把握发送时间，如表8－3所示：

表8－3　电子邮件发送时间表

发送时间	是否合适
8：30—9：30	是
周一早上	是
长假后第一天早上	是
17：00—18：30	否
周五下午	否
长假前一天晚上	否

2. 避免随性

邮件内容的措辞应使用标准书面化语言，遵循态度谦卑、语言得体、条理清晰的原则。比起面对面的交谈，使用邮箱使求职者拥有更多的投递机会。

小案例

×××××

电话：（+86）138－0013－××××

邮箱：service@×××××.com

地址：上海××××区××××东路123弄67号

邮编：200070

求职意向

土木工程

教育经历

××××大学	建筑学	建筑设计方向	本科	2007.09—2011.06
××外国语大学	外语学院	英语	辅修	2008.09—2010.06

专业相关经历

湖南格瑞工程建设有限公司　　结构设计员［结构设计部］　　2010.09—至今

- 设计华润小学1#，2#教学楼、门卫室及围墙结构，并绘制全套施工图；
- 设计长沙县六中食堂、风雨操场（总面积约4 000m^2）结构，并协调设计钢屋架。出全套施工图，并负责后续变更及施工服务；
- 协助设计龙湾国际社区三期高层及地下室人防工程，完成初期建模及后期结构配筋工作；
- 协助长沙市校安工程校舍抗震复核项目，利用PKPM软件，评定全市23个学校84栋校舍建筑（总面积约40万平方米）的抗震安全性，并出具评估报告。

中交二航局第五分公司　　技术资料员　　2009.09—2010.08

- 建立、运行、改进质量体系，协助工程质量管理，行使质量保证和质量检验职责；
- 协助完成施工图会审、施工组织设计、施工方案研讨及技术交底工作；
- 按照业主、监理批准的施工方案、设计要求、各类规范、验收标准，检查验收施工过程质量，并完成签认手续；
- 监督质量管理点各道工序的质量，落实检验制度和质量奖惩制度；
- 整理、归档竣工资料，协助完成交工及竣工验收工作；
- 协助调查、分析、处理重大不合格品及质量事故，并及时上报有关资料。

学校相关经历

××××大学07土木2班　　班长　　2008.09—2009.08

- 组织、安排班级活动，如座谈会、班会、聚餐等，负责场地安排、组织同学、活动策划等；
- 与班委一起带领班级参加学院明星班级比赛，联系同学、租借场地、组织排练，获得“明星班级大赛”二等奖；

- 多次获得“五四红旗特色团组织”荣誉称号。

××××大学樱学社　　　　部长 & 社刊主编　　　　2007.09—2008.08

- 樱学社是校明星社团，拥有约500名会员（校内规模最大）；
- 定期组织“初级日语教学”“日本影视交流”及日语角活动，担任日语讲师；
- 策划两次“学园祭”活动，以及大型晚会“中日文化交流节闭幕式”；
- 参与社刊“樱学刊”的创刊，担任社刊编辑（后任主编）和翻译。

语言和计算机能力

英语技能：大学英语六级（CET6）　　通过

IT 技 能：计算机等级考试3级（数据库）　　通过

计算机：Microsoft Office办公软件、Photoshop、Dreamweaver　　熟练使用

获奖经历

- 市优秀毕业生（TOP 5%）
- 校三好学生、连续2年获得专业一等奖学金
- 欧莱雅商业策划大赛分赛区第二名

特长和爱好

钢琴7级

爱好音乐、摄影、计算机技术

二、求职信

求职信是求职者写给用人单位的信件，属于求职者与用人单位之间的私人信件，目的是为了让用人单位了解自己、信任自己，从而录用自己。

求职信是求职者的自我表白，带有强烈的公关色彩，是为了拉近自己与人事部门主管人员的关系，在面试前获得面试人员的好感，在初选或盲选阶段为自己赢得有利条件，以便获得面试机会。一封好的求职信，需要通过文辞让用人单位觉得：“我符合要求，我可以胜任，我有诚意加入贵公司，我渴望得到这个工作”。因此，求职信中的语言表达、文字风格、逻辑思路都很重要。

在求职的过程中，只有能体现个人才智的求职信，才能帮助求职者顺利地得到面试的机会，谋求到一份理想的工作。求职者需要仔细考虑自己所写的求职信的目的及其所可能产生的影响。信件要引起用人单位的兴趣，既要反映出自己的目的，也要符合特定的环境

要求。因此，对于求职者来说，一封好的求职信格外重要。

（一）格式要求

求职信一般分为标题、称谓、正文、结尾、署名和日期、附件六部分。求职信属于私人对公的信件，它并不像党政机关的公文一样有严苛的格式要求，但每部分同样有其应当遵守的规则和礼仪。

1. 标题

求职信的标题一般并不需要写明求职者的姓名及求职岗位，只需要写明文种名称，即在求职信的第一行中间写明“求职信”。

2. 称谓

称谓是对受信人的称呼，一般情况下应顶格写在第一行。由于绝大多数情况下，求职者并未与受信人见过面，因此一个恰当、礼貌、庄重的称谓格外重要。在求职信中，受信人的称谓一般为“××公司负责同志”或者是“××主任（先生、同志）”等，在称谓后应该加有冒号。

3. 正文

正文要另起一行，空两格开始写求职信的内容。正文内容较多，要分段写。

第一，写求职的原因。首先简要介绍求职者的自然情况、如姓名、年龄、性别等。后直截了当地说明从何种渠道得到有关信息及写此信的目的。例如：

“我叫高叶，现年 20 岁，女，是一名秘书学专业的大学本科毕业生。我从报上看到贵公司招聘一名专职文秘人员的消息，不胜欢喜，我认真思考过自己的水平和能力后，不揣冒昧地毛遂自荐，相信贵公司定会慧眼识人，使我有幸成为贵公司的一名文秘人员。”

这段是正文的开端，也是求职的开始，介绍有关情况要简明扼要，对所求的职务态度要明朗，而且要吸引受信者有兴趣将你的信读下去。因此，开头要有吸引力。

第二，写对所谋求的职务的看法及对自己的能力作出客观公允的评价，这个能力主要指自己可以胜任这个职位的能力，这是求职的关键。这一部分要着重介绍自己应聘的有利条件，要特别突出自己的优势和“闪光点”，以使对方信服。例如：

“我于 2014 年毕业于陕西师范大学秘书学专业。毕业成绩优秀，曾在全国秘书技能大赛中获得‘二等奖’（见附件）；在《秘书工作》杂志上发表过多篇学术论文（见附件）。我在有关材料上看到过关于贵公司的情况介绍，我喜欢贵公司的工作环境，钦佩贵公司的精神，又很认同贵公司在经营、管理上的一整套切实可行的规章制度。这些均体现了在当前改革开放的经济大潮中，贵公司的超前意识。我十分愿意到这样的环境中去拼搏，更愿为贵公司贡献我的学识和力量。我相信，经过努力，我会做好我的工作的。”

写这段内容，语言要中肯诚实，恰到好处；态度要谦虚，不卑不亢。达到见字如见其人的效果。要给受信者留下深刻印象，进而相信求职者有能力胜任此项工作。文字要有说服力，需要让受信者潜意识里认为你可以胜任这份工作，并且渴望得到这份工作。

第三，向受信者提出希望和要求。如“希望您能为我安排一个与您见面的机会”“盼望您的答复”“敬候佳音”之类的语言。这段属于信的内容的收尾阶段，要适可而止，不要啰唆，不要苛求、强迫对方。

4. 结尾

另起一行，空两格，写表示敬祝的话。如“此致”之类的词，然后换行顶格写“敬礼”或祝“工作顺利”“事业发达”等相应词语。这两行均不点标点符号，不必过多寒暄，以免“画蛇添足”。

5. 署名和日期

写信人的姓名和成文日期写在信的右下方。姓名写在上面，成文日期写在姓名下面。姓名前面不必加任何谦称，以免有阿谀之感。成文日期要年、月、日俱全。

6. 附件

有说服力的附件是对求职者鉴定的凭证，所以求职信的附件是不可忽视的组成部分。附件可在信的结尾处注明，然后将附件的复印件单独订在一起随信寄出。附件不需太多，但必须有分量，能足以证明你的才华和能力。

（二）求职信的主体内容

1. 阐明原因

在求职信中，应列举所应聘单位对自己的吸引之处，表达自己对面试、应聘的渴望，并应在求职信的细节之处表现出自己对应聘单位的了解，其中包括应聘单位的现状、领导、宗旨、风气等。但是要尽量做到大方、得体、中肯，尽量减少阿谀奉承的成分，以免让对方认为你虚假、做作，反而不利于求职。

2. 阐明岗位

在求职信中，应对自己所应聘的岗位作出明确阐释，表现出自己的能力适合并且完全可以胜任这个岗位。但所阐释的岗位不宜太过具体，这样会缩小范围，也会减少面试机会。因此，在求职信中一定要留有回旋的余地，既能说明白自己适合干什么、可以干什么、希望干什么，又能给用人单位留有一定的选择的余地。

3. 阐明能力

求职信是一种“毛遂自荐”的信件，目的在于获得面试机会。因此在求职信中，一定要说明自己的条件、能力，表达对胜任工作的信心与决心。可以列举自己的专长和曾经获得的成绩、荣誉等，表明应聘必备的条件，增强对方的信任感。但要注意的是，切不可伪造、编纂未获得的荣誉。

4. 个性包装

在求职信中，应当对自己进行一个客观、准确的评价。要对自己的特长、优势、能力有一个具体、充分的介绍，这个介绍应当与面试岗位相关，并且突出自己与众不同的能力，切莫用一份求职信海投。

（三）求职信的注意事项

一封好的求职信，可以帮助应聘者提前获得相关领导的认同感，而这种认同感便是来源于求职信中的细节，这里对求职信中应注意的事项向大家做一下详细的介绍。

1. 有的放矢，各有侧重

毫无疑问，在一封求职信中列举出自己对该组织的历史、现状、文化、未来发展趋势的了解，甚至投其所好与领导拉近关系，无疑会增进求职者与领导的距离，为求职者赢得更多、更好的求职机会。然而需要注意的是，负责面试的领导大多经验丰富，因此不可以在求职信中表现出做作或过于明显的阿谀奉承，以致“聪明反被聪明误”。

另外，面对不同的单位、不同的岗位应该有不同侧重内容的求职信，有不同的对于组织文化的理解与阐释，因而不可以不问青红皂白写一封“万能求职信”后给多家单位投递。

2. 措辞得体，情感适度

求职信可以从侧面表现出求职者的求职态度与个人性格。因此，求职信应始终保持一种态度谦虚、语气委婉的文风，做到自信但不可妄自尊大，自谦但不可妄自菲薄。求职信中的文辞应做到诚恳、充满热情、体现人文情怀，不可枯燥、教条化。

另外，我们应该在求职信中表现出自己的情感，表现出自己的热情与渴望，但不可以过度情绪化，使求职信跌宕起伏，这会让受信者认为求职者有刻意奉承的嫌疑。

3. 内容适当，文法正确

求职信是一种目的明确的信件，因此在内容方面应紧紧围绕“求职”这一根本目的而写，不需要罗列与工作不相关的能力与特点，如家庭状况、身高体重等，也不需要写与所求职位毫无关系的能力。一般来说，既然是求职信，当然不可以两三句话草草了事，但也不可以长篇大论。以结构清楚的三个段落概括出你对该职位的兴趣以及你的资历，是求职信的理想模式。过于简短的求职信会让人觉得不够努力且缺乏重视，过于冗长的则让人心生厌倦不想看下去。

在求职信中，首先应该保证没有错别字、病句和语法错误。其次，对于生疏的、容易产生歧义的或者是容易使人望文生义的词句也应该极力避免。这些错误都会影响受信者对求职者的印象，因而错过面试机会。

4. 简明扼要，思路清晰

言简意赅、一针见血是求职信的理想状态。要让人事部门的主管在众多求职信中记得你的信息，自然要做到简明扼要，不可试图面面俱到，不要追求华丽、晦涩的语句，不能脱离求职信的目的泛泛而谈，或是抓住一个问题纠缠不休。

在求职信中，保持文字的条理性同样至关重要，它包括思考、分析、抉择三个层面，同时也体现着求职者的逻辑思维能力。投射在一封求职信中，所谓“思路清晰”是要求求职者在下笔之前思考清楚“我要得到怎样的职位”“我为什么希望得到这个职位”“与其他竞聘者相比我有哪些优势”等一系列问题，并且有选择、有侧重地在求职信中就这些问题展开阐述。在阐述过程中，应当注重节奏与分层，将所有问题分条列项地表达出来，而不是将所有问题都杂糅在同一段中写，更不可把所有问题铺开来，反反复复地啰唆。

（四）不该出现在求职信中的话题

1. 提及薪水

探讨薪水问题通常是求职的最后一个步骤，求职信的作用仅仅是“建立联系、争取机会”。因此，在这个阶段谈论薪水问题还为时过早，这样做反而会让人事主管产生反感或是厌倦之情，甚至令你失去面试机会。

2. 无意义的工作经历

求职信中应尽量避免提到那些毫无意义或持续时间过短的工作经历。过多的工作经历会给人一种求职者在过去的工作中频繁跳槽的感觉。对于领导而言，频繁跳槽总会给人一种做事不踏实、心情浮躁的印象。约40%的受访者表示，频繁跳槽（包括入职一年内离职）会使求职者丧失资格。刻意隐瞒毫无意义或持续时间过短的工作经历并不意味着做假，而是在构思一封完美求职信时应当舍弃的无足轻重的一部分。

3. 已过时的技术或经验

尽管个人技能对求职工作至关重要，但已过时的技术却会让受信者认为求职者与社会脱节，跟不上时代潮流，不能适应新的工作需求，无法用现有的手段高效率完成工作，因而错失面试机会。

（五）求职信的礼仪技巧

有关求职信的用语礼仪，有以下四个方面。

1. 称呼准确

求职信的受信者一般是组织内人事部门的领导或者是更高级别的领导，这些人往往掌握着是否录用你的权力，因此，第一步便是要有正确的称呼，不能出现错字、别字。求职信的称呼至关重要，因为它往往是受信者最先看到的部分，第一印象往往对结果起着直接的影响，因此在下笔前一定要慎重。在求职信中，受信人的称谓一般为“×××公司负责同志”或者是“×××女士（先生、同志）”。求职信是私对公的信件，因而称呼一定要严肃、谨慎，不能过分亲近，以免给人造成阿谀奉承、套近乎的嫌疑。

另外，称呼的准确性还体现在信封或者电子邮件的标题上。在信封上，除应该写清楚收信人的地址、邮编等信息，更要写明收信人的称呼，一般来说，可以与求职信内的称谓相同，或者依据收信人的年龄职务等写明称呼，如“总经理”“××部总监”等，或者“先生”“女士”，如果求职单位为国家党政机关，也可用“同志”。

如果采用电子邮件发送求职信，很多单位都表明邮件的主题写什么，如果有要求，就按要求写；如果没有标明的话，建议写上自己的姓名、应聘的职位以及工作的年限等。

2. 问候真诚

在求职信的开头部分，向求职单位人事部门工作人员致以问候是基本礼仪。问候语可长可短，即使短到“您好”两字，也可体现出求职者的礼貌与素质，体现出求职者的诚意。因此问候要切合双方关系，交浅不宜言深，以简捷、自然为宜。

3. 署名谦虚

求职信的最后，要署上写信人的名字和写信日期，为表示礼貌，署名可写“求职者”或“您未来的部下”。

4. 态度谦卑

求职信是求职者对希望应征单位的信件，作为求职者，与领导之间必然属于上级与下属的关系，因此虽然不需要刻意的阿谀奉承，但也要保证起码的尊重和礼貌。在行文方面，应当保持谦虚，切不可有“有我这样能干的人到你们公司，你们应当热情欢迎”之类的语言。

小案例

求职信

尊敬的贵公司领导：

您好！

非常感谢您能在百忙之中翻阅我的求职信，但愿能给您带来一份惊喜！我是陕西师范大学文学院秘书学专业的毕业生，我叫高叶，现年24岁。2017年6月我即将走出校园、迈向社会，开始新的人生旅途之际，我以满腔的热情和百倍的信心诚挚地向您推荐自己，希望能够加入贵公司的行列，为实现自我，学以致用，更为贵公司事业更上一层楼奉上一分绵薄之力。

当今是一个机遇与挑战并存、知识与能力齐驱的时代，只有不断地完善自我，才能成为激烈竞争中的弄潮儿。而几年的大学生活及学生会等工作经历正提供了这一契机，让我受益匪浅，在良好的环境中进行学习与磨炼，塑造一个全新的自我。最重要的是培养了我吃苦耐劳的精神，脚踏实地的作风，较强的社会工作能力。为了使自己能够全方位的发展，更好地适应这个日新月异的社会，几年的学习中，我认真学习了基础写作、现代汉语、现代文学、当代文学、文学概论、古代汉语、外国文学、秘书学原理、秘书实务、秘书写作、秘书史、企业管理、公共关系、行政管理等相关课程并取得了优异成绩。

过去只能记载于历史，应该好好把握的是未来。在以后的日子里，我会努力工作，不断地充实自己，完善自己，超越自己。在社会实践工作方面，本着多学多练的态度，在实践中锻炼自己的工作能力、交际能力，培养团体协作的精神。如蒙不弃，我愿与贵公司共创美好未来。给我一个机会，相信您不会后悔。

良禽择木而栖，倘蒙录用，当尽职尽责，不负所望。

此致

敬礼

求职人：××××

二〇一七年一月六日

第三节　面试礼仪

关于人才的选拔，中国古代就进行了广泛而卓有成效的实践，积累了丰富的思想和经验。从隋朝开始的科举制中，殿试等考试方式就已经能看出面试和招聘制度的雏形。关于人才的选拔，古人普遍认为，只有通过长期全面的考察，反复的观察、试探和考验，才能辨明贤愚。在讲求效率的当代，实力仍是决胜的关键点，但礼仪却是求职者赢得“辨贤愚”机会的敲门砖。

调查显示，90%的企业使用面试作为筛选人才的工具，57%的被调查者认为，在人才选拔过程中，面试是重要的测评环节。由此可见，面试作为一种应用广泛、方法灵活、收集信息量大、简便、技巧性很强的人才测评技术，其地位仍然无法被取代，并被不断注入新的内容。出于对高效率、低成本的追求，各种新型人才测评方式不断涌现、发展，虽然缩短了对人才考察的时间，却建立了多种多样的面试方式，因而要在短时间获得就职机会，面试礼仪就显得更为重要。

现代社会的面试分类众多，根据面试的目的，可以分为招聘面试、招生面试、晋升职务资格评定面试、职称资格评定面试等。招聘面试又可以进行以下分类，如表 8－4 所示：

表 8－4　　招聘面试分类

分类根据	类型
面试的媒介	电话面试、网络面试、面对面面试等。
面试的规范化程度	结构化面试、半结构化面试和非结构化面试。
面试官的人数	一对一面试、一对多面试。
面试者的人数	单独面试和小组面试。

不同的面试方式有不同的应对方法，求职者应当根据特殊的时间、地点、情境来选择适用的礼仪。用得体的举止展示气质，用恰当的言行体现修养。

一、电话联系

电话是人们公认的最便捷的通信工具，是最常见的一种联系应聘单位的方式。一般来说，求职者所打电话的对象大多是公司中人事部门的领导，或是负责招聘工作的人，这些人经常要面对众多求职者，因此，有经验的领导可以通过电话粗略判断对方的人品、性格。而电话中的语言、语气、措辞等各方面都应当格外留意，只有这样，才能给对方留下好印象。

某些用人单位为节约成本和时间，或者出于求职者所在地域限制的考虑，还会选择电话方式进行面试。更多企业在收到简历后，为节约时间，会先通过电话面试做初步筛选。电话面试会准备几个目的性问题，用以核实求职者的背景，考察求职者的语言表达能力。

（一）主动联系

主动打电话给招聘方应做到以下几点。

1. 打电话前的准备工作

（1）明确目的。在打电话之前，首先应该明确自己打电话的目的。求职前通过电话的方式联系求职单位，其最终目的是为了在面试前给应聘的单位留下一个良好的初步印象，从而为自己在正式面试时奠定一个有利的基础。

（2）明确打电话的目标。目标是电话结束以后的效果，与目的不同。一般在面试前打电话有两种目标，第一种是比较常见的，求职者致电询问有关具体面试时间、地点与要求。第二种是求职者通过询问简历的相关事项，以表达自己对这份工作强烈的渴望。

（3）目标提问。为了达到目标，需要得到哪些信息、提问哪些问题，这些在打电话之前必须明确。电话联系之前应当根据自身所求的岗位和应聘的单位，围绕目的打电话，并在备忘录中列下自己将要表达的信息和提出的问题，并根据实际情况和轻重缓急进行增减。

（4）设想被问。当电话打过去时，主管人员同样会向求职者提问一些问题。如果在这之中，求职者出现含糊不清甚至不知所措的情况，会给对方留下不好的第一印象，对之后的面试很不利。所以求职者应事先思考对方可能会提到的问题，例如，求职信的发送时间，求职的岗位等，并做好准备工作。

（5）打好腹稿。在确定要打电话之前，应该首先组织好语言，考虑好电话中应该说些什么，该打多长时间，打之前都应有“腹稿”，事先拟出要点和顺序，备齐资料。电话拨通后，先问候一声“您好”，接着问“您是某某单位吗?”得到明确答复后，再说明自己的身份和意图。要用简短的话语进行自我介绍并描述自己打电话的目的，打电话的时间宜短不宜长，每次通话一般以 3 到 5 分钟为好。

2. 选择合适的时机

（1）选择恰当的通话时间。应该在公司工作时间打电话。一般来说，上午 9：30—11：00 及下午 1：30—4：30 之间较为合适。此外，在刚上班的时段内，对方会比较繁忙，而临近下班时又会无心工作，应该避开这些敏感时段。

要控制响铃时长。一般情况下响铃时长并无限制，但根据受话人身份的不同，响铃时长有时也应考虑。

（2）找到合适的人。求职者要注意广告上的联络人姓名，避免转接或误接，甚至给人留下糊涂的印象。找到合适的对话人、进行简短的自我介绍后，应当先询问对方是否方便接听电话，在对方表示方便后才能继续阐述自己的事情，若对方明确表示不方便或目前临时有事无法细谈，便应当立即致歉，绝不可纠缠不休。

（二）电话面试

电话面试应注意以下几个原则。

1. 确保手机畅通，时刻做好准备

一旦向用人单位投出简历，求职者应当时刻保持手机畅通，随时做好用人单位打电话来的准备。熟记自己简历的主要内容和重点，随身携带纸笔，以备记录重要信息。

2. 营造安静的环境，确保通话效果

接到用人单位的电话时，应尽量并尽快寻找到安静并适宜通话的环境。如果身处环境十分嘈杂，或出现手机即将没电、正在开会等情况，一定要及时与对方说明情况，并另约时间回拨。

3. 迅速进入状态，及时接听电话

意识到应聘方打来电话时应在电话响起三秒内迅速调整情绪，回想个人简历的内容，尽快接听电话，并说“您好”。

4. 认真倾听问题，简明作出回答

对方发问时应认真聆听，及时回应对方，如有收听不清晰，可以说：“不好意思，信号不太好，您可以大声些吗?”在倾听过程中，给对方一点回应，如“是的”“好的”“您请继续说”，让对方明确你一直在线。回答问题时要控制回答时间，除非对方要求，否则一般一个问题的回答不要超过两分钟。回答问题时，语气要和缓，音调要适中，感觉在和对方面对面交谈。

5. 确认重要信息，礼貌挂断通话

在挂机前，注意再次确认重要信息，并询问“您还有什么问题吗?”如若对方表示没有后，可以表示感谢或期待，如“好的。谢谢”“期待与您面谈”之类的话，然后等待对方挂断电话。切不可自己快速地挂断，或者没挂断电话的情况下去做其他的事情。

不管是主动联系还是电话面试，语言是电话联系中连接双方的唯一桥梁，因此问候、语气、发音、措辞、回应等显得至关重要。在任何情景下通过电话与求职单位联系都应注意以下几点：

（1）问候。问候是以问候语加上单位、部门的名称以及个人姓名，最为正式。

需要注意的是，在接电话时切忌以“喂喂”或以质问的语气说“你们招聘什么时候开始啊!”“我投过简历之后为什么一直没回复呢!”这样的开场白，这会给对方留下没礼貌、没修养的印象，会直接影响到面试，甚至会因此错失面试机会。

（2）语气。打电话时的语气、语音同样会泄露求职者的个性。因此，在打电话中保持适中的音量，平稳的语调与平和、温婉、谦卑的语气至关重要。态度谦虚、语调温和，语言简洁、口齿清晰是电话交流的理想状态。

（3）发音。打电话的过程中，应全程保持标准的普通话，地方口音相对较重的求职者也应当尽量说普通话，即使对方老板说着流利的地方话，我们也不可以在电话中使用方言或对方听不懂的语言。

（4）措辞。通电话时候，由于互相看不见对方，因此很可能会因为一些细节造成不必要的误会。

在通电话时，应当尊称对方一声“您”，但是以“您”字开头的话时应格外慎重。在讲“您忘了”“您必须”“您忽略了”等话时，即使语调再平和，在电话中听来也使人有被质问的感觉。

另外，在提出希望时不妨用发问的形式如“我可以尽快面试吗?”或“我的简历您收到了吗?”等。

（5）回应。打电话时要认真倾听对方讲话，重要内容要边听边记。同时，还要礼貌地回应对方，适度附和、重复对方话中的要点，不能只是说“是”或“好”，要让对方感到你在认真听他讲话，但也不要轻易打断对方的谈话。这时候，最好插用一些短语以鼓励对方。如“嗯”“我明白”“我理解”“好的”等。对方希望向你确认是否接收到相关信息时，你可以将信息转换后回答“您的意思是……对吗?”对对方的要求作出反应或向对方提出要求时，态度应积极而有礼貌，如“我会持续关注那件事”等。

二、网络面试

网络面试是除电话面试以外的一种节约成本的面试方法，网上视频面试将传统面试与电话面试的优势相结合，招聘应聘双方只需通过两台联网的电脑及摄像通信设备就可以面对面谈话，真正实现了求职者足不出户找工作。

随着经济全球化的日益推进，异地人才流动更加频繁，网络面试会更加普遍，掌握一些网络面试的技巧是十分必要的。

在网络面试前，首先，求职者要了解网络面试的特点，可以提前联系，使自己适应网络面试的形式。其次，求职者应了解网络面试的时间比较特殊，应注意尽量不要占用人事经理的上班时间，即上午 8：00—下午 17：00，因为正班时间其会有自己的工作与安排。一般人事经理会将网络面试安排在下班后进行，晚上 20：00—22：00 较为适宜。应聘者不能因为自身生活习惯或自身便利，将面试拖至晚上 20：00 以后。另外，在网络面试前，应通过电邮、短信等其他方式再次确认面试时间，以防出现对方临时有紧急事件要处理等不方便的情况。

在确认要实施网络面试行为后，应注意以下问题：

（一）做足准备

在面试前要营造好良好的网络环境，确保面试期间网络通畅。调试好摄像头和耳麦，调整其位置确保传递给招聘方的影像和声音为最佳。准备好简历、相关文件、纸、笔，以防面试过程中需要用到时慌忙寻找。

（二）布置背景

无论是在家或是在办公区进行网络视频面试，展现出一个整齐清洁的背景是十分重要的。可以将背景布置得职业化些，也可以放一些小型绿植将环境衬托得更轻松平静，或放些艺术品体现个人品位。

（三）姿态优雅

网络视频电视一般坐着进行，但不要以为对方不能一览全貌，就可以“任意妄为”。面试全过程要保持坐姿挺拔，不要有小动作，这会显得你优雅而自信。

（四）表情和缓

不管是面对面交谈还是视频交流，保持微笑，有利于自身心情的放松，也能使对方心情愉悦。网络面试一定要将双目注视于摄像头，眼神不能漂浮不定，这样会让对方觉得你慌乱，或不正式。

（五）礼貌结束

和电话面试一样，在网络面试接近尾声时，应礼貌询问对方是否还有问题，如确定再无问题后，然后等待对方关闭视频。

三、面对面面试

与电话面试和网络面试不同，面对面面试是最直接、最普遍、最传统的面试方式。由于面对面面试直接涉及与人接触、交流，因此它也是面试礼仪最多的面试方式。

（一）形象得体

求职中具体着装、发式、面容、饰物、鞋袜等注意事项，参照第二章“个人仪容”的内容。

（二）神态优雅

有一则寓言讲的是五官争功的故事。嘴巴和鼻子争上下，嘴巴说：“我谈古论今，你有什么能耐待在我上面?”鼻子说：“所有的饮料食物没有我就不能分辨。”眼睛对鼻子说：“我近可以分辨毫毛尖端那么细微的事物，远可以观察到天边，我应当排名最先。”后又对眉毛说：“你有什么功劳待在我上面?”眉毛说：“我虽然没有实际用途，也就如同这世上有宾客，他们对主人有什么益处？但是没有就不符合礼节和仪式。如果没有眉毛，那成什么面目了啊?”俗话说，“面由心生”，面部五官是个人面貌的第一道防线。面部五官的重要性同时体现了身体各部位肢体语言的重要性。

人体的各个器官、部位都有其不可替代的作用，都是个人不可或缺的重要组成部分。这些器官和部位无时无刻不流露出个人对事物的情感和态度，每个器官和身体部位的表现都透露着个人的涵养。因此，在面对面求职面试时，尤其要注意各个身体部位的配合，做到“眼到”“口到”“耳到”“心到”“手到”，这能体现求职者的神情是否专注、态度是否认真。

（1）眼。答话时，至少有三分之一的时间眼睛要注视对方，不要漫无目的地东张西望，不要眼皮下垂或眼神上扬，这会让面试官认为你缺乏自信或是傲慢无礼。如果有多个面试官，应适时环视。

（2）口。对面试官的问题要逐一回答，回答面试官的问题，说话要清晰，音量要适度，答话时简练有逻辑，不要用方言、土语和网络用语。面试官提问总是想了解一些应聘者的具体情况，不可用“是”或“不是”简单的一两句话回答，但也不要滔滔不绝，漫无边际。

（3）耳。对方向你介绍情况时，要认真聆听。为了表示你已经听懂并对考官所提的问题感兴趣，可以点头或者跟对方进行眼神交流。不要打断面试官的问话或抢答，可以在适当的时候答话或提出疑问。

（4）心。面试全程要细心。进入面试场合时，若门关着应敲门，得到允许后再进入，开门时动作要轻。入场后，要向面试官主动打招呼问好，得到允许后再落座，面试官请你坐下时应说“谢谢”。交谈中应随时注意面试官的反应，例如，面试官心不在焉可能表示他对你这段话没有兴趣，你得设法转移主题；如果对方侧耳倾听，可能说明自己音量过小；面试官皱眉摆头可能表示你言语有不当的地方。女士要注意不要习惯性地拨弄头发，注意自己的高跟鞋，不要使其发出刺耳、过于清脆的声音等。

（5）手。适当使用手势能增强你的自信和从容，但不要过于夸张。如果你不善于使用手势，就不要使用。

（三）表情恰当

表情的含义有两种，一是指通过姿势、态度等表达感情，二是指情意表现在面部或姿态上的思想感情。微表情与普通表情有所不同，它是一种非常快速的表情，持续时间仅在1/25秒～1/5秒内。因此，大多数人往往难以察觉到它的存在。它往往在人撒谎时出现，表达了人试图压抑和隐藏的真实情感，是一种自发性的表情动作，能传递出基本的情感。

面试时，面试官不仅仅从求职者的语言中收集他需要的信息，还能从微表情中观察求职者深层次的素质。例如：

（1）微笑：表示自信，如果是微微偏头微笑则表示自在友好。

（2）指尖搭：表示十分自信，研究指出，紧张时双手的食指是难以一下对准的，因此只有在十分轻松、感觉游刃有余的情况下，求职者才会在不经意间作出此动作。

（3）手指摩擦手心或咬指甲：表示焦虑或是缺乏安全感。

（4）常扶眼镜：许多人在思考时会不经意间扶眼镜。但如果求职者是在应聘销售等职位，则会给人自信不足、心神不宁的感觉。

（5）打哈欠：表现对交谈内容厌倦，不感兴趣。

（6）坐姿：通常身体前倾表示对交谈感兴趣、倾注注意力；懒散地坐在椅子上表示厌倦、放松的姿态；坐在椅子的边缘上表现焦虑、紧张，对交谈内容难以理解；摇椅子表示厌倦、自以为是；驼背坐着表示缺乏安全感、消极；坐得笔直则表示自信、果断。

小贴士

最常见的微表情及其传递的信息有以下几种：

身体部位	动作	含义
头	抬头上昂	自信、果断、较为自我。
	向左倾	享受谈话的过程、放松。
	向右倾	在思考与判读、紧张。

续前表

身体部位	动作	含义
眼	正视对方	友善、诚恳、外向、有安全感。
	漂移不定	紧张、不自信、不诚实、内向、人际敏感度较低。
嘴	抿嘴唇	紧张、慌乱。
	向一边撇嘴巴	不屑、轻蔑。
鼻	鼻孔放大	生气、受挫。
手	手抖、手抓住椅把	不自信、紧张。
	手挠衣角或其他东西	不自信、紧张、心不在焉、不专注。
	双手垫在屁股下面	保守拘谨、人际交往能力弱。
	手挠喉咙、颈部或手放在嘴唇上	不认同、准备发言反击。
	双手放在背后或环抱双臂	不欣赏、质疑、防备、准备攻击。
脚	跷二郎腿、腿脚颤抖	清高、随意、有些自大。
	两腿张开、脚尖朝向对方	开放、诚恳。
	双腿交叉、脚尖朝向自己	封闭、不友好。

（四）结构化面试

结构化面试是面对面面试（即传统面试）中常用的面试方法。它根据空缺职位的胜任特征，遵循固定的程序，采用统一的题目、整齐一致的评价标准和评价方法，以评价应聘者是否符合招聘岗位要求的评测方法。

结构化面试考察的形式比较单一，考察内容是固定的。因此应当根据不同类型的问题考察不同能力来制定面试应对策略。

小贴士

结构化面试的主要特点是有其固定程序和统一的评价方法，以下是某公司管理职位结构化面试评分表：

面试评分表			考生姓名：		考号：		
逻辑思维	创新意识	组织协调	经营决策	仪表气质	专业知识	职业技能	综合应用能力
10	15	10	20	5	10	10	20
语言表达、思维品质	管理创新、针对变化	团队建设、人际交往	决策程序、策略原则	外表、言语的亲和力、对人的感染力	本岗位所需要的管理知识	本岗位所需要的行业经验	综合应用所掌握的知识、技能和行业经验

9～10 分（优秀）	12～15 分（优秀）	9～10 分（优秀）	16～20 分（优秀）	4～5 分（优秀）	9～10 分（优秀）	9～10 分（优秀）	16～20 分（优秀）
6～8 分（较好）	8～11 分（较好）	6～8 分（较好）	11～15 分（较好）	3～4 分（较好）	6～8 分（较好）	6～8 分（较好）	11～15 分（较好）
3～5 分（较差）	4～7 分（较差）	3～5 分（较差）	5～10 分（较差）	1～2 分（较差）	3～5 分（较差）	3～5 分（较差）	6～10 分（较差）
0～2 分（很差）	0～3 分（很差）	0～2 分（很差）	0～5 分（很差）	0～1 分（很差）	0～2 分（很差）	0～2 分（很差）	0～5 分（很差）

1. 寒暄类问题

如“你认为西安这座城市怎么样?”此类问题一般比较简单，但不可掉以轻心，招聘方可以从中评定你的语言表达能力、综合分析能力等。回答此类问题时，应从积极的角度进行回答，令对方觉得你是一个乐观、对生活有热情的人。同时，回答此类开放性问题应该观察主要面试官对你的回答是否感兴趣，如果对方无反应，应尽快结束回答。

2. 专业类问题

如应聘企业秘书时被询问“请简述办会的流程。”此类问题主要考察应聘者的专业功底，应当保持冷静，如果碰上不懂的问题，不要胡编乱造，应当承认在此方面知识的缺陷。

3. 情境类问题

如“公司举办一个展映会，你的同伴负责音响设备的租借，你却在会前调试时发现音响坏了，你会这么做?”此类问题主要考察应聘者的应变能力，团队意识，管理协调能力等。回答此类问题应该保持谦逊的态度，因为危机处理永远没有完美的答案。

4. 两难型问题

如“你认为你之前在类似于我们公司提供的相似岗位上的工作经历有哪些不足?”这种问题一般使得应聘者左右为难，若面试官连续追问，有意刁难时，应聘者更不能自乱阵脚。应该实事求是地回答，用语言技巧进行一定的修饰。切勿觉得面试官有意为难自己，与其争辩是极为不理智的。

5. 表态度型问题

如“你认为你是一个对工作充满热情的人吗?”面对这种问题不要过于拔高自己，这会使得对方认为你不诚实。应该以真诚为原则，也可以采用幽默式回答。

（五）无领导小组讨论

无领导小组面试是一种新兴但被普遍使用的人才测评方法，由一组应试者组成临时工作小组，一般 5～8 人，不明确角色和分工，采用情景模拟的方法在一定时间内就给定的工作问题进行讨论并得出对策的集体面试方法。招聘方通过观察应试者的发言，了解应试者的个人素质和潜在能力以判定应聘者能否胜任工作。在无领导小组面试中，应注意以下几点。

1. 了解流程

无领导小组讨论虽然比较自由，但也有其固定流程。应聘者应当了解其流程，理性安排时间。

2. 找准角色

在无领导小组中，角色可分为领导者、协调者、时间控制者等。领导者应该有明确的思路，带领大家进行有效的讨论；协调者应该充当润滑剂，调和不同的观点；时间控制者应该及时提醒组员剩余时间。在找到自己角色后，要承担起该角色的责任。在小组讨论中，不要充当旁观者和矛盾激化者。

3. 谨慎发言

在无领导小组面试中，每个人的发言时间是有限的，因此应该把握好发言时间，提高发言质量，在有限的发言中体现自己的逻辑思维能力、语言表达能力、说服他人的能力。在发言中要肯定其他人的观点，这会让面试官认为你从善如流，善于总结，且有团队精神。

4. 认真倾听

他人发言时，即使有不同的意见也不要恶意打断，在进行意见交换时也不要得理不饶人，要听取他人发言中值得借鉴的地方，多给他人以肯定。

5. 保持清醒

在讨论中应聘者要保持清醒的头脑，首先要谨慎控制时间，同时要确保讨论为主题服务，善意提醒偏题的组员。

小贴士

某公司无领导小组面试流程表：

	准备 (5 分钟左右)	个人发言 (10 分钟左右)	自由讨论 (30 分钟左右)	总结 (5 分钟左右)
应试者	熟悉规则、 准备发言	轮流发言、 阐述观点	相互讨论、 达成共识	推荐代表、 总结发言
主考官	宣读指导语、 统一评价标准	分析发言、 记录观点	观察行为、 考察打分	撰写评语、 作出判断

（六）面试后续礼仪

许多求职者只留意应聘面试时的礼仪，却忽略了应聘后的善后工作。当你礼貌地向面试官告辞后走出面试场，可能认为面试已经结束了。但是，礼仪不是一时的，它是一种习惯，体现在时时刻刻、方方面面。因此在面试之后我们仍应有所行动。

1. 密切关注招聘结果

在确认面试结果之前，应保持通信顺畅，因为招聘方很有可能会致电通知。不管结果如何，都应感谢对方告知。得到让人失望的结果时，应当理性接受，不要不停地追问原因或恳求对方再次考虑，这会令对方很为难，也会让对方觉得你没有风度。

2. 真诚递上感谢信

感谢信在一定意义上能够增加招聘方对你的印象。感谢信要写得规范、有技巧，其内容要注意以下几点：

（1）体现你对自己面试机会的感谢。突出你对面试机会的珍惜，可简单提及你所做的准备以及简要总结你的面试表现，这可以使得你的感谢信更有实质内容。

（2）体现你的真诚和进取心。面试中很少人能够有完美的表现，因此感谢信就显得更加重要了。感谢信中要体现你非常认真地经历了这次面试，比如，对与面试官的谈话非常重视，对面试的印象十分深刻。一份好的感谢信可以弥补之前面试的不足。

（3）不要在信中暗示性询问面试结果。在信中，询问面试结果或使用卑怯等不恰当的语言，会显得你的感谢信目的不纯，令对方产生反感。

3. 认真总结面试经验

面试是求职时常面临的考验，通过面试总结，对于一些同类行业经常使用的面试问题，以及对各类能力考查的倾向等做一定的思考，以便今后在类似的面试中能游刃有余。

本章思考题

1. 怎样做到有目标、有方向性地投放简历？

2. 简述在应聘一个岗位之前应当做好哪些准备工作。

3. 结构化面试中的问题类型一共有几类，谈谈分别应如何应对？

4. A 先生在一家知名企业工作，被派驻到了海外，因为家庭的原因，他希望回居住地发展。于是，他开始投递简历、进行面试。

他海量地往多家公司投递简历，以至于他自己都不记得投递过多少家公司。

有一天，他接到了一位 HR 的电话通知，希望他能去公司面试。他信心满满地穿了一身职业装，第二天按时前往。

面试开始了，HR 很礼貌地和他沟通，请他讲述一下他的工作经历，在过程中也询问了一些情况。A 先生的工作经历与他所应聘的岗位有一定相关性，然而也有很多不足之处。于是 HR 便向 A 先生询问其对所应聘职位的职责和要求是否清楚。但 A 先生竟然不记得自己应聘的到底是什么职位，更说不清该岗位具体负责什么和该岗位的要求。

不仅如此，当 HR 提示了 A 先生之后，他依然对该岗位所要求的产品方面的知识一无所知。在这样的情况下，HR 对 A 先生感到非常失望，一个多年工作的职场人，重新找工作的时候竟然如此盲目。

HR 告知 A 先生在面试前需要对行业知识进行一下了解，A 先生竟然自负地说："我面试了很多家公司了，用不着你来教我怎样面试！"之后愤然起身离去。

在上述情景中，A 先生在求职中哪些行为是不恰当的？请指出并说明理由。

5. 尝试为自己设计一份精美又合乎规范的个人简历。

第九章

仪式礼仪

郊社之礼，所以仁鬼神也。禘尝之礼，所以仁昭穆也。馈奠之礼，所以仁死丧也。射乡之礼，所以仁乡党也。食飨之礼，所以仁宾客也。明乎郊社之义，禘尝之礼，治国其如指诸掌而已。

——《礼记·仲尼燕居》

当代社会的各种具体礼仪，大多起源于原始社会的风俗习惯。在原始社会，人们在婚丧嫁娶、祭祀娱神以及生产劳动等社会交往中逐渐形成了一系列风俗习惯，这些风俗习惯逐渐被约定俗成，成为当时氏族成员共同遵守的“规章制度”。后来人们把这些风俗习惯加以总结改造，并在形式上条文化、程序化，便形成了各种仪式礼仪。

在当代社会，秘书工作中常见的仪式礼仪有签约仪式、开业仪式、剪彩仪式、新闻发布会仪式与庆典仪式，本章将对如上五种常见的仪式礼仪做介绍。

仪式对于组织来说，具有重要的作用，秘书在仪式活动中，掌握并正确运用仪式礼仪，能够帮助单位树立良好的团体形象、提高美誉度和知名度，同时能增强单位文化的凝聚力。

仪式对于营造出的氛围通常都有一定的要求，或庄重，或热烈，或盛大，或隆重。仪式一般都具有明确的目的，组织者希望激发出出席者的某种情感，或引起对某事物足够的重视。一般都要求合乎规范与惯例，具有相对固定的程序。

第一节　签约礼仪

签约仪式是合作各方经过协商或谈判，就某一重要交易或合作项目达成一致，并由各方代表在有关文本上签字盖章的仪式。一般分为双边签约仪式和多边签约仪式。双边签约仪式通常是指签约主体只有甲乙双方，而多边签约仪式的签约主体通常在两个以上。签约仪式是谈判成功的重要标志，要认真筹办，集中突出隆重热烈氛围，同时要求风格节俭和用时简短。

案例

2015年8月18日上午，河北省邢台市2015年重点项目集中签约仪式在邢台市辰光大酒店隆重举行。邢台市委书记张古江出席仪式并做重要讲话，河北省商务厅投资促进局安静局长与会发言，邢台市人民政府副市长郭旭涛对邢台市的投资环境做了详细推介，仪式由邢台市政府常务副市长董晓宇主持。

此次共有28个项目进行集中签约，项目涵盖了先进装备制造、汽车及新能源汽车、新能源开发、现代农业、新型材料等产业领域，总投资259.78亿元。其中外资项目12个，总投资135.6亿元，利用外资17.67亿美元；内资项目16个，总投资124.18亿元。这些项目的集中签约，将为河北邢台的项目建设增添了浓墨重彩的一笔，为邢台加快实现科学发展、创新发展、跨越发展打下重要基础，增添了强劲动力。

【评析】签约仪式是见证各方牵手合作、共谋发展重要时刻的仪式，在双方谈判成功之后。签约仪式的举办通常在营造隆重热闹氛围的同时，也表达了各方对合作项目的期待与希望。

一、签约仪式前的准备

签约仪式对合作各方的意义重大，在做准备工作时要求严谨、认真、全面、细致。签约仪式主要包括准备待签文本、确定参加仪式的人员、布置签约场地以及安排座次等工作。

（一）准备待签文本

（1）举行签约仪式时，文本一旦签订就具有法律效力，因此，文本一定要符合要求。待签文本应用精美高档的白纸印刷，按A4纸的规格印刷并制作封面以示庄重。

（2）待签文本应由主方与有关各方指定专人负责，完成待签文本的定稿、翻译、校对、印刷、装订及盖火漆印工作。按常规，在签约仪式时应为将在待签文本上签字的各方提供一份待签文本，必要时还应为各方准备一份副本。

（3）进行文本准备时，要认真核对文本内容，确认各项协议条款跟文本的一致性，核对各种批件、附件的完整性。如果出现争议或处理不当，应通过再次商讨得出一致意见后，再确定签约时间。

（4）要做好礼仪工作。本方使用并保存的文本，在行文时，本方的称谓、签字人的签字位置应该在前；而对方使用并保存的文本则应是对方在前。这是自我意识和主体尊严的体现。

（二）确定参加仪式的人员

（1）主签人员：随签约文件的性质而变化，可以是国家领导、政府部门负责人、法人代表等，原则上要求各方主签人员的身份职位大体相当。

（2）助签人员：负责在签字过程中帮助签字人翻揭文本、指明签字之处、互换文本等工作。要求熟悉仪式程序，站在各自主签人员的外侧，多数情况下由各方主签人员的秘书或是礼仪人员担任。

（三）布置签约场地

（1）场所的规格应与参加签约仪式人员的身份级别、人员数量以及待签文本的重要程度等诸多因素相符合。

（2）一般在签字厅内设置一个长方形桌子作为签字桌，横放，最好铺上深绿色的台布，其后摆放适量的座椅。双方签约仪式中一般摆放两张座椅供签字人坐；多边签约仪式一般设一张座椅供签字人轮流就坐。

（3）签约场地的布置总体要求庄重、整洁、明亮、清静。

（四）安排签约座次

1. 签署双边性文本

（1）安排客方签字人员就座于签字桌的右侧，主方签字人员应同时就座于签字桌的左侧。

（2）各方助签人员应站立于各自主签人的外侧。

（3）双方其他随行人员，按一定的顺序在己方签字人员的正对面就坐或站立于己方签字人员的身后。

2. 签署多边性文本

（1）一般仅设一个座椅。

（2）各方签字人员按事先沟通安排好的顺序依次签署。

（3）主签人员按“右高左低”的惯例站立于主签人的左侧。

（4）各方的随行人员，应按一定的顺序面对签字桌就座或站立。

二、签约仪式的程序

签约仪式整个过程所需的时间不长，其程序也比较简单而且固化，通常是按“入场——就座——交换文本——共饮香槟酒——致辞——合影”的参考程序，也可按实际需要增减程序。

（1）各方签约人员按时入场。

（2）就座。主签人员按主左客右的位置入座，助签人员站在外侧，其他人员按主客各站一边。同时，按身份高低，客方人员从中间向右排，主方人员从中间向左排，一行站不完时，可以按以上顺序并遵守“前高后低”的惯例，排成两行或三行。

（3）交换文本。应遵守“轮换制”的国际惯例，主签人员在左边首位处签署己方保持的文本，再由助签人员帮助互相交换文本，签署他方文本。这样使得各方有机会居于首位以示各方平等。签字之后，各方签字人员应握手互相祝贺，可交换使用过的签字笔用以纪念。

（4）交换已签文本后有关人员共饮香槟酒，这是国际通行的做法，可增添喜庆色彩。据说法国拿破仑年轻时与一名叫让·雷米·莫埃的同学感情很好，此人经常邀请拿破仑到他开办的酒厂欢饮香槟酒。后来每当拿破仑出征之前也总要到那位同学处痛饮香槟酒，而且每次均大胜而归。可是1815年拿破仑再次出征前，却未与那位同学告别，所带的酒也不是香槟酒而是啤酒，结果在滑铁卢惨遭失败。由此，香槟酒在法国人心目中成了胜利和祈望成功的象征，也被称为“胜利之酒”。所以，在签约完成后，签约各方共饮香槟酒有着希望合作顺利的寓意。

（5）双方简短致辞，全体合影留念。在安排合影的具体排位时，关键是要知道内外有别，注意国人合影的排位、涉外合影的排位的区别。

1）国人合影的排位。我国在合影时的排位，一般讲究“居前为上”“居中为上”和“以左为上”。在合影时，国人的习惯做法通常是主方人员居右，客方人员居左，即遵循“以左为尊”的原则。具体来看，它又有“人数为单”和“人数为双”两种情况的分别，与主席台安排相同。人数为单数时，1号（即身份最高者）居中，2号在1号左边，3号在1号右边，其他以此类推；人数为双数时，1号、2号同时居中，2号同样排在1号左边，3号排在1号右边，其他依次排列。

2）涉外合影的排位。在涉外场合合影时，一般遵守国际惯例，讲究“以右为尊”，即请主人居中，主宾居右，其他双方人员分列主宾左右依次排开。简而言之，就是讲究“以右为上”。但在与日本宾客合影时要注意，避免3人一起合影时将其置于中间位置，他们认为被左右两人夹着，是不祥的预兆。

三、签约仪式的礼仪要求

（1）服饰要求正式庄重，以表现对签约和合作的重视。

（2）各方签字人的身份与人数应对等。

（3）参加签约仪式的人员要举止文雅，彬彬有礼。

小案例

××公司××项目签约仪式策划案

一、活动时间

2015年11月3日（星期一），14：30—19：00。

二、活动地点

××酒店多功能厅。

三、活动目标

1. 传播××项目信息。

2. 创造××公司的品牌形象。

3. 产品上市前的活动造势及预热。

4. 建立并培养客户对项目的品牌忠诚度。

四、活动主题

××公司××项目签约仪式（条幅内容）

五、活动主要流程

1. 签到环节。

14：30，来宾签到，由礼仪为来宾佩戴鲜花，并引导贵宾至贵宾室休息。活动开始前5分钟，由工作人员引导贵宾入场。

2. 活动开始。

15：00，主持人开场白（轻柔的背景音乐为活动暖场1分钟，接以激昂的音乐，为活动预热，集中宾客的注意力）。

15：03，××公司领导致开幕词。

15：06，进行项目介绍。

15：26，签约仪式。

15：40，礼仪小姐引导双方领导入座，签订合同。

15：45，礼仪小姐呈上红酒，双方领导共同举杯，预祝××项目圆满成功。

16：00，签约仪式完毕。

3. 后续活动。

16：05，大屏幕展示××公司的成功案例。

16：15，答记者问。

17：00，来宾休息。

17：30，答谢酒会。

六、活动布展

1. 签到区。

（1）一楼设置导示牌，说明活动时间、地点。

（2）来宾通道铺设红地毯，引导来宾路线，4名保安护道，宾客至保安向来宾行礼。

（3）签到处设签到簿，由礼仪引导来宾签到。

（4）贵宾佩戴鲜花。

（5）提供场外休息区，鲜花摆台。

2. 主席台。

（1）主背景板，标注活动主题。

（2）签约仪式启动道具。

（3）来宾讲话台，鲜花摆台。

（4）投影墙。

（5）通过冷、暖、射灯、追光、干冰等灯光及喷雾系统营造氛围。

3. 来宾活动区。

（1）长桌摆台，每桌 10 人左右，共 10 桌，鲜花摆台，同时增加暗灯设备，烘托尊贵氛围。

（2）席位分为贵宾席、媒体席、来宾席。

（3）空间 POP 挂旗、灯光设备。

七、参与人员

共 10 人（略）

第二节　开业礼仪

开业仪式是现代商业活动中，各类公司、宾馆、商店、银行等企业在成立或正式营业时，为了表示庆贺或纪念，经过周密策划、精心安排，按照一定程序专门举行的一种庆祝仪式。是企业在社会公众面前的第一次亮相，以宣传企业，塑造良好形象，争取更多客户，扩大传播范围为目的。一个成功的开业典礼可以很好地体现企业的组织能力，是企业的第一个里程碑。

案例

2015 年 10 月 29 日，中投融祥投资基金管理（北京）有限公司全国第九家分公司——武汉公司在武汉汉口召开盛大的开业仪式。中投融祥董事局主席王金海、总裁陆顺祥、独立董事许彬等北京总部领导及武汉市合作单位代表、客户代表等嘉宾和武汉分公司总经理黄佳林及全体员工出席了此次庆典。典礼现场气氛隆重，参加典礼的人员众多，媒体记者争相报道关于此次开业典礼的盛况。开业典礼取得圆满成功。

【评析】中投融祥投资基金管理（北京）有限公司全国第九家分公司——武汉公司开业典礼的召开是其在武汉汉口的第一次亮相，此次开业典礼的成功召开，极大地增强了中投融祥投资基金管理（北京）有限公司的影响力，扩大了公司的知名度。

一、开业仪式的准备工作

开业典礼的准备工作是极其重要的，准备工作充分与否对整个典礼的进行及企业业务，乃至于企业的社会形象，都有着直接的影响。这要求典礼筹备人员，在筹备开业典礼时，既要遵循礼仪惯例，又要具体情况具体分析，认真策划，注重细节，分工负责，一丝不苟，力求周密、细致。具体来说，筹备开业典礼时，应注意舆论宣传，来宾约请，接待服务，场地布置等几个方面内容，做好认真安排和充分准备工作。

（一）做好舆论宣传工作

企业可运用报纸、广播、电视台、网络等传播媒介多做报道，广泛发布广告，企业也可派人在公众场合派发传单等进行宣传，引起公众的广泛关注。

企业进行宣传的内容多为开业典礼举行的日期、地点，企业的经营范围及特色以及开业优惠等。

此外，企业还应邀请相关的大众传媒界人士在开业典礼举行之时，到现场进行采访、报道，以便更进一步地对企业进行宣传。

公关活动及宣传广告宜安排在开业典礼前三五天进行，最早不得超过一周，过早和过迟都不能达到良好的效果。

（二）确定来宾名单

除媒体记者外，在力所能及的情况下，要力争多邀请一些来宾前来参加开业典礼。但是也不能滥竽充数，不能使对方为难。确定庆典的出席名单时，应当始终以庆典的宗旨为指导思想，一般情况下，开业典礼的出席者通常包括以下人士。

1. 上级领导

如地方党政领导，上级部门的领导，主要是企业对上级领导在以往的工作中所给予的关心、指导予以感谢并希望能够继续得到支持。

2. 社会名流

邀请社会名流，是希望通过他们的“名人效应”更好地提高单位的知名度，起到宣传的作用。

3. 合作伙伴

分享成功的喜悦及表明希望彼此合作、促进本行业共同发展的愿望。

4. 社区负责人及客户代表

通过他们协调好单位与本地区的关系，让更多的人关心、支持企业的发展。同时也应列出本企业参加开业典礼的领导、员工代表、服务人员的名单。嘉宾名单拟出并经领导同意后，印制并认真填写请柬，之后装入精美的信封，在庆典进行前的合适时间发出或由专人送达到对方手中，以便对方早作安排。鉴于庆典的出席人员较多，牵涉面广，不是万不得已，切不可取消、改期或者延期。

（三）布置开业典礼现场

开业典礼多在开业现场举行，其场地可以是正门之外的广场，也可以在正门前的大厅。一般选在公司、商场、酒店的正门前。布置开业典礼的现场时，应在“节俭”的前提下，尽可能地美化典礼现场，以营造欢乐、隆重的氛围。

举行开业典礼的时候宾主一律站立，因此一般不布置主席台或者座椅。为显示隆重与对来宾的敬意，可在来宾尤其是贵宾的站立之外铺设红地毯，现场悬挂“×××商场的开业典礼”“××公司隆重开业”的横幅，两侧布置一些来宾送的花篮、贺匾、纪念物等，会场四周还可以张灯结彩，悬挂彩旗、彩带、横幅、标语、气球、宫灯等。

来宾的签到簿、单位的宣传材料、待客的饮料等，须提前准备好。对于音响、照明设备，以及开业典礼举行时所要使用的设备、用具，都必须事先认真进行检查、调试，以防在开业典礼进行中间出现差错。

有的企业还准备鼓乐、飞鸽等加以烘托渲染气氛，但是应注意城市管理规定和相关的公共秩序，例如，有的城市不允许燃放烟花爆竹，对于音响或是鼓乐的音量要加以控制，以免声音太大，影响社区群众的正常生活和休息。一些开业典礼的场面规模，有可能会妨碍交通正常运转，应约请相关交通部门予以协调指挥。

（四）安排好接待服务工作

与一般商务活动交往中来宾的接待相比，对出席庆祝开业典礼的来宾的接待，要突出礼仪性的特点。

对于全体来宾不仅应当热心细致地照顾，使每一位来宾心情舒畅，而且还应当通过热情的接待，使来宾感受到主人真挚的敬意。因此，在举行庆典时一般设立筹备组，下设若干专项小组，在公关、礼宾、财务、会务、接待等方面既各司其职又相互配合。其中负责礼宾工作的接待小组，可以说是庆典的“门面”，应予以重视。一般来说，接待小组应该由年轻、精干、形象较好、气质较佳、口头表达能力和应变能力较强的男女青年组成。

接待小组具体工作有以下几项：一是来宾的迎送，即在举行庆典的现场负责迎接或送别来宾；二是来宾的引导，即由专人负责为来宾带路，将其送到既定地点；三是来宾的陪同，对于一些年事已高或者是非常重要的来宾，应安排专人陪同始终，以便给予关心与照顾；四是来宾的招待，即指派专人为来宾送饮料、上点心以及其他事宜。开业典礼前要对接待小组人员进行系统培训，并妥善地予以分工。

（五）其他具体事项

在准备工作中，秘书相关人员还要注意反复落实好相关具体细微的事务，协调好各方面的关系，因为无论任何一个环节出错，都会影响开业典礼的整体效果。比如，请柬是否及时发放并反馈，现场接待人员佩戴的标志、来宾的胸花、饮品、礼物、迎宾车辆是否都得到妥善落实。

二、开业仪式程序

典礼的效果如何，主要由程序决定。因此，拟定程序要完整、协调、符合礼仪要求。一般情况下，典礼程序由以下几项组成。

（一）迎宾

接待人员在会场门口接待来宾，请来宾签到后，引导其到座位上就座；若不设座位，则告诉来宾其所在的具体位置。

（二）典礼开始

主持人宣布典礼开始。全体起立（不设座位应立正），奏国歌（重大的开业典礼），必要时，宣读重要嘉宾名单。

（三）致贺词

按照主持人的安排，由上级领导和来宾代表先后致贺词，主要表达对开业的良好祝愿。大体上讲，出席此次开业典礼的上级主要领导、协作单位及社区单位，均应有代表讲话或致贺词，但应提前约定。

对于外来的贺电、贺信等不必一一宣读，但应公布来电来信的单位或个人。公布时，可依照“先来后到”的顺序，或是按照其具体名称的汉字笔画数进行排列。

（四）致答词

致答词是表示感谢或回答在场人的致辞。致答词由企业负责人代表企业向来宾致谢，并简单介绍单位的经营特色、经营目标以及表达希望得到各界支持的愿望。秘书人员应提前撰写好致答词。

小案例

言诚商场开业典礼致答词

尊敬的各位领导，各位嘉宾：

大家好！

我是言诚公司的总经理×××，经过紧锣密鼓的筹备，言诚公司今天正式开业了，感谢大家在百忙之中抽出时间前来参加言诚公司的开业典礼。在这喜庆的日子里，我谨代表言诚公司的全体员工向关心和支持筹建工作的政府各级领导、各部门主管、产业界同仁、媒体记者朋友们以及在场的各位嘉宾，表示最诚挚的欢迎和衷心的感谢！

言诚公司成立于2000年，是一家集生产、销售于一体的大型综合性、服务性企业，公司总投资约5.2亿元人民币。公司拥有先进的生产设备和庞大的技术研发队伍。言诚公司自成立以来一直以人才和技术为基础，秉持创造最佳产品和最优服务的经营理念。在未来的发展道路中我们将更进一步深化这一经营理念，培养更多的有用人才，并且不断地创新技术，创造出最佳的产品，竭诚为大家提供最优质的体验。

言诚公司在不同的发展阶段都有着明确的目标，本阶段我们的目标是加强地区之间的交流与合作，为大家提供更优的服务。本次言诚公司在西安的盛大开业就是这一目标实现的起点。言诚公司前期的筹备以及现在的正常运营离不开各级领导和朋友们的关心与支持，希望在以后发展道路中大家能够一如既往地给予我们关心与支持，希望能够与大家加强合作与交流，携手共进，共创佳绩。再次由衷地感谢大家前来参加此次开业典礼。

最后，祝各位领导、各位嘉宾朋友们身体健康，工作顺利！

谢谢！

（五）揭幕

揭幕的具体做法：由本单位负责人和上级领导或嘉宾代表行至彩幕（红布）前恭位，礼仪小姐双手将开启彩幕的彩索递交对方；揭幕人随之目视彩幕，双手拉启彩索，揭开盖在单位标牌上的红布，宣告企业正式成立；参加典礼的全体人员在音乐声中鼓掌致贺，在非限制燃放鞭炮的地区还可以放鞭炮庆祝。

（六）迎接首批顾客

如有必要的话，可引导来宾参观，如展览、展销、新商场、厂房、办公楼等，介绍本单位的主要设施、特色商品以及营销策略等，以便让来宾对组织有更全面的了解，也可利用留言簿、召开小型座谈会等形式征求来宾的意见，以便进一步改进工作。

这一系列的程序结束后，迎接首批顾客。为了吸引更多的顾客或者观众，可以采取促销或者是赠送纪念品的方式，也可选择一些有代表性的消费者参加座谈，虚心听取消费者的意见，拉近与消费者的关系。

三、开业仪式礼仪要求

开业典礼是企业的大喜事，自然要隆重热闹。宾主双方都要围绕这一特点，注意在典礼全过程采用吉庆色彩，因此，遵守相应的礼仪规范是至关重要的。

对于开业典礼的组织者来说，整个仪式过程都是招待宾客的过程，参加典礼的每个人的仪容仪表、言谈举止都直接关系到企业的形象。作为应邀参加企业开业典礼的人员，无论是来自上级主管机关还是来自同行业的兄弟企业，都应该注意自己的礼貌礼节，准确表达本单位的祝贺意愿。因此，无论是典礼的组织者还是参与者都应严格注意以下内容。

1. 保持良好个人形象

参加开业典礼的本企业人员，无论是负责人员、还是工作人员，都代表着企业的形象，因此每个人都应保持良好的个人形象。应邀参加的宾客代表的是各自所属单位的形象，仪容仪表方面要符合开业仪式礼仪。

（1）仪容方面。女士应该适当化妆，配饰得当。不化妆或者是浓妆都会给企业留下不好的印象。男士应梳理好头发，剃掉胡须。蓬头垢面、胡子拉碴、浑身臭汗都会给本单位的形象“抹黑”。

（2）仪表方面。男士穿深色西装或中山装，配白色衬衫、素色领带、深色袜子、黑皮鞋。

女士穿深色西装套裙或套装，配肉色丝袜（长裙短袜、短裙长袜），或是穿花色素雅的连衣裙。

2. 遵时守约

组织者：本企业参与开业仪式的人员均应严格遵守时间，不得迟到、无故缺席或中途退场。开业仪式应准时开始，按时结束，以向社会证明本企业是言而有信的，如果嘉宾中有主要人员晚到片刻，出于礼貌应稍作等待。

来宾：参加典礼，一般可提前半小时左右到场。过早或是过迟都不是礼貌的表现。如遇到特殊的情况无法到场，应尽早通知组织者，好让组织者在有关方面做适当的准备和调整。

3. 礼遇宾客

组织者：遇到宾客要主动热情地问好，对于嘉宾提出的问题，不论其职位高低，都应该真诚友好地回答。迎接嘉宾到场之后，仍应主动、热情，可介绍来宾相互认识交谈。来宾致贺词后，应主动鼓掌表示感谢。不能对来宾的形象、讲话及其代表的组织评头论足。

4. 主动祝贺

来宾：宾主相见，来宾应主动对主人表示恭贺。对来自其他单位的来宾代表也应主动打招呼，相互问好，交流攀谈。不应只顾和主办单位人员讲话，无视别人的存在。

5. 行为自律

组织者：主办方人员的得体举止，可以充分显示本单位文明礼貌、礼尚往来的良好风范。典礼过程中，主办方人员不得嬉戏打闹，不得做与典礼无关的事，如看报纸、打电话、打瞌睡等。不要东张西望，反复看时间，表现出敷衍了事、心不在焉或是愁眉苦脸、唉声叹气等。以上种种表现都会给来宾留下不好的印象，从而不利于企业的进一步发展。在举行庆典的整个过程中，都要表现得庄重自然，全神贯注。

来宾：在典礼过程中，宾客要根据典礼的进展情况做一些礼节性的附和，如认真听讲中不时鼓掌，跟随参观，写留言等，不可无休止地与他人聊天讲话，或是闭目养神等。

6. 礼貌告别

仪式结束后，宾主与来宾应握手告别，以示谢意。

小案例

二胎来了，大“室”所趋——××楼盘开业典礼策划案

一、活动背景

全面二胎政策的出台，小房已不能满足全家居住的需求，房子够大才能够吸引顾客的注意力。

二、可行性分析

1. 二胎政策的开放，导致新生人口的增加，势必会影响消费者对房子的需求。

2. 家庭人员的增加，“三房太挤，四房刚需，大室所趋，住大一点，住好一点。”

三、目的和宗旨

提高项目知名度和美誉度，聚集人气，为下一步销售打下良好基础。

四、活动活间

2015年12月26日（星期六）。

五、活动地点

陕西省西安市长安区××楼盘售楼处。

六、活动形式

活动+现场布置（现场布置为主，活动为辅）。

七、准备工作

1. 备红色充气拱柱：拱柱上为“××公司××楼盘盛大开盘”。

2. 人员配备：活动组织者、礼仪公司、现场保安。

3. 请安保部进行安全协助，以免发生不必要的麻烦。

4. 海报宣传：4 张印刷海报，2 张自制海报；展板宣传：××楼盘主题活动详细介绍及图片介绍。

5. 媒体宣传：事前，通过短消息、报纸平面广告、电视广告向社会告知；事后，由媒体本次活动所有现场活动资料公布于报纸、电视之上，形成完整宣传。

6. 宣传资料准备。

八、活动流程

1. 邀请电视及报纸等相关媒体对此次的开盘活动进行强势宣传，并邀请其他媒体介入，全程跟踪实况录播等，积极努力为这一活动造势。

2. 活动方案。

方案一：人体引导旗。

方案二：邀请戏曲界武生表演助兴。

3. 活动安排程序设计和时间表。

12 月 26 日 9：00，组织嘉宾到场。

12 月 26 日 9：30，开盘活动正式开始，邀请开发商代表、施工方代表讲话。

12 月 26 日 10：00，开业活动开始。

12 月 26 日 12：00，主持人宣布本次活动结束，感谢所有人员大力支持。

第三节　剪彩礼仪

剪彩仪式是指企业或单位为了庆贺成立、开业等重大事件的一项礼仪性活动。

小案例

2015 年 12 月 4 日，习近平主席出席中非合作论坛约翰内斯堡峰会开幕式并发表致辞。当地时间 4 号上午，中非合作论坛约翰内斯堡峰会在南非开幕。本次峰会由中国和南非共同主办。中国国家主席习近平同南非总统祖马，非盟轮值主席、津巴布韦总统穆加贝等共 50 位非洲国家的国家元首、政府首脑和代表团团长以及非盟委员会主席祖马出席开幕式。

开幕式后，习近平出席中非合作论坛 15 周年成果图片展开幕式，同祖马总统、穆加贝总统一道为展览剪彩。展厅内，一张张图片生动展示了中非合作论坛的累累硕果，再现了中非友好交往的历史瞬间。习近平同非洲国家和地区组织领导人认真观看，亲切交谈。

中非历来是命运共同体，长期以来，中非始终风雨同舟、相互支持。通过本次剪彩仪式，这一具有美好的象征意义并且通行于国际的隆重性的礼仪程序展现了中非之间友好的关系和深厚的情谊。

一、剪彩的来历及意义

关于剪彩仪式的来历有两种说法。一种认为最早起源于美国，1912 年一家即将开业的百货公司在建筑外系了一条布带以吸引顾客，老板的女儿牵着她的宠物狗从店内出来，不小心碰断了这条布带，顿时，久等在外的顾客蜂拥而入，争相购买货物。不久老板又新开了一家店并让女儿故意把布带弄断，果然效果又很好。于是人们认为在开业时故意碰断彩带是一个好兆头，并群起效仿，用彩带代替布带，并用剪刀剪断彩带来代替小孩故意碰断布带。这种方式沿袭下来就成了盛行的“剪彩”仪式。

另一种认为剪彩仪式起源于西欧。当时西欧的造船业比较发达，新船试水前往往会吸引很多观众，为了防止出现意外，主持人往往会在离船较远的地方用绳索设置一道“防线”。等新船下水、典礼就绪后，主持人就剪开绳索让人们来参观。后来用彩带代替了绳索，人们就给它起了“剪彩”的名字。

“剪彩”的“剪”有取得的意思，“剪彩”也就表达了人们想取得头彩、多财的愿望。所以，现在当某一项目落成、影视开机或是其他商业经营活动伊始之时主办方都会举行剪彩仪式。

二、剪彩仪式的准备

在筹备剪彩仪式时，准备工作主要分为用具的准备和人员的安排，需要做到一丝不苟、精益求精，力求达到最满意的效果。

(一) 剪彩用具的准备

(1) 红色缎带：即剪彩仪式的“彩”，应由一整匹没有使用过的红色绸缎在中间结成几朵等距离的大红花而成。现在也用长度为两米左右的细窄的红色缎带和彩球连接而成的彩带，或是红布条、红纸条来代替。

花团数有两类模式可依：一种是花团数比现场剪彩人数多一个，另一种是花团数比现场剪彩人数少一个。前者可使每位剪彩者总是处于两个花团中间显得正式，后者则显得有新意。

(2) 剪刀：应选用新剪刀，可用金色的剪刀以示隆重。剪刀必须锋利顺手，寓意开张大吉、一帆风顺。在剪彩仪式结束后，主办方可将剪彩者使用过的剪刀加以包装送给剪彩者以作纪念。

(3) 托盘：用以盛放剪刀、白色手套和剪下的彩球，一般应是洁净的、新的不锈钢制品。

(4) 白手套：剪彩者应戴上白色薄纱手套，以表郑重。有时为了简便也可省略手套。

(5) 红地毯：用来提升仪式档次并营造喜庆的氛围，宽度为 1 米左右，长度视参加剪彩仪式人员的多少而定。

（二）剪彩人员的确定

1. 剪彩者的选定

（1）剪彩者主要在应邀而来的嘉宾中产生，多是上级领导、单位负责人、合作伙伴、社会名流、员工代表或者是客户代表。按照礼仪惯例，剪彩者可以是一个人，也可以是几个人，但一般不会超过五个人。

（2）剪彩者名单一经确定应尽早告知对方并得到对方的同意，最好由本单位的负责人亲自出面或是委派代表前往邀请以示尊重。

（3）剪彩者如果只有一人，剪彩时应站在居中的位置。不止一人时，按照国际惯例，面向会场，主剪人位于中央位置，右侧尊于左侧，距离中间站立者越远位次便越低。当剪彩仪式并无外宾参加时也可执行我国“以左为尊”的做法。

2. 助剪者的选定

（1）助剪者就是在剪彩过程中为剪彩者提供服务的人员，一般由年轻女性担当。

（2）助剪者要求气质高雅、机智灵活、善于交际，更重要的是要熟悉剪彩仪式的程序和应有的礼节，以保证仪式的正常进行。

三、剪彩仪式的过程

（一）嘉宾入场

剪彩仪式开始前五分钟由礼仪小姐带领嘉宾集体入场。可按事先安排好的座次对号入座，有时也不设主席台或座椅，仪式过程一律站立。

（二）仪式开始

主持人宣布开始，介绍来宾，鼓掌欢迎并致谢。

（三）简短发言

发言者依次为东道主单位代表、上级主管部门代表、地方政府代表、合作单位代表等，每人发言时间不超过三分钟为宜。

（四）进行剪彩

主持人介绍剪彩者，宣布剪彩开始。礼仪小姐先登场，剪彩者和助剪者就位进行剪彩。

（五）后续活动

剪彩结束后，主办单位可以安排一些文艺、座谈、合影等后续活动以表庆祝。

四、剪彩仪式的礼仪要求

（一）剪彩者的礼仪要求

（1）仪容庄重整齐。

（2）举止文雅大方。

（3）配合得体有效。

（4）听从主办方安排，做到善始善终。

（二）助剪者及礼仪小姐的礼仪要求

（1）仪容要高雅。多数情况下要求穿旗袍、化淡妆、盘头发、面带笑容、步履轻盈。

（2）举止行为要规范。需接受正规训练，在仪式中表现出亲和大度。

（3）具有工作责任心。增强自身的自控力和责任心，以免因为自己的疏忽影响到仪式的最终结果。

小案例

××集团××工程剪彩仪式策划案

一、仪式时间

2015年12月1日10时18分。

二、仪式地点

××集团××工程现场北门。

三、参加仪式人员

1. 市领导、市直有关部门、单位领导。

2. 银行等金融单位领导。

3. 新闻媒体。

4. 客户代表。

5. 建设单位。

6. 集团公司领导、机关人员、职工方队。

四、主要程序

1.10:18剪彩仪式开始。总裁主持剪彩仪式，并介绍与会领导和嘉宾。

2. 集团主席讲话。

3. 市领导讲话。

4. 工程建设单位代表讲话。

5. 客户代表讲话。

6. 为××工程生产线投产剪彩。

7.10:30剪彩仪式结束，有关领导和嘉宾参观生产线。

8.11:00参观结束，有关领导和与会的嘉宾统一乘车到酒店出席座谈会。

9.12：00午餐会开始。董事局主席致词，市委市政府领导、各有关部门领导及嘉宾出席。

10.14：00客人返程。

五、任务分组

1. 接待组：负责发送邀请函、确定参加人员；与会嘉宾接送站、食宿安排；宴会预定、安排及服务；剪彩现场嘉宾接待与签到；剪彩现场调度。

2. 材料组：负责撰写领导剪彩讲话稿、主持词以及宴会致辞。

3. 宣传组：负责照相、摄像、现场采访。

4. 现场组：负责剪彩、主席台搭建、现场气氛营造、礼仪服务人员的管理、胸花佩戴、剪彩用品准备、音响、剪彩现场卫生。

5. 保卫组：负责大门内外及厂区道路畅通；剪彩现场治安保卫、消防工作；现场车辆停放调度。

六、具体分工

（一）公司办公室

1. 剪彩讲话、宴会致辞及主持词；

2. 安排接送来宾及现场服务车辆；

3. 预定来宾住宿客房及用餐房间；

4. 宴会预订及服务；

5. 签到桌、台布及用品准备；

6. 剪彩现场调度、协调及联络。

（二）政宣部

1. 负责整个剪彩仪式的照相、录像及宣传报道；

2. 主席台的搭建；

3. 剪彩现场气氛的营造（条幅、彩旗、气球、彩炮、礼炮、鞭炮、红地毯、绿色植物等）；

4. 新闻媒体的协调和组织；

5. 职工方队的安排。

（三）工会

1. 准备主席台话筒、音响、剪彩花球丝带、托盘、剪刀、胸花等；

2. 礼仪的准备、组织、引导、接送。

（四）保卫部

1. 确保大门内外及厂区道路畅通；

2. 负责剪彩现场治安保卫、消防工作；

3. 现场车辆停放调度；

4. 现场布置所需物资的进出厂检查。

（五）财务部

1. 邀请金融单位，做好联络和服务工作；

2. 做好经费预算。

（六）项目部

邀请建设单位，做好联络和服务工作。

七、活动预算（略）

第四节　新闻发布会礼仪

新闻发布会也称记者招待会，政府、企业、社会团体或个人通常借此传播与自身的有关信息，谋求与新闻界、社会公众的有效沟通。

案例

2015 年 8 月 21 日下午 3 时在国务院新闻办新闻发布厅举行新闻发布会，阅兵领导小组办公室副主任、总参作战部副部长曲睿，阅兵联合指挥部办公室常务副主任、北京军区副参谋长王舜介绍了 9 月 3 日的阅兵准备工作情况，并答记者问。

这是国务院新闻办举办的中国人民抗日战争暨世界反法西斯战争胜利 70 周年纪念活动的第四场新闻发布会。由胡凯红（现任国务院新闻办公室一局副局长）担任主持，中央电视台、《环球时报》、中国新闻社、美联社、《中国日报》、日本朝日新闻、新华社以及凤凰卫视等多家新闻机构和媒体记者参加了此次新闻发布会。会议刚开始，曲睿少将和王舜少将就从各个方面介绍了阅兵的准备情况，随后回答了各家记者的提问。

【评析】该新闻发布会在有限的时间里完成了会议预期目标，是一次成功的新闻发布会。参加此次新闻发布会的新闻机构和媒体记者数量较多，可以起到很好的宣传作用。通过此次新闻发布会，使得公众对中国人民抗日战争暨世界反法西斯战争胜利 70 周年纪念活动的准备情况有了深入的了解。

一、新闻发布会的类型

总的说来，社会团体召开新闻发布会的目的有两种。一种是为了宣传，扩大自身的影响力和知名度而召开新闻发布会。一种是社会团体出现危机，为了向公众做出解释，为更好地解决问题，维护自身形象而召开新闻发布会。一般地，新闻发布会可分为以下几类。

（一）突发事件新闻发布会

突发事件具有突发性、危害严重以及种类多样性等特点。例如，马航 MH370 飞机失联事件发生后，引起国际社会的广泛关注。马来西亚政府召开的一系列新闻发布会就属于此类新闻发布会。

（二）重大活动新闻发布会

重大活动新闻发布会是指在一些重大活动中，为了宣传活动的内容，树立组织者的良好形象而召开的新闻发布会。

（三）宣告性新闻发布会

宣告性新闻发布会是指社会组织在作出重大决定、重大人事变动时，向外界公布的信息，一般具有向外界庄严声明、通告世界的性质。

（四）新产品代言人新闻发布会

新产品代言人新闻发布会多是新产品签约代言人，为了宣传公司新产品而举办的新闻发布会，旨在借着代言人的影响力让公众在短期内对该品牌留下深刻的印象。

（五）网络新闻发布会

随着经济与科学技术的迅速发展，网络新闻发布会因时效性更强、成本更低等特点越来越受人关注。网络新闻发布会是通过网络将无限分散的与会者组织起来，完成信息发布及交流的传播活动，这种新闻发布会所需人员更少。一般情况下，网络新闻发布会应小于1小时。这类新闻发布因其显著的优点，在未来将会被更加广泛的应用。

二、选择的时机与时间

（一）时机的选择

社会团体有重要的活动举行，或解释重大问题时一般选择召开新闻发布会。在恰当的时机选择召开新闻发布会，往往使得新闻发布会事半功倍。相反，新闻发布会的时机选择不当，则会浪费投入的成本，宣传效果也大打折扣。

新闻发布会一般应在重大活动前一个月或两个月召开，或是特殊事件发生的第一时间以便扩大宣传面。一般情况下，新闻发布会的时间应避开重要的节假日，重大的社会活动，其他单位的一些庆典活动以及与新闻界的宣传报道重点相冲突的时间。

常见的新闻发布会召开时机有：企业新产品上市；企业出现重大公共关系危机；企业更换品牌代言人；企业有重大融资项目，扩大生产规模；企业出现重大问题，需要向公众作出解释；企业人事重大调整；企业在工作中取得了重大的突破；等等。

（二）时间的选择

新闻发布会的时间通常应控制在1小时以内，最多不要超过2小时。

召开新闻发布会的最佳时间通常在周二至周四的上午10时至12时，下午3时至5时，也有的选在晚上。周一可能检查上周的工作，周五由于临近周末，大家注意力可能受影响，对新闻报道往往不予以重视。

新闻发布会一般应提前预演一遍，以免出现意外，这样有利于发现发布会存在的问题，也可以更好地应对突发状况。

三、选择的地点

选择新闻发布会地点时也要慎重，不应该随便了事。地点选择不当，可能使新闻发布会的效果大打折扣。例如：选择的新闻发布会地点交通不便，与会人员可能无法及时到场，会议就需要延时；会场过大，记者数量不足，又会显得新闻发布会气氛沉闷等。选择新闻发布会地点时，具体可从以下两个方面入手。

（一）地点选择应考虑的因素

选择新闻发布会的地点应该考虑的因素有：

交通。如到达会场的道路是否能够保障通畅，现场停车是否方便等。

设备。会场内的采访设备是否齐全，如摄影、视听、灯光、幻灯、电视播放设备等；通信联络是否正常，如电话、专线电话、计算机网络等。

会场条件。如会场大小是否适中，会场内的座位设施是否有利于记者提问和记录，会场是否安全、安静等。

（二）适宜的地点

新闻发布会的地点，可以选择在本企业或组织的所在地，也可以选择活动或事件的所在地；可以酌情选择本企业或组织的会议厅、多功能厅等，也可以酌情选择租用宾馆、酒店等；如果希望扩大影响面，还可以考虑选择首都或有影响力的大城市，也可以在不同地点召开内容相同或相似的发布会。除此之外，也可以选一些有影响的标志性建筑，这样会更加令人印象深刻。

四、人员的安排

正是因为与会人员的参与，才使得会议有了生气和活力，新闻发布会也是如此。因此新闻发布会人员的安排就显得尤为重要。新闻发布会的邀请人员包括相关领导、同行人士、客户代表以及记者等。

（一）邀请记者

新闻发布会邀请的人员中，与会记者的邀请是重中之重。试想一场新闻发布会，做好了一切的准备工作，却没有记者前来。那么，这次的新闻发布会无疑是失败的。新闻发布会邀请记者时，具体可邀请报刊记者、电视台记者、网络平台记者以及其他新闻机构记者等。要根据新闻发布会的主题、内容传播范围、涉及的行业以及记者的自身条件来确定记者的数量及层次。

（二）确定主持人

1. 具体要求

主持人要求形象良好、知识广博、反应机敏、风趣幽默、处变不惊，而且要有良好的语言表达能力，丰富的主持经验，善于掌控全局。

2. 适宜人选

主持人一般由主办方的宣传、公关、秘书等部门的负责人担任，如宣传部长、公关部长、办公室主任等。

3. 确定发言人

新闻发布会的发言人一般由主办方的主要负责人担任，如总经理、厂长、主要部门负责人等，因为只有他们才能准确地回答有关的方针、计划、生产、经营等重大问题，由他们回答才更具权威性。

发言人代表了本企业或组织的形象，因此他们应当在社会上有良好的口碑，与新闻媒体的关系较为融洽，并且也有良好的应变能力、较强的记忆能力和语言表达能力。

4. 专业人员的邀请

正所谓“术业有专攻”，新闻发布会的参与人员也应当有相关技术人员和法律人员。一旦涉及专业领域的问题，这些专业人员可以很好地进行阐述，给人留下很好的印象，也可以避免一些尴尬的场面。

案例

××服饰公司设计了一批2016年的春季服装，于是公司在2015年12月25日召开了新品发布会，但是，会后公司经理发现此次新品发布会并没有收到预期的效果，这是怎么回事呢？

原来此次新闻发布会邀请了12家媒体，但新闻发布会当天到场的却只有7家媒体。而且新品发布会召开的时机也不恰当，12月25日，即为一年一度的圣诞节，节日的气氛影响了新品的宣传效果。另一方面，公司2016年春季服装新品发布会，也不应选在12月，最晚也要选在10月份左右。

【评析】通过上面的案例可以看出，一定要慎重选择新闻发布会的召开时机，对媒体要足够重视。出现突发事件要立即实施应急方案，力争将损失减到最低。

五、准备材料

充足的准备材料可以使新闻发布会更好地进行，使与会者心中有数，对新闻发布会有全局的把握，记者报道时也方便抓住重点，利于后期的宣传工作。

（一）发言报道提纲

发言提纲是发言人在发布会上正式发言时的内容提要。发言提纲应该全面、准确、生动、真实、扣题，同时还可以在预测的基础上对有可能被提问到的问题做好相应的回答准备，供发言人现场参考，这样可以令他们做到心中有数，表现自如。

报道提纲即主办方事先精心准备的一份有关数据、图片等资料为主的提纲，事先打印好在会上提供给新闻记者，使其在报道时能够抓住重点，必要时甚至可以提前拟制好新闻通稿。

（二）宣传辅助材料

宣传辅助材料可以是会议流程、企业简介、新产品介绍，也可以是新闻发言人的个人简介。为了使与会人员对企业传递的信息或所要解释的问题有全面而准确的了解，发布会举办者应在会议举行时把相应的文字资料分发给与会的每一位记者。

小案例

××公司新品发布会策划案

一、会议目的

此次会议旨在将公司的新品推向社会，介绍产品的性能及创新之处，让公众对产品的基本情况有一定的了解。

二、会议地点

××公司一号会议厅。

三、会议时间

2015年7月14日，14：00—15：00。

四、会议成员

××公司经理，××公司经理，本公司行政经理、主管、业务经理以及研发部部长，总计6人。

××电视台、××电视台、××卫视、××报、××日报、××报、××网、××网、××网、××新闻网、××网以及××网，共12家媒体，20名记者。

五、会议流程

由公司行政经理××主持。

14：00，主持人××宣布会议开始。

14：05，公司主管××作简要发言。

14：15，研发部部长××介绍新产品。

14：30，主持人××宣布记者提问环节开始。

14：30，主管××、业务经理×××和研发部部长××回答记者提问。

15：00，主持人××宣布会议结束。

六、会议设备和材料准备

准备会议所需的投影仪、白板和音响设备，由会务组长××负责。

行政经理××、公司主管××的发言稿。会议报道提纲和会上问题提纲，由文件组组长××负责。

七、会场组织机构

会务组：主要负责会场布置和设备的保管以及会场的保卫工作。负责人：×××。

宣传组：主要负责会议前期和后期的宣传工作。负责人：×××。

秘书组：主要负责会场的接待以及会场服务工作。负责人：×××。

文件组：主要负责会议文件材料的撰写工作。负责人：×××。

八、会议预算方案

邀请媒体××元。

租用设备××元。

会场布置××元。

会议文件××元。

其他××元。

第五节　庆典礼仪

庆典，是各类庆祝仪式的总称，其显著特点是具有隆重的仪式感和较高的社会参与度。中国作为礼仪之邦，自古注重庆典活动，古代便有五礼之分——“吉礼”“凶礼”“军礼”“宾礼”“嘉礼”。以“吉礼”中的“昏礼”为例，据《仪礼·士昏礼》记载，古人聘娶的程序有“六礼”——纳采（彩）、问名、纳吉、纳徵、请期、亲迎。完成这些程序性的仪式，男女便结成婚姻，得到社会的认可。无论在古代社会还是现代社会，主办方借助庆典活动，对外能实现协调各方面关系，提升形象，宣传企业或者组织的文化、理念，展示其实力等目的，对内则能达到提高组织凝聚力，激励组织成员等作用。工欲善其事，必先利其器。举办一场成功的庆典仪式，具备相关的庆典礼仪知识则必不可少。

案例

2015 年 9 月 3 日上午，中共中央总书记、国家主席、中央军委主席习近平在天安门城楼发表完重要讲话并乘车检阅徒步方队和装备方队后，气势磅礴的胜大阅兵仪式拉开序幕。这是一场新中国成立以来首次以纪念抗日战争胜利暨世界反法西斯战争胜利为主题举行的盛大阅兵。全国各地的人民，或在现场、或通过电视、或借助网络平台进行了观看。

【评析】这是一场以史为鉴、守护和平、面向未来的国家庆典，对于中华儿女具有强烈的爱国主义教育作用，充分显示了“庆典”的激励教育作用及庆典活动的重要性。

一、庆典活动的基本类型

现代社会中的社会活动日益繁多，其中，庆典活动就是一种重要的社会活动。无论是在中国还是在世界其他国家和地区，人们都会为了一些不同的理由聚集在一起，举行庆典仪式。庆典仪式类型众多，大致可以分为以下五种类型。

（一）节庆典礼

节庆典礼通常是围绕某一特定的节日而开展，有特定的主题核心，如我国的“国庆节”、企业的周年庆典活动。这类庆典具有普遍性，例如，欧美等国家每年 12 月 25 日的“圣诞节”，韩国每年 10 月 9 日的“韩字节”，在不同的国家，人们以不同的方式进行种类繁多的庆祝活动。

（二）重大业绩庆典

重大业绩庆典在党政机关、企事业单位、人民团体内部举行，是围绕“重大”业绩而开展的庆祝活动，例如，高销售额、高盈利等成绩。这类活动往往会伴随着对有重大贡献人员的物质表彰或者荣誉表彰一起。

（三）荣获某项荣誉的庆典

在企事业单位或者其产品、组织成员获得某种荣誉时举行的便是此类庆典。例如，美国IBM公司每年都要举行一次规模隆重的庆功会，对那些给公司的发展做出突出贡献的人员进行表彰，被称作“金环庆典”。通常是在风景优美的地方举行庆典，并且会举办酒宴。整个庆典活动还会被摄像，进行录制记录，当做公司的档案进行保存。

（四）生活庆典

这种类型的庆典活动与企业或者组织中的职工个人及群体生活相关，如联欢会、运动会、艺术节、茶话会、欢迎会等。这类庆典往往要求与会人员的集体参与，主要目的在于促进成员之间的相互交流、增进感情。

（五）其他社会常见庆典

如开学典礼、毕业典礼、抢险誓师仪式等。

二、庆典活动的功能定位

市场中存在的企业类型各不相同，而不同类型的企业在举办庆典活动时，需要根据自身的实际情况进行考虑，准确定位本单位举办庆典活动的目的，通过精准的定位，才能将庆典活动的实际有效功能最大化。

根据不同程度的知名度和美誉度，社会上存在的企业大致可以分为四种类型，如表9-1所示：

表9-1　企业类型

类型	美誉度	知名度	战略模式	战术模式
甲	高	高	维系型	社会型
乙	高	低	矫正型	宣传型
丙	低	低	建设型	综合其他三种
丁	低	高	矫正型	服务型

不同类型的企业根据各公司实际情况及公司发展战略，在举办庆典仪式的时候需要进行不同的定位选择。甲型企业名气及社会影响均处于最佳状态，具备最佳的公共关系状态，因而只需要维持好现状即可，在举办庆典仪式的时候不需要做过多的宣传事宜。乙型的企业应当主要侧重于强化品牌知名度，在举办庆典活动的时候需要进行广泛的宣传工作。丙型企业应采取“建设型”战略模式，由于处于不良的公共关系模式，此时需要着力提升企业知名度及品牌质量，通过举办庆典活动，进行广泛宣传，提升企业知名度。丁型的企业美誉度低，需要对恶劣的公共关系进行矫正，通过举办庆典，促进社会关系，是一

个有效的方法。

具体而言，举办社会庆典的功用主要可以总结为以下几点。

（一）促进社会关系

在庆典活动中可以邀请的上级领导、社会名流、媒体从业者、合作伙伴、社区关系单位等人员身份多样，通过仪式活动可以加强不同人群与企业之间的联系，有利于企业的长远发展。

（二）宣扬精神文化

策划成功的庆典仪式能有力地向外界展示企业的团队协作力、社交能力及企业实力，并且也能通过特定的主题，彰显企业文化，突出企业精神风貌。

（三）提高社会美誉度

通过庆典活动进行社会沟通，树立良好的企业形象，是提高企业社会美誉度，增强企业品牌价值的有效方式。

（四）强化内部凝聚力

企业内部人员参与庆典活动，作为筹办者，能通过团队协作，参与策划，从而增强对庆典活动的理解，加深对企业的感情；作为庆典活动的嘉宾参与，能切实感受到企业的实力，增强组织认同感和荣誉感。

（五）激励教育职工

庆典活动所展现出来的文化，通常具有潜移默化的作用，如荣誉表彰类庆典为广大职工树立学习榜样，激励职工学习先进人物事迹，努力创造价值，提升个人价值。

三、庆典仪式的策划

策划庆典需要从多个方面着手进行准备，而最基本也是最重要的是选择时间、选择地点以及选定嘉宾。选择恰当的时间及地点是使受邀请人能够出席，同时，选择恰当的时间及地点也能使得庆典仪式获得事半功倍的效果。选定嘉宾是举行庆典活动的核心，因为受邀嘉宾是庆典活动直接面对的对象，庆典活动的举办目的是通过受邀出席的嘉宾而实现的。在选择出席嘉宾时，应做到“因事”而定，顾全公共关系整体等问题。

（一）选择时间

选准时机才能使庆典活动起到事半功倍的效果。例如，在举行抢险救灾等重大任务时举行的誓师活动，着力激发人们不畏艰难险阻、勇于牺牲奉献的精神；在企业或者组织周年庆典、青年节等具有重要纪念意义的节日中，及时开展隆重的庆典活动，能发挥引导员工缅怀历史、牢记传统、珍惜荣誉，以实际行动为企业或者组织建设增光添彩的作用。

节庆典礼往往是具有规律性的庆典仪式，如我国国庆节的庆典，固定于每年的 10 月 1 日，此类固定的日期一般不涉及选择时间的问题，只需要根据既往的惯例进行。

获得荣誉的庆典时间则应当根据具体情况具体分析之后再确定，一般不宜将举行庆典的时间与获得荣誉的具体时间间隔拉得太大，一周之内举行庆典为佳。在实际情况中，公司也往往会选择将重大业绩庆典与荣誉庆典综合为一体进行庆祝。

其他种类的庆典仪式通常没有固定的日期，其具体日期的选择依照具体情况拟定。

(二) 仪式地点确定及布置

1. 地点选择

庆典仪式可在室内或者室外开展。具体地点的选择，需要根据庆典活动出席嘉宾人数的多少、庆典活动的规模、形式、影响力、附加活动的类型以及本单位的实际情况来确定。一般而言，任何庆典都有特定的环境氛围，而选择恰当的地点，则会使庆典的氛围更加浓厚。例如，举行宣誓仪式的时候，可以选择革命遗址、纪念场馆，使员工在庄重强烈的场景感受中接受教育，受到熏陶。

在室内进行的庆典，如在本单位的礼堂、会议厅举行的小型庆典仪式等。在室内举办庆典活动，优点在于不用考虑户外治安、天气、空气环境，会场布置用品的保存等问题，但缺点在于可容纳的人数有限。

在室外进行的庆典，可容纳的人数通常较多，户外可进行种类较多的附加娱乐活动，形式更新颖丰富。但是进行户外庆典时，在交涉选定户外庆典举行的地点之后，筹办者需要针对天气、空气、生态环境的保护、现场装饰布置用品的运输与保存、周围治安环境、水源、电源的设置做好完备的方案，较之室内庆典仪式更为烦琐，前期的筹备时间往往更长。

2. 现场布置与装饰

装饰新颖的庆典活动往往能吸引大众注意力，因而，策划者可以在传统方式的基础上，锐意创新；在现场装饰中引入高科技手段，增强节日氛围；在活动内容上，创新其形式以提高参与度。庆典仪式的现场装饰着重突出喜庆的元素，通过充气拱门、横幅、气球彩带、装饰花卉等装饰品烘托氛围。

进行现场装饰的一个重要原则是不可铺张浪费，注意保护环境，这是基于庆典活动要符合政策性的考虑。

3. 电子设备的准备

在庆典活动中，电子设备非常常见，如麦克风、耳麦、音响、PPT 播放器、投影仪等，如果筹办方有这些设备，则只需要提前准备好并确认其功能可以正常使用即可；如果没有，则需要提前租借相关设备，在庆典活动当天，保证租借到的电子设备提前安装到位，并再一次检查，确保其功能运行正常。

(三) 邀请嘉宾

1. 上级负责同志

邀请上级机关的负责同志参与庆典，能够起到加深上级机关对本单位的了解的作用。

2. 社会名流

邀请社会名流出席庆典活动，能够充分利用“名人效应”，扩大庆典活动及主办单位的影响力与知名度。

3. 传媒机构

传媒机构如报纸、杂志、电视台等是直接面向社会大众的平台，主动邀请传媒工作者参与庆典活动，能够借助传媒平台更好地宣传庆典活动，提高企业的知名度。

4. 合作伙伴

邀请合作伙伴出席重要庆典活动一则是表现对对方长期的支持与帮助的感谢之意，二则可以加深彼此联系，沟通感情，为双方的进一步合作奠定基础。

5. 社区关系单位

企事业单位设立在具体的社区中的，邀请这些单位的人员参加庆典活动，有助于营造良好的周边环境，加深相互了解，争取更多的人支持本企业或组织的发展。

6. 员工代表

邀请公司或者组织内部员工参加公司重要庆典活动是提高本单位员工组织荣誉感和归属的有效途径。

（四）组织分工

1. 领导组

领导组的主要职责是负责设计、策划整个庆典活动，在整个庆典仪式中负责统筹指挥，确定相关重要事项，如嘉宾名单等。

2. 宣传组

宣传组的主要职责是对内对外宣传。对内做好上传下达的工作，将活动的具体细则在单位内部宣传；对外做好传播周知的工作，努力扩大活动的影响力，提高庆典活动的知名度。与此同时，宣传组还负责制作庆典活动的宣传手册、宣传报、宣传视频等，准备庆典活动音响相关设备，联系传媒机构等工作。

3. 秘书组

秘书组以处理文字材料为主要工作，包括制发与会嘉宾邀请函，准备主要发言人讲话稿，拟定庆典活动的主题名称等工作。

4. 会务组

会务组的主要职责是负责庆典仪式当天的会场布置与与会接待等工作。会场布置包括摆放装饰品，摆放桌椅、台签，张贴宣传报，检查会场电子设备等工作。与会接待工作包括迎送、引导、陪同、招待来宾、会后清洁现场等工作。

5. 财务组

负责核算庆典仪式的各项支出，做好支出明细，做好报账票据的保管工作。

四、庆典程序

（一）程序制定原则

1. 时间宜短不宜长

一方面，庆典仪式时间设计过长，会使与会人员产生疲劳感，从而影响庆典的效果；

另一方面，较长时间的庆典费用会增加，提高了预算额度，不利于节约。

2. 程序宜少不宜多

烦琐的程序会增加组织人员的工作难度，在一定程度上同样会使与会人员产生疲劳感；其次，涉及种类繁多的程序会使活动程序主次不明。庆典活动是按照预先设定的程序进行的，而不同的程序存在主次之分，辅助的程序能够起到促进庆典氛围、调节与会者情绪等作用，程序较多则会使辅助性的程序喧宾夺主。

（二）庆典仪式前准备

1. 做好当地政府和有关部门的沟通工作

大型的庆典活动应当提前一周将庆典计划报给地方政府和有关部门审批，因为庆典活动一般需要公安、交通等多部门的配合。

2. 做好舆论宣传工作

通过户外移动媒体、网络平台对庆典活动开始前进行宣传，扩大活动的知名度，可以为庆典活动的成功举行奠定基础。

3. 落实来宾名单

嘉宾是庆典活动的主要参与者，是企业传递消息的主要人群，确定来宾涉及活动现场座位安排、礼品定制等一系列工作，因而，落实来宾名单十分重要。同时，为保障庆典活动现场的安全性，通常会在庆典仪式开始前由礼仪服务人员带领来宾前往签到处签到。

（三）庆典程序

（1）奏乐，引领来宾就座。庆典仪式接待人员在宾客到达时应立即以礼欢迎并引导至签到处签到，后引领宾客就座。

（2）宣布开始，升国旗、奏国歌（或升司旗、奏司歌）。

（3）介绍来宾。

（4）宣读贺电、贺信。

（5）本单位主要负责人致辞，以示对来宾的感谢，并介绍此次庆典的缘由等。

（6）邀请嘉宾讲话。举办方应与嘉宾代表发言人提前约定好，不宜临时决定致辞的嘉宾。

（7）剪彩（或揭牌、揭幕布）。

（8）颁奖仪式。

（9）宣布结束，安排其他活动。

小案例

××建材家具公司重阳节庆典活动策划案

一、活动背景

以重阳佳节为契机，公司举行“亲情更需要关怀”主题活动。

二、可行性分析

1. 就重阳节当天而言，我市同类公司建材家具促销活动不会太多，举办节日庆典可以吸引人群注意，提升企业社会形象。

2. 就长远利益而言，有利于培养客户忠诚度。在重阳节开展主题庆典活动，可以在顾客心里建立我公司关怀客户、有人情味的形象，提升我公司文化性与美誉度，从而提高客户忠诚度，为以后的经营发展创造条件。

3. 这种宣传方式从消费者的情感需求出发，具有公益性，不会使顾客产生抵触心理，有利于我公司树立有责任感的形象。

三、活动时间

10 月 21 日（星期三）。

四、活动地点

公司旗下各大卖场。

五、活动形式

活动十现场布置（现场布置为主，活动为辅）。

六、活动流程

1. 前期宣传。

提前一周在公交地铁上投放广告，对我公司在重阳节所进行的活动进行宣传，采取设置悬念等方式将内容广泛告知给公众，并以此达到吸引人们关注的目的，增大活动当天的人流量。

2. 活动当天安排。

（1）当天来现场为父母选购建材家具的客户可享受打折优惠。

（2）当天来现场为子女选购建材家具的客户可享受我公司定制的礼品。

（3）当天来现场的顾客可以在公司提前准备好的纸箱中随机抽取安排的活动，进行父母子女之间的互动。

七、活动准备

1. 准备横幅：横幅内容为“××建材家具公司——亲情更需要关怀”（10M×0.9M）。当天悬挂于公司旗下卖场门口。

2. 卖场内张贴若干与重阳节相关的祝福海报。

3. 准备资料袋，定制礼品。

4. 媒体宣传：事先通过短消息发送、报纸平面广告、公交地铁广告、电视广告向社会告知；事后，由媒体将本次活动所有现场资料公布于报纸、电视上。

本章思考题

1. 简述签约仪式礼仪中的“轮换制”原则。

2. 2014 年 8 月 9 日，某商场在店门口举行盛大的开业仪式。商场门口人员稀疏，现场的记者也是寥寥无几。开业典礼刚刚开始便下起了大雨，活动典礼只好移到店内举行。总经理致辞未毕，又突然停电了，整个商场一片漆黑，一场隆重的盛典简直变成了“闹剧”。如果你是本次开业典礼的筹备负责人，在开业典礼的准备时应该注意哪些方面的问题？为什么？

3. 剪彩仪式需要的物品及注意事项有哪些？请简述剪彩仪式的流程。

4. 2015 年 12 月 20 日，深圳光明新区红坳村工业园发生山体滑坡，掩埋了 22 栋楼房。倘若你是有关负责人，思考如何召开此次新闻发布会。

5. 在某次重大的庆典活动上，主办方的秘书组在发送请柬的时候并没有与领导就确定下来的出席人员名单进行再次核对，结果在庆典活动当天，应当受到邀请的某合作企业主管领导迟迟没有到场，这件事引起了本次庆典活动领导组的重视，在询问了具体情况之后，领导责令具体负责人想办法善后，如果你是发放请柬的负责人，该如何善后？

图书在版编目（CIP）数据

社交礼仪/赵颖主编．—北京：中国人民大学出版社，2017.6
21世纪高职高专规划教材．通识课系列
ISBN 978-7-300-24154-8

Ⅰ.①社… Ⅱ.①赵… Ⅲ.①社交礼仪-高等职业教育-教材 Ⅳ.①C912

中国版本图书馆CIP数据核字（2017）第024229号

21世纪高职高专规划教材·通识课系列
社交礼仪
主　编　赵　颖
副主编　牟利锋　宋颖慧
Shejiao Liyi

出版发行	中国人民大学出版社		
社　　址	北京中关村大街31号	**邮政编码**	100080
电　　话	010－62511242（总编室）		010－62511770（质管部）
	010－82501766（邮购部）		010－62514148（门市部）
	010－62515195（发行公司）		010－62515275（盗版举报）
网　　址	http://www.crup.com.cn		
经　　销	新华书店		
印　　刷	北京昌联印刷有限公司		
规　　格	185 mm×260 mm　16开本	**版　　次**	2017年6月第1版
印　　张	16.75	**印　　次**	2020年7月第2次印刷
字　　数	368 000	**定　　价**	39.00元